Langenscheidt

Italienisch in 30 Tagen

von Bettina Müller-Renzoni

Langenscheidt

Berlin · München · Wien · Zürich · New York

Impressum

Herausgegeben von der Langenscheidt-Redaktion
Fachlektorat: Cordula Schurig
Zeichnungen: Artur Ruducha
Bildnachweis:
Coverfoto: Fotolia (Landschaft); iStock (Person)
S. 15: Indigo Images
S. 55: Indigo Images
S. 107: Indigo Images
S. 159: Indigo Images

www.langenscheidt.de

Satz: Publisher, Warschau
Druck: Mercedes-Druck, Berlin
Bindung: Stein + Lehmann, Berlin

Printed in Germany

ISBN 978-3-468-28033-7

10010

Einführung

Herzlich willkommen zu Ihrem neuen Sprachkurs „Italienisch in 30 Tagen“. Wir freuen uns, dass Sie mit uns Italienisch lernen möchten.

Für wen ist dieser Sprachkurs geeignet?

Sie sind Anfänger und möchten sich möglichst schnell und effektiv Grundkenntnisse der italienischen Sprache aneignen? Oder Sie haben früher bereits einmal Italienisch gelernt und möchten nun Ihre verschütteten Sprachkenntnisse wieder auffrischen? Oder Sie haben keine Zeit, einen Italienisch-Kurs zu besuchen? Dann sind Sie genau richtig bei „Italienisch in 30 Tagen“, denn dieser Sprachkurs ist speziell für das Selbststudium für Anfänger und Wiedereinsteiger entwickelt worden. Wir möchten Sie beim Selbstlernen auf bestmöglichem Wege unterstützen, daher finden Sie in diesem Kurs besonders viele leicht verständliche Erklärungen, Lerntipps sowie zahlreiche Übungen mit Lösungen. Wenn Sie diesen Sprachkurs erfolgreich durchgearbeitet haben, sind Sie in der Lage, sich zu allgemeinen Themen und in einfachen, alltäglichen und routinemäßigen Situationen auf Italienisch zu verständigen. Das entspricht dem Niveau A2 des europäischen Referenzrahmens.

Wie ist der Sprachkurs aufgebaut?

Der Sprachkurs besteht aus **30 aufeinander aufbauenden Lektionen**, die sich **vier großen thematischen Bereichen** mit je sechs bis acht Lektionen zuordnen lassen. Im ersten Bereich „Basics“ lernen Sie, grundlegende Situationen auf Italienisch zu meistern, z. B. Begrüßungen. Weitere thematische Bereiche sind Alltag, Reise und Beruf.

Durch die 30 Lektionen führt Sie eine unterhaltsame **Fortsetzungsgeschichte:** Martin und Linda aus Frankfurt besuchen eine befreundete Familie in Pisa. Hier lernen sie das italienische Alltagsleben kennen, machen Einkaufsbummel, Ausflüge, einen Kurztrip nach Venedig, fahren ans Meer, lernen neue Freunde kennen und erleben allerhand Abenteuer. Linda ist Personalchefin in einem großen Unternehmen, Martin führt ein Krawattengeschäft in Frankfurt. Zu ihrer Gastgeberfamilie gehören Bettina, Stefano, deren Tochter Livia und der Kater Gino.

Der Sprachkurs startet mit dem Kapitel **Tipps zum Italienischlernen**. Ein kleines Quiz erlaubt Ihnen herauszufinden, welcher Lerntyp Sie sind. Dann verraten

wir Ihnen nützliche Tipps, um das Hören, Lesen, Sprechen und Schreiben in der Fremdsprache zu erleichtern.
Sollten Sie lieber gleich loslegen wollen, überspringen Sie das erste Kapitel einfach und starten direkt bei Lektion 2.
Übung macht bekanntlich den Meister. Daher möchten wir Sie anregen, in regelmäßigen Abständen bereits Gelerntes zu wiederholen. Am Ende jedes thematischen Bereichs finden Sie deshalb jeweils eine **Wiederholungslektion** und einen kurzen **Zwischentest**. Hier können Sie selbst testen, inwieweit Sie den Stoff schon beherrschen oder herausfinden, wo noch etwas Übungsbedarf besteht. Im letzten thematischen Bereich („Beruf") gibt es anstelle des Zwischentests einen Abschlusstest, der den Stoff des gesamten Kurses testet.
Um Sie beim Selbstlernen nicht alleine zu lassen, stellen wir Ihnen am Ende des Buches einen umfangreichen **Anhang** zur Verfügung. Sie finden dort eine systematische Kurzgrammatik zum Nachschlagen, praktische Verbtabellen, Lösungen zu allen Übungen und Tests, Transkriptionen der Hörtexte sowie ein alphabetisches Wörterverzeichnis aller im Kurs vorkommenden Wörter mit Angabe der Lautschrift.

Wie ist eine Lektion aufgebaut?

Zu Beginn jeder Lektion stellen wir Ihnen die **Lernziele** vor, damit Sie wissen, was Sie erwartet. Dann folgt ein **Dialog**, der Sie mit dem neuen Wortschatz und der neuen Grammatik vertraut macht. Lesen Sie zuerst den Dialog und hören Sie sich dabei die Vertonung auf der CD an. Versuchen Sie, im ersten Schritt die Gesamtbedeutung des Dialogs zu erschließen, ohne sich an jedem (noch) unbekannten Wort aufzuhalten. Wenn Sie die anschließenden **Fragen zum Dialog** beantworten, werden Sie sehen, dass Sie schon eine ganze Menge verstanden haben. Im **Lernwortschatz** finden Sie sodann die wichtigsten neuen Vokabeln der Lektion übersichtlich in alphabetischer Reihenfolge dargestellt. Die Vokabeln des Lernwortschatzes sollten Sie sich gut einprägen, denn sie werden in den folgenden Lektionen als bekannt vorausgesetzt. Eine vollständige Liste aller im Kurs verwendeten Vokabeln finden Sie im Anhang im alphabetischen Wörterverzeichnis, das Ihnen auch eine Lautschrift bietet, wenn Sie einmal die Aussprache eines Wortes nachschlagen möchten.
In der Rubrik **Grammatik & Redemittel** werden die neuen Grammatikthemen in leicht verständlicher Weise erklärt. Von dort aus führen Verweise zur systema-

tischen Kurzgrammatik im Anhang, wo Sie das jeweilige Grammatikthema bei Bedarf noch vertiefen können. Falls Sie einen grammatischen Fachbegriff nachschlagen möchten, finden Sie auf S. 214 eine nützliche Terminologie-Übersicht mit praktischen Beispielen.
Nun sind Sie an der Reihe: In der Rubrik **Übungen** trainieren Sie das Gelernte in vielfältiger Weise. An den Symbolen können Sie leicht erkennen, welchen Schwerpunkt eine Übung verfolgt: Hören, Sprechen, Lesen oder Schreiben.
Auf der letzten Seite einer Lektion haben wir für Sie in der Rubrik **Kulturtipp** interessante und wissenswerte Informationen über Land & Leute zusammengestellt.
Die Rubrik **Was können Sie schon?** am Schluss jeder Lektion erlaubt Ihnen, Ihren Lernerfolg selbst einzuschätzen. Anhand der Smileys können Sie hier notieren, was Ihnen schon leicht fällt, was einigermaßen klappt und was Sie noch weiter üben möchten. Die Verweise geben Ihnen die jeweils passenden Übungen an.

Welche Symbole werden verwendet?

1/2 Dieser Text bzw. diese Übung befindet sich auf der CD. Die erste Zahl gibt die Nummer der CD an, die zweite Zahl die Tracknummer, hier also CD 1, Tracknummer 2. Die Dialoge von Lektion 2 bis 13 haben wir für Sie in zwei Sprechgeschwindigkeiten aufgenommen. Einmal in „normal schneller" Alltagssprache und einmal etwas langsamer.

- Übung mit Schwerpunkt Sprechen
- Übung mit Schwerpunkt Hören
- Übung mit Schwerpunkt Lesen
- Übung mit Schwerpunkt Schreiben
- → Verweis zur Kurzgrammatik | Übung | Lektion
- ! wichtiger Grammatikhinweis
- i Kulturtipp

Viel Spaß und Erfolg beim Italienischlernen wünschen Ihnen die Autorin und Ihre Langenscheidt-Redaktion.

Inhaltsverzeichnis

Inhaltsverzeichnis

Alltag – Italienisch für jeden Tag

Inhaltsverzeichnis

Reise – Italienisch für unterwegs

Inhaltsverzeichnis

Inhaltsverzeichnis

Beruf – Italienisch für den Beruf

Inhaltsverzeichnis

Anhang

Aussprache

Vokale			
a	[a]	wie **a** in *Ampel*	**a**mico, **a**rmadio
e	[e]	geschlossenes **e** wie in *M**ee**r*	m**e**se, b**e**vo
	[ɛ]	offenes **e** wie in ***e**ssen*	b**e**llo, b**e**ne
i	[i]	wie **i** in *Igel*	**i**sola, **i**taliano
o	[o]	geschlossenes **o** wie in *w**o**hnen*	s**o**le, pr**o**porre
	[ɔ]	offenes **o** wie in *Schl**o**ss*	**o**tto, m**o**do
u	[u]	wie **u** in *n**u**n*	**u**no, st**u**dente

Konsonanten			
c	[tʃ]	vor e/i wie **tsch** in ***Tsch**echien*	**c**ena, **c**inque
	[tʃ]	vor i + a/o/u (das i bleibt stumm) wie **tsch** in ***Tsch**ad*	**ci**ao, **ci**occolata
	[k]	vor a/o/u wie **k** in ***K**atze*	**c**asa, **c**osa
	[k]	vor h + e/i wie **k** in ***K**ino*	**ch**i, an**ch**e
d	[d]	wie **d** in ***D**om*	**d**are, **d**omani
f	[f]	wie **f** in ***F**rucht*	**f**are, **f**ine
g	[dʒ]	vor e/i wie **g** in ***G**in*	**g**elato, **g**ente
	[dʒ]	vor i + a/o/u (das i bleibt stumm) wie **dsch** in ***Dsch**ungel*	**gi**allo, **gi**ugno
	[g]	vor a/o/u wie **g** in ***g**ut*	**g**atto
	[g]	vor h + e/i wie **g** in ***g**ehen*	spa**gh**etti
	[ʎ]	vor li wie **ll** in *bri**ll**ant*	fi**gli**o, mo**gli**e
	[ɲ]	vor n wie **gn** in *Co**gn**ac*	si**gn**ore
h	[h]	(immer stumm)	**h**otel
l	[l]	wie **l** in ***L**icht*	**l**atte, **l**uce
m	[m]	wie **m** in ***M**eer*	**m**are, te**m**po
n	[n]	wie **n** in ***N**ame*	**n**ome, a**nn**o
p	[p]	wie **p** in ***P**latz* (wird im Gegensatz zum Deutschen nicht behaucht)	**p**asta, **p**orta
qu	[ku]	wie **qu** in ***Qu**adrat* (u wird als [u] ausgesprochen)	**qu**esto, ac**qu**a
r	[r]	gerollt	**R**oma, amo**r**e

Aussprache

s	[s]	am Wortbeginn, vor stimmlosem Konsonant und als Doppelkonsonant wie **ss** in ***K**uss*	**s**ole, **s**tare, ro**ss**o
	[z]	zwischen Vokalen wie **s** in ***S**ommer*	ca**s**a, ro**s**a
	[S]	vor c + e/i wie **sch** in ***sch**ön*	**sc**iare
	[sk]	vor c + h + e/i wie **sk** in ***Sk**izze*	tede**schi**
	[sk]	vor c + a/o/u wie **sk** in ***Sk**at*	tede**sc**o, **sc**arpe
t	[t]	wie **t** in ***T**urm*	**t**u**tt**o, **t**reno
v	[v]	wie **w** in ***W**etter*	**v**ino, in**v**erno
z	[dz]	stimmhaft	**z**ero
	[ts]	stimmlos wie **z** in ***Z**ucker*	mar**z**o, pi**zz**a

Abkürzungen

dt.	deutsch
f	Femininum
fPl	Femininum Plural
inv	unveränderlich
Lat.	Lateinisch
m	Maskulinum
m/f	Maskulinum oder Femininum
mPl	Maskulinum Plural
Part. Perf.	Partizip Perfekt
Pers.	Person
Pl	Plural
Sg	Singular
sig.	signor *Herr*
v.	von

Basics

1 Tipps zum Italienischlernen

Welcher Lerntyp sind Sie?

Nicht jeder Mensch lernt gleich. Finden Sie anhand der vorgegebenen Aussagen heraus, welcher Lerntyp Sie sind, und gestalten Sie Ihr Lernverhalten entsprechend. Probieren Sie jedoch auch Lernmethoden anderer Lerntypen aus, auch wenn sie Ihnen zunächst fremd erscheinen. Das kann Sie zu unerwartet guten Lernergebnissen bringen. Kreuzen Sie an, was auf Sie zutrifft. Mehrere Aussagen sind dabei möglich.

Hörtyp

- ☐ Sie können Vorträgen gut folgen und merken sich den Inhalt.
- ☐ Sie hören gern Hörbücher oder lassen sich Dinge gern erklären.
- ☐ Sie hören sich schnell in eine gesprochene Fremdsprache ein.
- ☐ Sie haben im Deutschen wenig Probleme, verschiedene Dialekte zu verstehen.

Lese- und Sehtyp

- ☐ Sie lesen gern und nehmen den Inhalt über die Augen auf.
- ☐ Sie wissen, auf welcher Seite eine Vokabel steht und was vor ihr und nach ihr folgt.
- ☐ Sie prägen sich neue Wörter über visuelle Eselsbrücken ein.
- ☐ Sie lesen sich Grammatikregeln mehrmals durch.

Schreibtyp

- ☐ Sie markieren sich Stichwörter und schreiben sie heraus.
- ☐ Sie machen gern schriftliche Übungen.
- ☐ Sie möchten schnell E-Mails in der neuen Sprache schreiben können.
- ☐ Sie mögen Vokabellisten und Mindmaps (Gedankenkarten).

Handlungs- und Sprechtyp

- ☐ Sie möchten eine neue Sprache aktiv anwenden.
- ☐ Sie möchten gern Muttersprachler kennenlernen.
- ☐ Sie sprechen gern und kümmern sich zunächst nicht um die richtige Grammatik.
- ☐ Sie probieren neue Wörter und Sätze gern in Rollenspielen aus.

Tipps zum Wortschatzlernen

Sind Sie schon einmal in einer Wohnung gewesen, in der an fast jedem Gegenstand ein kleines Zettelchen mit einem fremdsprachigen Begriff klebte? Hier versucht jemand sicherlich mit Erfolg, sich die Dinge des täglichen Gebrauchs in einer anderen Sprache einzuprägen. Die Technik hat Methode. Sie werden fortwährend an den fremden Begriff erinnert, indem Sie das Objekt anschauen oder in die Hand nehmen und das dazugehörige Wort im Kopf formulieren oder laut aussprechen. Es wird nicht lange dauern und Sie wissen, dass der Kühlschrank *frigorifero*, das Bett *letto* oder der Schrank *armadio* heißt.

Ist Ihnen diese Art des Vokabellernen ein wenig zu mühsam, können Sie auch auf das Lernen mit Vokabelheften, Karteikarten, Mindmaps oder Wortschatzbüchern zurückgreifen oder neue Medien wie Computer, Nintendo und das Internet zu Hilfe nehmen.

Beim Vokabellernen empfiehlt sich z.B. ein aus vier oder fünf Fächern bestehender Karteikasten. Schreiben Sie auf die Vorderseite der Karteikärtchen den deutschen Begriff, Ausdruck oder Satz und die entsprechende Übersetzung auf die Rückseite, wobei es immer ratsam ist, Verben und Adjektive im Zusammenhang mit häufig verwendeten Präpositionen zu lernen. Auch Substantive sollten mit einem Beispielsatz verbunden werden, da sie sich so besser merken lassen. Sprechen Sie sich die Wörter und Sätze laut vor! Noch nicht gelernte Begriffe bleiben im vorderen Fach; Wackelkandidaten in den mittleren. Erreicht ein Kärtchen das letzte Fach, sollte es sicher im Gedächtnis verankert sein.

1 Tipps zum Italienischlernen

Tipps zum Lesen

Eine wichtige Aufgabe beim Erlernen einer neuen Sprache ist das Lesen. Besonders am Anfang sollte es bewusst durchgeführt und vor allem regelmäßig geübt werden. Sie haben drei Möglichkeiten, die Sie abwechselnd anwenden sollten.

Stellen Sie sich drei Fahrzeuge vor: einen Ferrari, einen Fiat und eine Vespa. Am Anfang Ihrer Lernkarriere können Sie sich erst eine Vespa leisten: Sie lesen einzelne Begriffe langsam und sprechen sie wiederholt laut aus. Schauen Sie im Wörterverzeichnis oder in einem Wörterbuch nach, wenn Ihnen die Aussprache nicht geläufig ist – keine Angst vor der Lautschrift; die paar Sonderzeichen haben Sie schnell drauf –, oder lassen Sie sich die Begriffe in einem Wörterbuch mit Sprachausgabe vorsprechen. Warten Sie nicht zu lange mit dem Umsteigen auf den Fiat und fangen Sie an, ganze Sätze, erst langsam, dann etwas schneller zu lesen, wobei es nicht schaden kann, schon gleich zu Beginn auf den landestypischen Sprachrhythmus zu achten. Wenn Sie sich dann im italienischen Straßenverkehr so richtig wohl fühlen und größere Abschnitte am Stück lesen, dann wagen Sie – wenn Sie so wollen – den Schritt in den Ferrari. Doch bedenken Sie: Es gibt keinen Grund, so schnell zu fahren wie die Einheimischen. Genießen Sie die Sprachlandschaft bei mittlerem Lesetempo, halten Sie bei einzelnen Begriffen inne – es besteht sonst die Gefahr, dass Ihnen die Schönheit der individuellen Wörter entgeht – und lesen Sie zügig, um auch mal ein gutes Stück voranzukommen.

Tipps zum Sprechen

In engem Zusammenhang mit dem Lesen steht das Sprechen. Und das ist gerade im Italienischen sehr wichtig! Murmeln Sie die Dialoge nicht leise vor sich hin, sondern sprechen Sie beim Lesen so laut, dass Ihre Nachbarschaft mühelos mithören kann! So sprechen nämlich auch die Italiener. Die italienische Sprache ist klangvoll, und diesen Klang müssen Sie in Ihren Ohren hören. Und vielleicht finden Sie einen Mitlerner in der Nähe, mit dem Sie sich zu Hause oder in einem Café treffen und versuchen können, etwas Small Talk in ihrer „neuen" Sprache zu betreiben. Nur Mut! Oder lesen Sie sich die Dialoge des Lehrbuchs gegenseitig laut vor und lernen Sie sie eventuell sogar auswendig.

Sollte sich allerdings niemand finden, der die Dialoge mit Ihnen rollenverteilt einstudiert, tun Sie es selbst, getreu dem Sprichwort: Ein Italiener – ein Welttheater im Kleinen. Übernehmen Sie eine Rolle, überlegen Sie, was man in der jeweiligen Situation außerdem sagen könnte, führen Sie Unterhaltungen mit imaginären Partnern.

Warum versuchen Sie es nicht einmal mit Liedtexten oder Spielfilmen? Kaufen Sie sich Ihren italienischen Lieblingsfilm auf DVD, schauen Sie ihn auf Italienisch und klicken Sie die deutschen oder englischen Untertitel an, um besser zu verstehen. Wenn Sie nun gelegentlich anhalten und einzelne Sätze oder Passagen herausschreiben und lernen, können Sie diese als Ansatzpunkt für ein kleines Rollenspiel nehmen. Versetzen Sie sich in die jeweilige Situation und „unterhalten" Sie sich mit den Schauspielern. Diese Art der Kommunikation können Sie auch mit sich selbst betreiben, beim Joggen oder unter der Dusche.

1 Tipps zum Italienischlernen

Tipps zum Hören

Wesentlich einfacher als das Sprechen ist das Hören. Hier bieten die modernen Medien mittlerweile eine unglaubliche Fülle von Möglichkeiten, von denen man vor einigen Jahren kaum zu träumen wagte.

Wer zu Hause eine Flatrate fürs Internet besitzt, der sollte gelegentlich online Radio hören. Sie glauben kaum, wie wundervoll beschwingend es sein kann, italienischer Musik auf Radio Italia zu lauschen (http://www.radioitalia.it/radio/streaming.php). Auch wenn Sie zunächst wegen der Schnelligkeit des Gesprochenen nicht viel verstehen, akzeptieren Sie es. Wichtig ist zunächst nur, dass Sie der Sprache, die Sie erlernen wollen, lauschen und ihren Klang hören. Sie werden unweigerlich – und das kann ja auch nicht schaden – in Urlaubsstimmung geraten.

Hören und Verstehen ist wie Jogging. Wer sich als Anfänger einen Marathon zumutet, wird bald keuchend am Straßenrand stehen. Geben Sie sich Zeit und haben Sie Geduld: steter Wortschwall trainiert das Hirn. Will heißen: Je mehr Sie sich der gesprochenen Sprache aussetzen, je mehr Sie mal konzentriert, mal beiläufig zuhören, desto schneller wird sich Ihr Hörverständnis verbessern. Sie bekommen ein Gefühl für Wörter und Sprachmelodie.

Tipps zum Schreiben

Das Schreiben ist eine einfache und sehr effektive Lernübung. Schon das bloße Abschreiben von Vokabeln oder Dialogen verbessert wesentlich Ihr Sprachverständnis und hilft Ihnen, sich die jeweiligen Wörter oder Passagen einzuprägen.
Sie können zunächst die Übungen oder auch die Dialoge im Lehrbuch abschreiben. Diese kann man dann durchaus variieren oder ganz neu gestalten. Kleine Szenen in verschiedenen Situationen auf Papier zu bringen, ist eine hervorragende Übung nicht nur für angehende Dramatiker. Es sollte nur jemand gefunden werden, der das Geschriebene durchliest und auf eventuelle Fehler hinweist.
Natürlich soll dies einem elektronischen Gedankenaustausch nicht im Wege stehen. Versuchen Sie einen E-Mailpartner zu finden und schreiben Sie sich regelmäßig kleine Botschaften. Das können ganz banale Alltagsdinge sein. Sie werden sehen, dass das gar nicht so einfach ist. Schon allein einen Einkaufszettel für Tochter oder Ehemann in der neuen Sprache zu verfassen, erfordert mitunter ein reges imaginäres Blättern im Wörterbuch. Machen Sie es sich zur Regel, kleine Mitteilungen an Familienmitglieder, Freunde oder Bekannte auf Italienisch zu schreiben, oder schalten Sie die automatische Spracherkennung ihres Handys um und überraschen Sie ihre Freunde mit "ausländischen" SMS. Wer weiß, ob der eine oder andere nicht auf Italienisch zurückschreibt.

2 Begrüßungen & Verabschiedungen

In dieser Lektion lernen Sie:

- Freunde oder Bekannte zu begrüßen und zu verabschieden
- nach dem Befinden zu fragen und zu antworten
- bejahend und verneinend zu antworten

Arrivo all'aeroporto di Pisa

1/2
1/3

Bettina	Linda! Martin! Sono qui! Venite!
Linda	Eccoti! Ciao, cara!
Bettina	Ciao, Linda! Ciao, Martin! Che bello vedervi! Benvenuti a Pisa! Come state?
Linda	Bene, grazie.
Bettina	Siete stanchi?
Linda	Sì, siamo un po' stanchi per il viaggio … e fa molto caldo qui!
Bettina	Sì, lo so. L'estate a Pisa è calda. Ma domani andiamo al mare.
Linda	Ah, per fortuna! Che bello!
Martin	Dov'è Stefano?
Bettina	Stefano non è venuto all'aeroporto. Ci aspetta a casa con Livia. Andiamo. Ho la macchina fuori nel parcheggio. Avete tutto? Valigie, borse? Allora seguitemi!

Fragen zum Dialog

Beantworten Sie die Fragen.

1. Wo treffen sich Bettina und ihre Freunde Linda und Martin?

____

2. Wie geht es Linda und Martin nach dem Flug?

____

3. Wie ist das Klima im Sommer in Pisa?

____

4. Wo ist Stefano?

____

Ankunft am Flughafen von Pisa

Bettina	Linda! Martin! Hier bin ich! Kommt!
Linda	Da bist du ja! Hallo, meine Liebe!
Bettina	Hallo, Linda! Hallo, Martin! Schön, euch zu sehen! Willkommen in Pisa! Wie geht es euch?
Linda	Gut, danke.
Bettina	Seid ihr müde?
Linda	Ja, wir sind etwas müde von der Reise … und es ist sehr heiß hier!
Bettina	Ja, ich weiß. In Pisa ist der Sommer heiß. Aber morgen fahren wir ans Meer.
Linda	Ah, zum Glück! Wie schön!
Martin	Wo ist Stefano?
Bettina	Stefano ist nicht zum Flughafen gekommen. Er wartet mit Livia zu Hause auf uns. Lasst uns gehen. Das Auto steht draußen auf dem Parkplatz. Habt ihr alles? Koffer, Taschen? Dann folgt mir!

2 Begrüßungen & Verabschiedungen

Lernwortschatz

a	*in, an, zu*
aeroporto *m*	*Flughafen*
allora	*dann*
andare	*gehen*
andiamo! (*v.* andare)	*gehen wir*
aspettare	*warten*
avere	*haben*
avete (*v.* avere)	*ihr habt*
bello, -a	*schön*
bene	*gut*
benvenuto	*willkommen*
borsa *f*	*Tasche*
caldo	*warm, heiß (Wetter)*
caro, -a	*lieb (hier: cara – meine Liebe)*
casa *f*	*Haus*
che bello	*wie schön*
come	*wie*
con	*mit*
di	*von*
domani	*morgen*
dove	*wo*
è (*v.* essere)	*er, sie, es ist*
e	*und*
ecco	*da (ist)*
eccoti!	*da bist du ja!*
essere	*sein*
estate *f*	*Sommer*
fa caldo	*es ist heiß*
fuori	*draußen*
grazie	*danke*
ho (*v.* avere)	*ich habe*
lo so	*ich weiß*
ma	*aber*
macchina *f*	*Auto*
mare *m*	*Meer*
molto	*viel, sehr*
no	*nein*
non	*nicht*
parcheggio *m*	*Parkplatz*
per fortuna	*zum Glück*
per il viaggio	*von der Reise*
qui	*hier*
seguitemi	*folgt mir*
sì	*ja*
siamo (*v.* essere)	*wir sind*
siete (*v.* essere)	*ihr seid*
sono (*v.* essere)	*ich bin*
stanco, -a	*müde*
stare	*sich befinden, bleiben*
tutto bene	*alles in Ordnung*
tutto	*alle(s), ganz*
un po'	*ein bisschen*
valigia *f*	*Koffer*
vedere	*sehen*
venire	*kommen*
venite! (*v.* venire)	*kommt!*
venuto	*gekommen*
viaggio *m*	*Reise*

Grammatik und Redemittel

Genus der Substantive → § 2.1

Im Italienischen gibt es nur zwei grammatische Geschlechter (Genera): Maskulinum und Femininum.

	Singular	Plural
Femininum	cas**a** *Haus*	cas**e** *Häuser*
Maskulinum	viaggi**o** *Reise*	viagg**i** *Reisen*

Substantive auf **-e** können maskulin oder feminin sein und erhalten im Plural die Endung **-i**.

mar**e** *Meer* mar**i** *Meere*

Die Verben *essere*, *avere* und *stare* → § 6.2

	essere *sein*	**avere** *haben*	**stare** *bleiben, sich befinden*
io *ich*	sono	ho	sto
tu *du*	sei	hai	stai
lui/lei/Lei *er, sie, Sie*	è	ha	sta
noi *wir*	siamo	abbiamo	stiamo
voi *ihr*	siete	avete	state
loro *sie*	sono	hanno	stanno

! Im Italienischen wird das Personalpronomen (**io**, **tu**, **lui** usw.) meist weggelassen:
Ho una macchina. *Ich habe ein Auto.* Siamo stanchi. *Wir sind müde.*

! **Lei** *Sie*: Für die höfliche Anrede einer Einzelperson (*m* und *f*) wird im Italienischen die 3. Person Singular verwendet.
È stanca, signora? *Sind Sie müde, Signora?*

Verneinung → § 8.1

Um einen Satz zu verneinen, setzen Sie **non** *nicht* unmittelbar vor das Verb:
Stefano **non** è all'aeroporto. *Stefano ist nicht am Flughafen.*

2 Begrüßungen & Verabschiedungen

Nach dem Befinden fragen und antworten

Formell:

▲ Buongiorno, signora, come sta? *Guten Tag, Signora, wie geht es Ihnen?*

● Sto bene, grazie. *Mir geht es gut, danke.*

● Non c'è male. *Ich kann nicht klagen.*

Informell:

▲ Ciao, Livia, come stai? *Hallo, Livia, wie geht's dir?*

● Benissimo, e tu? *Sehr gut, und dir?*

Übungen

1 Setzen Sie die Verbformen von *essere, avere* bzw. *stare* in den Plural oder in den Singular.

1. io sono	*noi siamo*	7. lei è	______
2. noi abbiamo	______	8. voi avete	______
3. io sto	______	9. lei sta	______
4. tu sei	______	10. loro sono	______
5. tu hai	______	11. lui ha	______
6. voi siete	______	12. voi state	______

2 Lesen Sie die Dialoge. In welchem Dialog duzen sich die Personen, in welchem siezen sie sich? Hören Sie dann die beiden Dialoge und übernehmen Sie jeweils die Rolle der Frau.

1/4

Dialog 1

Mann	Buongiorno, signora!
Frau	Buongiorno, dottor Neri. Come sta?
Mann	Sto bene, grazie. E Lei?
Frau	Non c'è male.

Dialog 2

Frau	Ciao, Marco!
Mann	Ciao, Anna! Come stai?
Frau	Bene, grazie. E tu?
Mann	Abbastanza bene.

3 Hören Sie den Dialog. Kreuzen Sie dann an.

1/5

	richtig	falsch
1. Linda geht es sehr gut.	☐	☐
2. Linda ist müde.	☐	☐
3. Linda und ihre Freunde fahren ans Meer.	☐	☐

Ciao!

Kulturtipp i

Die Du-Form ist in Italien verbreiteter als in Deutschland. Aber grundsätzlich gelten die Regeln: Man duzt sich unter Freunden, Verwandten und guten Bekannten. Im Gegensatz zum deutschen *Tschüss* wird **ciao** bei Personen benutzt, die man duzt. In formelleren Situationen sagt man **buongiorno** *Guten Tag*, **buonasera** *Guten Abend* oder **salve** *Grüß Gott*. Bei der Verabschiedung können Sie dieselben Ausdrücke verwenden wie bei der Begrüßung sowie **arrivederci** *auf Wiedersehen* oder **a presto** *bis bald.*
In Italien hat sich eine Art „Höflichkeitsform unter guten Bekannten" erhalten, die es in Deutschland so nicht gibt: Ältere Bekannte spricht man mit dem Vornamen an, siezt sie aber gleichzeitig: **Buongiorno, Maria, come sta?** *Guten Tag, Maria, wie geht es Ihnen?* Wenn also die Mutter eines italienischen Freunds sich vorstellt mit: **Sono Giovanna** *Ich bin Giovanna,* dann hat sie Ihnen damit noch nicht das Du angeboten!
Personen, die man nicht sehr gut kennt, gibt man zur Begrüßung die Hand, Freunde oder Verwandte dagegen geben sich zwei Küsse, auf jede Wange einen. Auch die Männer.

Was können Sie schon?

	☺	😐	☹	
verstehen, wenn mich jemand begrüßt oder wenn sich jemand von mir verabschiedet	☐	☐	☐	→ Ü2 → Ü3
verstehen, wenn sich jemand nach meinem Befinden erkundigt	☐	☐	☐	
verstehen, wenn mir jemand sagt, wie es ihm geht	☐	☐	☐	
Begrüßungen und Verabschiedungen in der Du- und in der Sie-Form erkennen	☐	☐	☐	→ Ü1 → Ü2
jemanden begrüßen und verabschieden	☐	☐	☐	→ Ü2
mich bei jemandem nach seinem Befinden erkundigen	☐	☐	☐	→ Ü3
sagen, wie es mir geht	☐	☐	☐	
eine Aussage bejahen oder verneinen	☐	☐	☐	

3 Sich und andere vorstellen

In dieser Lektion lernen Sie:

- jemanden vorzustellen
- einfache Fragen nach dem Namen und dem Alter zu stellen und zu beantworten
- die Zahlen von 0 bis 30

A casa

1/6
1/7

Bettina	Siamo a casa. Prego, entrate!
Linda	Permesso?
Martin	Permesso?
Bettina	Stefano! Livia! Siamo arrivati! Dove siete?
Stefano	Eccomi!
Bettina	Ciao, Stefano, ti presento i miei amici tedeschi Linda e Martin. E questo è Stefano, mio marito.
Stefano	Piacere! Benvenuti a Pisa!
Martin	Buongiorno.
Linda	Ciao, Stefano.
Bettina	Martin e Linda abitano a Francoforte. Linda è direttrice del personale in una grande azienda e Martin ha un negozio di cravatte.
Linda	E tu, Stefano, che lavoro fai?
Stefano	Lavoro come insegnante al liceo classico.
Bettina	Dov'è Livia? Liviaaaaa! Vieni!
Livia	Eccomi, mamma.
Bettina	Questa è mia figlia Livia.
Martin	Ciao, Livia. Come stai?
Livia	Molto bene, grazie.
Linda	Livia è un bellissimo nome. Quanti anni hai?
Livia	Io ho dieci anni. E tu?
Linda	Ho 29 anni.
Stefano	Prego, accomodatevi un attimo qui nel salotto.
Linda	Come si chiama il bel gatto sul divano?
Stefano	Questo è il nostro gatto Gino, è vecchio e timido.

Fragen zum Dialog

Was ist richtig? Kreuzen Sie an.

1. Wer ist Stefano?
   a) der Ehemann von Bettina b) der Bruder von Linda c) der Kater
2. Wie alt ist Livia?
   a) 29 b) 10 c) 11

Zu Hause

Bettina	Wir sind zu Hause. Bitte tretet ein!
Linda	Darf ich?
Martin	Darf ich?
Bettina	Stefano! Livia! Wir sind da! Wo seid ihr?
Stefano	Hier bin ich!
Bettina	Hallo Stefano, ich möchte dir meine deutschen Freunde Linda und Martin vorstellen. Und dies ist mein Mann Stefano.
Stefano	Freut mich! Willkommen in Pisa!
Martin	Guten Tag.
Linda	Hallo Stefano.
Bettina	Martin und Linda leben in Frankfurt. Linda ist Personalchefin in einem großen Unternehmen und Martin hat ein Krawattengeschäft.
Linda	Und du, Stefano, was machst du beruflich?
Stefano	Ich bin Lehrer am klassischen Gymnasium.
Bettina	Wo ist Livia? Liviaaa! Komm her!
Livia	Hier bin ich, Mama.
Bettina	Das ist meine Tochter Livia.
Martin	Hallo Livia. Wie geht's?
Livia	Sehr gut, danke.
Linda	Livia ist ein sehr schöner Name. Wie alt bist du?
Livia	Ich bin zehn Jahre alt. Und du?
Linda	Ich bin 29.
Stefano	Bitte, nehmt einen Augenblick hier im Wohnzimmer Platz.
Linda	Wie heißt die schöne Katze auf dem Sofa?
Stefano	Das ist unser Kater Gino, er ist alt und schüchtern.

3 Sich und andere vorstellen

Lernwortschatz

abitare	*wohnen*
accomodatevi!	*Nehmt Platz. Macht's euch bequem!*
amico *m*	*Freund*
anno *m*	*Jahr*
arrivati (*v.* arrivare)	*angekommen*
attimo *m*	*Augenblick*
azienda *f*	*Unternehmen, Firma*
chiamarsi	*heißen*
come	*hier: als*
conoscere	*kennen, kennenlernen*
divano *m*	*Sofa*
entrare	*eintreten*
entrate! (*v.* entrare)	*tretet ein!*
famiglia *f*	*Familie*
fare	*machen*
figlia *f*	*Tochter*
figlio *m*	*Kind, Sohn*
gatto *m*	*Katze, Kater*
grande	*groß*
insegnante *m/f*	*Lehrer/in*
lavorare	*arbeiten*
lavoro *m*	*Arbeit*
lieto, -a	*erfreut*
mamma *f*	*Mama*
marito *m*	*Ehemann*
mio, -a	*mein, meine*
negozio *m*	*Geschäft*
nome *m*	*Name*
nostro, -a	*unser, unsere*
permesso?	*Gestatten Sie? Darf ich?*
piacere!	*freut mich! angenehm!*
prego	*bitte*
presentare	*vorstellen*
purtroppo	*leider*
quanto	*wie viel*
questo, -a	*diese, dieser*
salotto *m*	*Wohnzimmer*
salutare	*grüßen, begrüßen*
scusi!	*Entschuldigung!*
sposato, -a	*verheiratet*
su	*auf*
tedesco, -a	*deutsch, Deutsche(r)*
timido, -a	*schüchtern*
un, una	*ein, eine*
vecchio, -a	*alt*
vieni! (*v.* venire)	*komm her!*

Zahlen von 0 bis 30		
0 zero		
1 uno	11 undici	21 ventuno
2 due	12 dodici	22 ventidue
3 tre	13 tredici	23 ventitré
4 quattro	14 quattordici	24 ventiquattro
5 cinque	15 quindici	25 venticinque
6 sei	16 sedici	26 ventisei
7 sette	17 diciassette	27 ventisette
8 otto	18 diciotto	28 ventotto
9 nove	19 diciannove	29 ventinove
10 dieci	20 venti	30 trenta

Grammatik und Redemittel

Verben auf *-are* → § 6.1

Die regelmäßigen Verben werden in drei Gruppen unterteilt: Verben auf **-are**, **-ere** und **-ire**. Beginnen wir mit den Verben auf **-are**:

	lavorare *arbeiten*
io	lavoro
tu	lavori
lui/lei/Lei	lavora
noi	lavoriamo
voi	lavorate
loro	lavorano

Chiamarsi

Chiamarsi bedeutet *heißen*:
Come ti chiami? *Wie heißt du?*
Mi chiamo Stefano. *Ich heiße Stefano.*
Come si chiama il gatto? *Wie heißt die Katze?*

Jemanden vorstellen

Wenn Sie jemanden vorstellen möchten, sagen Sie:
Stefano, ti presento Martin. *Stefano, ich stelle dir Martin vor.*
oder einfach: Questo è Martin. *Das ist Martin.*
Questa è Linda. *Das ist Linda.*
oder formeller: Questa è la signora Licondi. *Das ist Frau Licondi.*

Jemandem vorgestellt werden

Wenn Sie jemandem vorgestellt werden, antworten Sie:
Piacere! *Angenehm!*
oder formeller: Molto lieto. *Sehr erfreut.*

Nach dem Alter fragen

Die Italiener fragen nicht, wie alt Sie sind, sondern wie viele Jahre Sie haben.
Quanti anni hai? *Wie alt bist du?*
Ho dieci anni. *Ich bin zehn Jahre alt.*

3 Sich und andere vorstellen

Übungen

1 Stellen Sie einer Gruppe von Bekannten Ihre Freundin Susanna vor. Ergänzen Sie dazu die Lücken.

Ciao, ragazzi! Vi ______________________ (1. presentare, 1. Pers. Sg.) la mia amica. Si ______________________ (2. chiamare, 3. Pers. Sg.) Susanna e ______________________ (3. abitare, 3. Pers. Sg.) a Francoforte. Susanna ha ______________ (4. 28) anni, ______________ (5. lavorare, 3. Pers. Sg.) come insegnante, ______________ (6. essere, 3. Pers. Sg.) sposata e ______________ (7. avere, 3. Pers. Sg.) tre figli di ______________ (8. 2), ______________ (9. 5) e ______________ (10. 7) anni.

2 Lesen Sie den Dialog. Hören Sie ihn dann und übernehmen Sie die Rolle von Linda.

1/8

Linda	Ciao! Come ti chiami?
Livia	Mi chiamo Livia. E tu?
Linda	Io sono Linda, un'amica di tua mamma.
Livia	E lui, come si chiama?
Linda	Questo è mio marito Martin.
Livia	Quanti anni hai?
Linda	Ho ventinove anni. E tu?
Livia	Io ho dieci anni.
Linda	E come si chiama il gatto sul divano?
Livia	Questo è il nostro gatto Gino. Hai un gatto anche tu?
Linda	No, purtroppo no.

3 Hören Sie den Dialog und kreuzen Sie dann die richtigen Antworten an.

1/9

1. Wie heißt der Mann, der vorgestellt wird?
   a) Professor Marini   b) Roberto Neri   c) Norbert Wehli
2. Was ist er von Beruf?
   a) Er ist Arzt.   b) Er ist Lehrer.   c) Er ist Manager.

Permesso!

Wenn Sie in Italien eine fremde Wohnung betreten, sagen Sie: **permesso?** *Gestatten Sie?* oder *Verzeihen Sie, wenn ich störe*. Wenn die Situation etwas förmlicher ist, zum Beispiel in einem Büro oder auf einem Amt, sagen Sie **permesso?** und verharren einen Augenblick auf der Schwelle und treten erst ein, wenn von drinnen der Ruf ertönt: **avanti!** *Herein!* oder: **prego, si accomodi!** *Bitte, treten Sie ein!*

Permesso ist ein Wort, das auch überall gebraucht wird, wo ein Menschengewühl ist, durch das man hindurch muss. Auf der Straße, in der Straßenbahn, im Kino, im Zug, im Supermarkt. Vor dem Wort **permesso** weichen alle Hindernisse zurück.

Kulturtipp i

BasiCS

Was können Sie schon?

	☺	😐	☹	
Name, Alter und Beruf einer vorgestellten Person verstehen	☐	☐	☐	→ Ü2 → Ü3
Informationen zu einer Person (Name, Alter, Wohnort, Beruf, Familienstand, Kinder) verstehen	☐	☐	☐	→ Ü1 → Ü2
jemanden vorstellen	☐	☐	☐	→ Ü2
auf eine Vorstellung reagieren	☐	☐	☐	→ Ü3
in einem Gespräch einfache Fragen stellen und beantworten	☐	☐	☐	

4 Kennenlernen und Small Talk

In dieser Lektion lernen Sie:

- Ihre Personalien anzugeben
- in einem Gespräch etwas über sich selbst zu sagen
- Informationen über eine Person zu verstehen
- zu antworten, wenn Ihnen etwas zu trinken angeboten wird

Accomodatevi!

1/10
1/11

Stefano	Prego, accomodatevi qui nel salotto.
Linda	Grazie, mi siedo qui sul divano, accanto a Gino.
Stefano	Posso offrirvi un caffè? O qualcos'altro?
Martin	Sì, grazie. Prendo volentieri un caffè.
Linda	No, grazie. C'è un succo di frutta?
Stefano	Guardo nel frigorifero. Sì, ci sono due succhi di frutta; un succo d'arancia e un succo di mele.
Linda	Prendo un succo d'arancia.
Livia	Anch'io prendo un succo d'arancia.
Stefano	Allora, voi due siete tedeschi e venite da Francoforte, giusto?
Linda	No, io sono svizzera, sono nata a Basilea, ma vivo a Francoforte.
Livia	Dov'è Francoforte?
Linda	Francoforte è una città in Germania.
Livia	E tu, Martin?
Martin	Io sono tedesco. Vengo da Berlino, ma ora abito a Francoforte.
Stefano	Ecco il caffè e i succhi di frutta.
Linda	Grazie.
Martin	Grazie mille.
Linda	Stefano, tu sei toscano?
Stefano	Sì. Sono nato a Pisa.
Livia	Anch'io sono pisana! E mamma è ticinese.
Stefano	È vero, viene dalla Svizzera italiana.

Fragen zum Dialog

Beantworten Sie die Fragen.

1. Wo sind die Personen?

___

2. Was trinkt Livia?

___

3. Woher kommt Martin?

___

Macht's euch bequem!

Stefano	Bitte, nehmt hier im Wohnzimmer Platz.
Linda	Danke, ich setze mich auf das Sofa neben Gino.
Stefano	Kann ich euch einen Kaffee anbieten? Oder etwas anderes?
Martin	Ja, danke. Ich nehme gern einen Kaffee.
Linda	Nein, danke. Hast du einen Fruchtsaft?
Stefano	Ich schaue mal im Kühlschrank nach. Ja, da sind zwei Fruchtsäfte; ein Orangensaft und ein Apfelsaft.
Linda	Ich nehme einen Orangensaft.
Livia	Ich nehme auch einen Orangensaft.
Stefano	Nun, ihr beide seid also Deutsche und kommt aus Frankfurt, richtig?
Linda	Nein, ich bin Schweizerin, ich bin in Basel geboren, lebe aber in Frankfurt.
Livia	Wo liegt Frankfurt?
Linda	Frankfurt ist eine Stadt in Deutschland.
Livia	Und du, Martin?
Martin	Ich bin Deutscher. Ich bin aus Berlin, aber jetzt wohne ich in Frankfurt.
Stefano	Hier kommen der Kaffee und die Fruchtsäfte.
Linda:	Danke.
Martin	Vielen Dank.
Linda	Stefano, bist du Toskaner?
Stefano	Ja. Ich bin in Pisa geboren.
Livia	Ich bin auch Pisanerin! Und Mama ist Tessinerin.
Stefano	Stimmt, sie kommt aus der italienischen Schweiz.

4 Kennenlernen und Small Talk

Lernwortschatz

accanto *a*	*neben*
altro, -a	*andere, anderes*
amministrazione *f*	*Verwaltung*
anche	*auch*
c'è	*es gibt*
caffè *m*	*Kaffee, Espresso*
ci sono	*es gibt, da sind*
città *f*	*Stadt*
cognome *m*	*Familienname*
cresciuto, -a	*aufgewachsen*
da dove	*woher*
da	*aus, seit*
frigorifero *m*	*Kühlschrank*
Germania *f*	*Deutschland*
giusto	*richtig*
grazie mille	*vielen Dank*
guardare	*schauen*
Italia *f*	*Italien*
italiano, -a	*italienisch; Italiener, -in*
luogo *m* di nascita	*Geburtsort*
luogo *m* di residenza	*Wohnort*
nascere	*geboren werden*
nato, -a	*geboren*
offrire	*anbieten*
ora	*jetzt*
pisano, -a	*pisanisch; Pisaner, -in*
potere	*können*
prendere	*nehmen*
qualcosa	*etwas*
sedersi	*sich setzen*
segretaria *f*	*Sekretärin*
stato *m* civile	*Familienstand*
succo *m*	*Saft*
succo *m* d'arancia	*Orangensaft*
succo *m* di frutta	*Fruchtsaft*
succo *m* di mele	*Apfelsaft*
Svizzera *f*	*Schweiz*
svizzero, -a	*schweizerisch; Schweizer, -in*
ticinese	*tessinerisch; Tessiner, -in*
Ticino *m*	*Tessin*
Toscana *f*	*Toskana*
toscano, -a	*toskanisch; Toskaner, -in*
vivere	*leben*
volentieri	*gern*

Städtenamen	
Amburgo	*Hamburg*
Basilea	*Basel*
Berlino	*Berlin*
Dresda	*Dresden*
Firenze	*Florenz*
Francoforte	*Frankfurt*
Lipsia	*Leipzig*
Lubecca	*Lübeck*
Milano	*Mailand*
Monaco	*München*
Napoli	*Neapel*
Roma	*Rom*
Salisburgo	*Salzburg*
Stoccarda	*Stuttgart*
Vienna	*Wien*
Zurigo	*Zürich*

Grammatik und Redemittel

Der bestimmte Artikel → § 1.1

Wie beim Genus unterscheidet man zwischen maskulinen und femininen Substantiven. Die Form des Artikels hängt außerdem vom Anlaut ab:

	Singular	Plural	
Maskulinum	**il** divano *das Sofa*	**i** divani *die Sofas*	
	l'amico *der Freund*	**gli** amici *die Freunde*	vor Vokal
	lo studente *der Student*	**gli** studenti *die Studenten*	vor **s** + Konsonant, vor **gn**, **ps**, **z**
Femininum	**la** casa *das Haus*	**le** case *die Häuser*	
	l'amica *die Freundin*	**le** amiche *die Freundinnen*	vor Vokal

Der unbestimmte Artikel → § 1.2

	Singular	
Maskulinum	**un** divano *ein Sofa*	
	un amico *ein Freund*	vor Vokal
	uno studente *ein Student*	vor **s** + Konsonant, vor **gn**, **ps**, **z**
Femininum	**una** casa *ein Haus*	
	un'amica *eine Freundin*	vor Vokal

! Der unbestimmte Artikel besitzt wie im Deutschen keine Pluralform.

Präpositionen *da, di, a, in* → § 7

venire **da** (+ Stadt, Land):	Vengo **da** Basilea.	*Ich komme aus Basel.*
essere **di** (+ Stadt):	Sono **di** Berlino.	*Ich bin aus Berlin.*
vivere **a** (+ Stadt):	Vivo **a** Pisa.	*Ich lebe in Pisa.*
vivo **in** (+ Land):	Vivo **in** Germania.	*Ich lebe in Deutschland.*

C'è und *ci sono …* → § 5.5

… sind nützliche Redemittel und bedeuten *es gibt/da ist* und *da sind:*

c'è	un succo di frutta	ci sono	due succhi di frutta
	una casa		tre case
	un gatto		due gatti

Übungen

1 Unterstreichen Sie die Wörter, die zum Artikel am Zeilenanfang passen. Achten Sie auf die Endungen und Anlaute der Wörter.

1. **la**	lavoro	famiglia	marito	figlia
2. **il**	casa	amico	frigorifero	caffè
3. **una**	gatto	macchina	cravatta	luogo
4. **le**	famiglie	succhi	mariti	amiche
5. **l'**	luogo	aeroporto	negozio	estate
6. **i**	viaggi	nome	cognome	salotti
7. **un**	lavoro	azienda	amica	anno

1/12

2 Hören und lesen Sie die folgende Personenbeschreibung. Füllen Sie dann das Formular mit den Personalien aus.

Mi presento: mi chiamo Maria Licondi. Il mio nome è Maria, il mio cognome è Licondi. Sono nata in Italia del Sud, il mio luogo di nascita è Napoli. Ma ora lavoro e vivo in Toscana, il mio luogo di residenza è Pisa. Sono sposata e ho due figli. Lavoro nell'amministrazione dell'aeroporto di Pisa, cioè sono segretaria.

1. Nome: ____________________
2. Cognome: ____________________
3. Luogo di nascita: ____________________
4. Luogo di residenza: ____________________
5. Stato civile: ____________________
6. Figli: ____________________
7. Lavoro: ____________________

1/13

3 Beantworten Sie die Fragen, indem Sie die Antwort-Satzteile in die richtige Reihenfolge bringen. Hören Sie die Sätze zur Kontrolle.

1. ▲ Come ti chiami • chiamo – mi – Linda
2. ▲ Da dove vieni? • Germania – vengo – dalla
3. ▲ Come stai? • grazie – bene, – molto
4. ▲ Sei di Amburgo, vero? • No, – di Francoforte – non sono – di Amburgo, – sono
5. ▲ Ti chiami Livia, vero? • Sì, – Livia – mi – chiamo
6. ▲ Quanti anni ha il gatto? • undici – il – ha – gatto – anni

Il caffè

Kulturtipp i

Zu Hause oder in der Bar, allein oder mit Freunden – die Italiener trinken überall Kaffee und kennen viele verschiedene Arten davon: Ohne weitere Erklärungen ist ein **caffè** immer ein **Espresso**. Ein Kaffee im Sinne des deutschen Filterkaffees gibt es nur in wenigen Bars und wenn, dann unter der Bezeichnung **caffè americano** oder **caffè all'americana**. Wird ein **caffè macchiato** verlangt, wird dem Espresso Milch beigegeben und das Ganze meist in einem Glas serviert. Ein **caffè corretto** enthält einen Schuss Cognac oder Grappa, und ein **caffè ristretto** ist ein besonders starker Espresso. Den **cappuccino** trinken die Italiener meist morgens und essen dazu ein **cornetto** *Hörnchen* mit Marmelade oder einer anderen Füllung. Für die Italiener muss ein richtiger **caffè** so sein: **caldo come l'inferno, nero come il diavolo, puro come un angelo e dolce come l'amore** – also: *heiß wie die Hölle, schwarz wie der Teufel, rein wie ein Engel und süß wie die Liebe*.

Was können Sie schon?

	☺ 😐 ☹	
▪ verstehen, wenn mir jemand etwas zu trinken anbietet ▪ Informationen über eine Person verstehen (Alter, Beruf, Familienstand)	☐ ☐ ☐ ☐ ☐ ☐	→ Ü2 → Ü3
▪ Personeninformationen wie Name, Alter, Herkunft, Familienstand erkennen und angeben	☐ ☐ ☐	→ Ü2
▪ dankend annehmen oder ablehnen, wenn mir jemand etwas zu trinken anbietet ▪ in einem Gespräch etwas über mich erzählen	☐ ☐ ☐ ☐ ☐ ☐	→ Ü3

5 Sie können schon viel mehr Italienisch, als Sie denken!

In dieser Lektion lernen Sie:

- dass Sie schon viele italienische Wörter kennen
- unbekannte mit bekannten italienischen Wörtern zu verbinden
- Strategien, mit deren Hilfe Sie sprachliche Schwierigkeiten überwinden

Ho capito!

1/14
1/15

Stefano	Tu sei Martin, il marito di Linda, vero?
Martin	Come? Non ho capito. Puoi ripetere, per favore?
Stefano	Scusa, ti chiami Martin, giusto?
Martin	Sì, mi chiamo Martin.
Stefano	E sei il marito di Linda.
Martin	Che cosa vuol dire "marito"?
Stefano	Significa che sei sposato con Linda.
Martin	Ah, ho capito. Sì, sono il marito di Linda. Siamo sposati.
Stefano	Bettina dice che hai una boutique di cravatte a Francoforte …
Martin	Puoi parlare più lentamente, per favore? Non capisco.
Stefano	Scusa. Hai un negozio, vero?
Martin	Sì, è vero. Ho un negozio di cravatte.
Stefano	Vendi solo cravatte?
Martin	No, vendo cravatte e … come si dice "foulard" in italiano?
Stefano	"Foulard". L'italiano usa la parola francese. Come anche per "papillon".
Martin	Sì, ci sono anche foulard e papillon nel mio negozio. E cinture.
Stefano	Quindi vendi cravatte e accessori di moda.
Martin	Come hai detto, scusa? Puoi ripetere, per favore?
Stefano	Accessori di moda: per esempio cinture, papillon e foulard.
Martin	Ah, ora ho capito.

Sie können schon viel mehr Italienisch, als Sie denken!

Fragen zum Dialog

Was ist richtig? Kreuzen Sie an.

1. Wer ist Martin?
   a) der Bruder von Livia b) der Bruder von Stefano c) der Ehemann von Linda
2. Was macht Martin beruflich? Er arbeitet …
   a) in einem Krawattengeschäft b) als Modeschöpfer c) als Modeverkäufer

Ich habe verstanden!

Stefano	Du bist also Martin, Lindas Ehemann.
Martin	Wie bitte? Ich habe es nicht verstanden. Kannst du bitte wiederholen?
Stefano	Entschuldige, du heißt Martin, richtig?
Martin	Ja, ich heiße Martin.
Stefano	Und du bist Lindas Ehemann.
Martin	Was heißt „marito“?
Stefano	Es bedeutet, dass du mit Linda verheiratet bist.
Martin	Aha, ich habe verstanden. Ja, ich bin Lindas Ehemann. Wir sind verheiratet.
Stefano	Bettina sagt, dass du in Frankfurt einen Krawatten-Shop hast.
Martin	Kannst du bitte langsamer sprechen? Ich verstehe es nicht.
Stefano	Entschuldige. Du hast ein Geschäft, richtig?
Martin	Ja, das stimmt. Ich habe ein Krawattengeschäft.
Stefano	Verkaufst du nur Krawatten?
Martin	Nein, ich verkaufe Krawatten und … wie sagt man „Foulard“ auf Italienisch?
Stefano	„Foulard“. Man gebraucht im Italienischen das französische Wort. Ebenso wie für „Fliege“.
Martin	Ja, genau, es gibt auch Foulards und Fliegen in meinem Geschäft. Und Gürtel.
Stefano	Du verkaufst also Krawatten und Mode-Accessoires.
Martin	Entschuldige, was hast du gesagt? Kannst du bitte wiederholen?
Stefano	Mode-Accessoires, zum Beispiel Gürtel, Fliegen, Foulards usw.
Martin	Aha, jetzt habe ich es verstanden.

5 Sie können schon viel mehr Italienisch, als Sie denken!

Lernwortschatz

accessori *mPl* di moda	*Mode-Accessoires*	operatore *m* turistico	*Reiseveranstalter*
banca *f*	*Bank*	organizzare	*organisieren*
bancarotta *f*	*Konkurs*	papillon *m*	*Fliege*
boutique *f*	*Boutique, Shop*	parmigiano *m*	*Parmesankäse*
centro *m*	*Zentrum*	parola *f*	*Wort*
Cina *f*	*China*	per così dire	*sozusagen*
cinema *m*	*Kino*	per esempio	*zum Beispiel*
cintura *f*	*Gürtel*	per favore	*bitte*
concorso *m*	*Wettbewerb, Wettkampf*	quindi	*also, demnach*
		ricerca *f*	*Suche*
Cuba *f*	*Kuba*	rotto, -a	*kaputt*
davvero	*tatsächlich*	scusa!	*entschuldige!*
dice (*v.* dire)	*sagt*	significare	*bedeuten*
dire	*sagen*	solo	*nur*
ditta *f*	*Firma*	soprattutto	*vor allem*
firma *f*	*Unterschrift*	successo *m*	*Erfolg*
formaggio *m*	*Käse*	usare	*(ge)brauchen*
foulard *m*	*Foulard*	vendere	*verkaufen*
francese	*französisch, Franzose*	vero?	*richtig? stimmt's? ist es wahr?*
fungo *m*	*Pilz*		
gelato *m*	*Eis*	viaggio *m* culturale	*Kulturreise*
giusto	*richtig*	vino *m*	*Wein*
ha ragione	*Sie haben recht*	yogurt *m*	*Joghurt*

Sprechstrategien	
Come?	*Wie bitte?*
Puoi ripetere, per favore?	*Kannst du bitte wiederholen?*
Che cosa vuol dire … ?	*Was heißt … ?*
Puoi parlare più lentamente, per favore?	*Kannst du bitte langsamer sprechen?*
Come si dice … in italiano?	*Wie sagt man … auf Italienisch?*
Che cosa significa … ?	*Was bedeutet … ?*
(Non) ho capito.	*Ich habe es (nicht) verstanden.*
(Non) capisco.	*Ich verstehe es (nicht).*

Sie können schon viel mehr Italienisch, als Sie denken! 5

Grammatik und Redemittel

Italienische Wörter im Alltagsdeutsch

Sie bestellen in der **Bar** einen **Cappuccino**, essen **Tiramisù**, lesen in der Zeitung von der **Mafia** – Sie kennen bereits viele italienische Wörter!

Bekanntes in Unbekanntem finden

Viele italienische Wörter können Sie aus bekannten Wörtern oder Wortstämmen herleiten:
la parola → deutsch *die Parole, das Wort*
il bilancio → deutsch *die Bilanz*
abitare *wohnen* → **l'abitante** *der Bewohner*
il viaggio *die Reise* → **viaggiare** *reisen*

Falsche Freunde

Firma bezeichnet in Italien kein Handelsunternehmen, sondern die *Unterschrift*. Das italienische Wort für *Firma* ist **ditta**. Und um beim Geschäft zu bleiben: Wenn eine Bank vor dem *Konkurs* steht, so heißt das nicht **concorso** *Wettbewerb*, sondern **bancarotta** *Bankrott*, aus **banca** *Bank* und **rotta** *kaputt = die zerbrochene Bank*, weil man früher den zahlungsunfähigen Bankleuten ihre Wechslerstände zerschlug.

Sprache und Aussprache

Die italienische Sprache lebt vom Klang. Deshalb: Sprechen Sie beim Lesen laut mit. Sie müssen reden, als ständen Sie vor einer Volksversammlung. So sprechen nämlich auch die Italiener! Rollen Sie das [r] und lassen Sie das [tʃ] in **ciao** explodieren!

5 Sie können schon viel mehr Italienisch, als Sie denken!

Übungen

1/16

1 Wie Sie bestimmt gemerkt haben, gibt es im Italienischen Buchstabenkombinationen, die anders ausgesprochen werden als im Deutschen. Hören Sie die folgenden Wörter und sprechen Sie sie nach. Dann ordnen Sie sie in die Tabelle ein und ergänzen die Regel.

Ciao **ca**ffè **Ci**na la**go** di **Ga**rda fun**ghi** **ghe**tto formag**gio** yo**gu**rt arrivider**ci** spa**ghe**tti **co**me **ce**ntro buon**gio**rno prosec**co** **Ge**rmania ami**che** **ge**lato parmi**gi**ano mac**chi**na **Cu**ba Ambur**go** aran**ci**a **Gi**ro d'Italia **ci**nema

[tʃ] wie **Tsch**üss	[k] wie **k**urz	[dʒ] wie **J**eans	[g] wie **g**ut
________	________	________	________
________	________	________	________
________	________	________	________
________	________	________	________
________	________	________	________
________	________	________	________
________	________	________	________

Die Aussprache von **c** ist [tʃ] vor ________ oder ________, aber [k] vor ________, ________ oder ________ – oder eingeschobenem ________.
Die Aussprache von **g** ist [dʒ] vor ________ oder ________, aber [g] vor ________, ________ oder ________ – oder eingeschobenem ________.

2 Ordnen Sie die Wörter den Zeichnungen zu.

pizza spaghetti vino cravatta

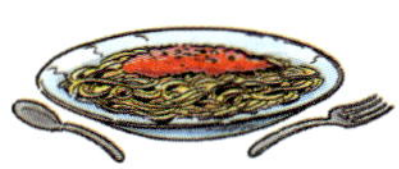

1. ________ 2. ________ 3. ________ 4. ________

1/17

3 Lesen Sie den folgenden Dialog. Hören Sie ihn dann und übernehmen Sie die Rolle von Maria Licondi.

Maria Licondi	Che lavoro fa, signor Marchi?
Filiberto Marchi	Sono tour operator.
M. Licondi	Come, scusi? Non ho capito.
F. Marchi	Lavoro come tour operator.
M. Licondi	Che cosa significa "tour operator"?
F. Marchi	Significa operatore turistico.
M. Licondi	Aha, ho capito: Lei organizza viaggi.
F. Marchi	Sì, giusto, organizzo viaggi, soprattutto in Italia, per esempio viaggi culturali …
M. Licondi	Come, scusi? Può parlare più lentamente, per favore?
F. Marchi	Ha ragione, mi scusi.

Pazienza!

Kulturtipp

La pazienza heißt *die Geduld*. Wenn die Italiener auf der Bank oder am Postschalter wieder einmal stundenlang in der Schlange stehen, seufzen sie und sagen: **ci vuole pazienza!** *Geduld braucht's!* Mit demselben Wort können sie aber auch zur Nachsicht aufrufen. Unterläuft einem Italiener ein Fehler, dann wird er sagen: **pazienza!** Damit meint er: *Hab Geduld mit mir! Nimm's mir nicht übel.* Machen Sie sich das Wort **pazienza** ebenfalls zu eigen. Wenn Sie sich einen italienischen Ausdruck partout nicht merken können, wenn Ihnen eine grammatikalische Regel nicht einleuchten will, wenn Sie einen Satz nicht verstehen, sagen Sie **pazienza!** – und versuchen es am nächsten Tag noch einmal.

Was können Sie schon?

	☺	😐	☹	
italienische Wörter, die es auch im Deutschen gibt, erkennen und verstehen	☐	☐	☐	→ Ü2
neue Wörter von bekannten italienischen Wörtern herleiten	☐	☐	☐	→ Ü2
nachfragen, wenn ich etwas nicht verstanden habe	☐	☐	☐	→ Ü3
Buchstaben **c** und **g** richtig aussprechen	☐	☐	☐	→ Ü1

6 Wiederholen und üben Sie

Hier wiederholen Sie:

- bejahende und verneinende Aussagen
- Begrüßungen und Verabschiedungen
- sich und jemanden vorzustellen oder jemandem vorgestellt zu werden
- einfache Fragen zu stellen und zu beantworten
- die Aussprache im Italienischen
- nach dem Befinden zu fragen
- Zahlen

1 Schreiben Sie die Sätze richtig.

1. LindaeMartinarrivanoall'aeroportodiPisa.

____

2. Liviahadiecianni.

____

3. Cisonoduesucchidifruttanelfrigorifero.

____

4. Ginoèungattovecchioetimido.

____

5. BuongiornodottorNericomesta?

____

2 Antworten Sie für die Personen auf die Frage: *Come stai?* Hören Sie dann die Antworten zur Kontrolle auf der CD.

1/18

1. Come stai?

____

____

____

2. Come stai?

____

____

____

3 Füllen Sie den Steckbrief für sich aus.

1. Nome: ______
2. Cognome: ______
3. Luogo di nascita: ______
4. Luogo di residenza: ______
5. Stato civile: ______
6. Figli: ______
7. Lavoro: ______

4 Schreiben Sie zu Ihrem Steckbrief einen kurzen Text. Die Satzanfänge helfen Ihnen.

Mi chiamo …

Vivo a …

Vengo da …

(Non) sono sposato/a

Lavoro come …

Ho … figli.
Non ho figli.

______
______
______
______
______
______

5 Maria und Susanna treffen Roberto auf der Straße. Lesen Sie den Dialog. Hören Sie ihn dann und übernehmen Sie die Rolle von Roberto.

1/19

Maria	Ciao, Roberto!
Roberto	Ciao! Come stai?
Maria	Benissimo, e tu?
Roberto	Abbastanza bene, grazie.
Maria	Roberto, voglio presentarti la mia amica Susanna. Susanna, questo è Roberto.
Roberto	Piacere.
Susanna	Ciao, Roberto.
Roberto	Di dove sei?
Susanna	Sono di Monaco in Germania. Ma studio italiano all'Università di Pisa. E tu? Sei di Pisa?
Roberto	No, io sono napoletano, ma vivo e lavoro a Pisa.
Susanna	Che lavoro fai?
Roberto	Sono medico. Ora devo andare al lavoro. A presto!
M. + S.	Ciao, Roberto! A presto!

Wiederholen und üben Sie

6 Schreiben Sie die Substantive mit dem richtigen bestimmten Artikel in den passenden Schiefen Turm.

negozio azienda famiglie viaggi lavoro casa gatto aeroporto salotti amiche figlia macchine accessori borsa

Männlich	Weiblich
il negozio	____________
____________	____________
____________	____________
____________	____________
____________	____________
____________	____________
____________	____________

7 Ergänzen Sie die Fragewörter. Die Wörter im Kasten können mehrmals vorkommen.

quanti come dove che cosa da dove

1. ____________ stai?
2. ____________ abita Martin?
3. ____________ si chiama la tua amica?
4. ____________ anni ha Gino?
5. ____________ si dice "Fruchtsaft" in italiano?
6. ____________ viene Linda?
7. ____________ vuol dire "gatto"?
8. Scusi, ____________ è il suo nome? Non ho capito bene.
9. ____________ significa "aeroporto"?

Wiederholen und üben Sie

8 Lösen Sie die Rechenaufgaben. Tragen Sie die Lösungen dann in Worten in das Kreuzworträtsel ein.

waagerecht:

1. 7 + 5 = __________
5. 21 : 3 = __________
6. 5 × 6 = __________
7. 27 – 14 = __________
8. 9 + 14 = __________
10. 7 – 1 = __________
11. 5 × 4 = __________

senkrecht:

1. 10 + 7 = __________
2. 2 × 4 = __________
3. 20 : 10 = __________
4. 15 : 3 = __________
9. 30 – 11 = __________

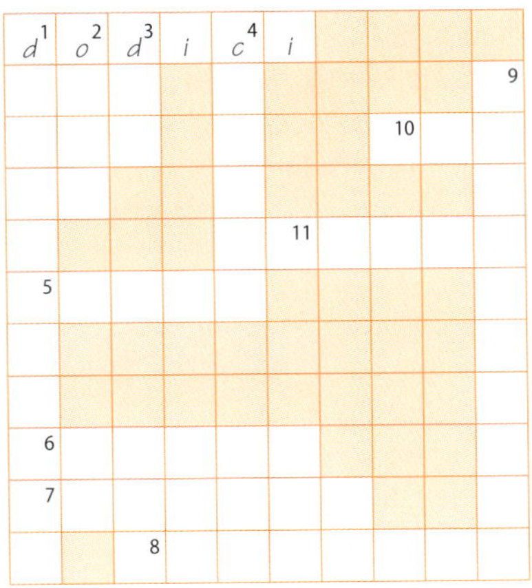

1/20

9 Hören Sie die Personenvorstellung. Kreuzen Sie dann an.

	richtig	falsch
1. Il suo cognome è Croce.	☐	☐
2. Vive in Sicilia.	☐	☐
3. È nato a Roma.	☐	☐
4. È sposato.	☐	☐
5. Non ha figli.	☐	☐
6. Lavora come pilota.	☐	☐

10 Setzen Sie die richtigen Verbformen ein.

1. Linda ____________________ (essere) un'amica di Bettina.
2. Livia ____________________ (amare) i gatti.
3. Bettina ____________________ (avere) una figlia di dieci anni.
4. Stefano e Livia ____________________ (arrivare) all'aeroporto.
5. Ci ____________________ (essere) due succhi di frutta nel frigorifero.
6. La signora ____________________ (stare) bene.
7. Tu ____________________ (parlare) tedesco.
8. Linda e Martin ____________________ (lavorare) in Germania.
9. Martin ____________________ (studiare) l'italiano.

11 Verneinen Sie die Sätze aus Übung 10.

1. Linda *non è* un'amica di Bettina.
2. Livia ____________________ i gatti.
3. Bettina ____________________ una figlia di dieci anni.
4. Stefano e Livia ____________________ all'aeroporto.
5. __________ ci __________ due succhi di frutta nel frigorifero.
6. La signora ____________________ bene.
7. Tu ____________________ tedesco.
8. Linda e Martin ____________________ in Germania.
9. Martin ____________________ l'italiano.

Wiederholen und üben Sie

12 Lesen Sie folgende Wörter laut vor. Kontrollieren Sie dann Ihre Aussprache mithilfe der CD.

1/21

ghetto caffè Germania yogurt arrivederci
Amburgo Zurigo spaghetti maccheroni come buongiorno
prosecco gelato macchina arancia cinema

13 Bringen Sie die Satzteile in die richtige Reihenfolge.

1. Lei – Scusi, – Filiberto Marchi – è ? io sono – No, – Manuel Croce.

____

2. a casa – Stefano – Livia – è – con.

____

3. all'aeroporto – Maria – segretaria – è – lavora – e.

____

4. Il signor – viaggi – Marchi – organizza.

____

5. succhi – di frutta – Ci sono? – c'è – Sì, – un succo – d'arancia.

____

6. tre – sposata – Susanna – e – è – figli – ha.

____

7. divano – Sul – gatto – c'è – un.

____

Zwischentest 1

1 Einer Frau werden vier Fragen zu ihrer Person gestellt. Welche Antwort ist richtig?

1. Come si chiama?
   a) ☐ Chiamo Maria Licondi.
   b) ☐ Mi chiamo Maria Licondi.
   c) ☐ Mi chiama Maria Licondi.

2. Dove abita?
   a) ☐ Abito a Zurigo.
   b) ☐ Abito in Zurigo.
   c) ☐ Abita a Zurigo.

3. Quanti anni ha?
   a) ☐ Sono 43 anni.
   b) ☐ Ho 43 anni.
   c) ☐ Ho 43.

4. Lei è sposata?
   a) ☐ No, non sono sposata.
   b) ☐ No, non è sposata.
   c) ☐ No, non sono sposato.

__/4

2 Beantworten Sie die Fragen. Es sind immer zwei Antworten richtig.

1. Come stai?
   a) ☐ Sto bene, grazie.
   b) ☐ Sono di Berlino.
   c) ☐ Benissimo, grazie. E tu?

2. Dov'è Stefano?
   a) ☐ Stefano è a casa con Livia.
   b) ☐ Stefano è all'aeroporto.
   c) ☐ Stefano è di Roma.

3. Che lavoro fa, signora?
   a) ☐ Sono insegnante.
   b) ☐ Lavoro a Pisa.
   c) ☐ Lavoro come segretaria.

4. Questa è Linda?
   a) ☐ Sì, Linda è tedesca.
   b) ☐ Sì, questa è Linda.
   c) ☐ No, questa non è Linda, questa è Livia.

5. Dove abitano Linda e Martin?
   a) ☐ Abitano a Francoforte.
   b) ☐ Arrivano a Pisa.
   c) ☐ Abitano in Germania.

6. Ci sono dei succhi di frutta?
   a) ☐ Sì, grazie.
   b) ☐ No, non ci sono succhi di frutta.
   c) ☐ Sì, ci sono due succhi di frutta.

__/12

3 Setzen Sie die richtige Verbform ein.

1. Linda ha 29 anni ed ______________ sposata.
   a) ha b) è c) sono

2. Filiberto e Manuel ______________ 35 anni.
   a) hanno b) sono c) ci sono

3. Sul divano ____________ un gatto.
   a) è b) ha c) c'è

4. Martin ____________ lentamente.
   a) parla b) sta c) abita

5. Ciao, ragazzi, vi ____________ la mia amica Susanna.
   a) presento b) presenti c) presentiamo

6. Noi siamo tour operator e ____________ viaggi.
   a) siamo b) organizziamo c) organizza

__/6

4 Unterstreichen Sie die Zahlen, die Sie hören.

1/22

12 – 5 – 0 – 13 – 30 – 2 – 7 – 19 – 25 – 17 – 16 – 9 – 29 – 14 – 24 – 6 – 27 – 8 – 15 – 3 – 4 – 10 – 11

__/12

5 Kreuzen Sie den richtigen Artikel an.

	a)	b)	c)
1. aeroporto	☐ un'	☐ uno	☐ l'
2. famiglie	☐ le	☐ la	☐ una
3. casa	☐ le	☐ un	☐ la
4. gatto	☐ lo	☐ il	☐ uno
5. figlia	☐ le	☐ un'	☐ una
6. lavori	☐ i	☐ gli	☐ le
7. borsa	☐ un	☐ la	☐ le
8. viaggio	☐ il	☐ uno	☐ i

__/8

6 Lesen Sie den Text und kreuzen Sie die richtigen Antworten an.

Linda e Martin arrivano a Pisa. Bettina dice: "Vi presento mio marito Stefano e mia figlia Livia". Stefano dice: "Piacere! Accomodatevi nel salotto!" Linda si siede sul divano accanto a un gatto. E Livia dice: "Questo è Gino, ha undici anni. E tu? Quanti anni hai?" Linda dice: "Io ho ventinove anni. Abito con mio marito Martin a Francoforte." Stefano offre a tutti un caffè e succhi di frutta.

Zwischentest 1

1. Stefano è …
   a) ☐ un amico di Linda.
   b) ☐ il marito di Bettina.
   c) ☐ il figlio di Martin.

2. Quanti anni ha Linda?
   a) ☐ 11
   b) ☐ 29
   c) ☐ 30

3. Da dove vengono Linda e Martin?
   a) ☐ da Pisa
   b) ☐ da Francoforte
   c) ☐ in Germania

4. Che cosa offre Stefano a tutti?
   a) ☐ cappuccino
   b) ☐ vino
   c) ☐ caffè e succhi di frutta

___/4

1/23

7 Radio Torre steht am Flughafen von Pisa und macht Interviews mit neu ankommenden Touristen. Hören Sie das Interview. Welche Aussagen sind richtig?

1. a) ☐ La signora si chiama Daniela Buri.
   b) ☐ La signora si chiama Pamela Torre.

2. a) ☐ La signora sta benissimo.
   b) ☐ La signora sta abbastanza bene.

3. a) ☐ La signora viene da Pisa.
   b) ☐ La signora viene da Milano.

4. a) ☐ La signora lavora come segretaria.
   b) ☐ La signora lavora come insegnante.

5. a) ☐ La signora ha cinque figli.
   b) ☐ La signora ha due figli.

___/5

___/51

7 Einkaufen

In dieser Lektion lernen Sie:

- Lebensmittel einzukaufen
- nach dem Preis zu fragen
- die gewünschte Ware in der gewünschten Menge zu benennen

Al mercato

1/24
1/25

Bettina	Qui siamo al mercato rionale nel centro storico di Pisa.
Linda	Compriamo un po' di frutta, verdura e del formaggio.
Fruttivendolo	A chi tocca?
Linda	A me.
Fruttivendolo	Buongiorno, signora. Che cosa desidera?
Linda	Vorrei mezzo chilo di pomodori e un'insalata.
Fruttivendolo	Questi pomodori qui?
Linda	No, preferisco quei pomodori là. Mi sembrano più maturi.
Fruttivendolo	Qualcos'altro? Ho un ottimo pecorino in offerta.
Linda	Bene, ne prendo un pezzo. E poi vorrei anche della rucola e tre etti di prosciutto crudo.
Fruttivendolo	Ecco a Lei. Desidera altro?
Linda	Che bella frutta! Bettina, quale frutta mangi volentieri?
Bettina	Mi piacciono le ciliegie.
Fruttivendolo	Queste ciliegie sono dolcissime! Ne vuole assaggiare una?
Linda	Sì, grazie. Mmhh, sono davvero buonissime! Quanto costano?
Fruttivendolo	5 euro al chilo.
Linda	Accidenti! Sono carissime!
Fruttivendolo	Ma no, per le ciliegie è un prezzo molto conveniente.
Linda	Va bene, me ne dia un chilo.
Fruttivendolo	È tutto?
Linda	Sì, grazie. Quant'è?
Fruttivendolo	Sono 9,70 euro.
Bettina	Bene, ora andiamo in panetteria e compriamo del pane.

Fragen zum Dialog

Kreuzen Sie an.

	richtig	falsch
1. Linda, Martin und Bettina sind beim Bäcker.	☐	☐
2. Linda kauft Tomaten und Salat.	☐	☐
3. Linda findet den Schafskäse sehr teuer.	☐	☐

Auf dem Markt

Bettina	Hier sind wir auf dem Straßenmarkt in der Altstadt von Pisa.
Linda	Lasst uns etwas Obst, Gemüse und Käse kaufen!
Verkäufer	Wer ist an der Reihe?
Linda	Ich.
Verkäufer	Guten Tag, Signora. Was wünschen Sie?
Linda	Ich hätte gern ein halbes Kilo Tomaten und einen Salat.
Verkäufer	Diese Tomaten hier?
Linda	Nein, lieber die Tomaten dort. Sie scheinen reifer zu sein.
Verkäufer	Sonst noch etwas? Ich habe einen hervorragenden Schafskäse im Sonderangebot.
Linda	Gut, ich nehme ein Stück (davon). Und dann hätte ich gern noch (etwas) Rucola und dreihundert Gramm Rohschinken.
Verkäufer	Hier, bitte. Wünschen Sie sonst noch etwas?
Linda	Was für herrliches Obst! Bettina, welches Obst isst du besonders gern?
Bettina	Ich mag Kirschen sehr gern.
Verkäufer	Diese Kirschen sind wunderbar süß! Möchten Sie eine probieren?
Linda	Ja, danke. Mmhh, sie sind tatsächlich sehr gut! Was kosten sie?
Verkäufer	5 Euro das Kilo.
Linda	Hoppla! Die sind aber sehr teuer!
Verkäufer	Aber nein, für Kirschen ist das ein sehr guter Preis.
Linda	Na gut, geben Sie mir ein Kilo.
Verkäufer	Ist das alles?
Linda	Ja, danke. Wie viel macht das?
Verkäufer	9,70 Euro.
Bettina	Gut, jetzt gehen wir in die Bäckerei und kaufen Brot.

7 Einkaufen

Lernwortschatz

a chi tocca?	*wer ist dran? wer ist an der Reihe?*
accidenti!	*hoppla!*
arancia *f*	*Orange*
assaggiare	*kosten, probieren*
banana *f*	*Banane*
bottiglia *f*	*Flasche*
buono, -a	*gut*
caro, -a	*teuer*
cena *f*	*Abendbrot*
che cosa	*was*
chilo *m*	*Kilo*
ciliegia *f*	*Kirsche*
cipolla *f*	*Zwiebel*
comprare	*kaufen*
conveniente	*(preis-)günstig*
costare	*kosten*
crudo, -a	*roh*
dare	*geben*
desiderare	*wünschen*
dia (*v.* dare)	*geben Sie*
dolce	*süß*
etto *m*	*hundert Gramm*
fare la spesa	*einkaufen*
fragola *f*	*Erdbeere*
frutta *f*	*Obst*
insalata *f*	*Salat*
là	*dort*
litro *m*	*Liter*
mangiare	*essen*
maturo, -a	*reif*
mercato *m*	*Markt*
mercato *m* rionale	*Straßenmarkt*
mezzo	*halb*
ne	*davon*
offerta *f*	*Sonderangebot*
ottimo, -a	*hervorragend*
pacco *m*	*Paket*
pane *m*	*Brot*
panetteria *f*	*Bäckerei*
patata *f*	*Kartoffel*
pecorino *m*	*Schafskäse*
pezzo *m*	*Stück*
piacere	*gefallen, mögen*
poi	*dann*
pomodoro *m*	*Tomate*
preferire	*vorziehen*
prezzo *m*	*Preis*
prosciutto *m*	*Schinken*
quale	*welcher, welches*
quello, -a	*jener, jene*
rucola *f*	*Rucola, Rauke*
sembrare	*scheinen*
uva *f*	*Traube*
va bene	*okay*
verdura *f*	*Gemüse*
vino rosso *m*	*Rotwein*
volere	*möchten, wollen*
vorrei (*v.* volere)	*ich möchte, ich hätte gern*

Grammatik und Redemittel

Unregelmäßige Verben auf *-are: andare* und *fare*

	andare *gehen*	**fare** *machen*
io	vado	faccio
tu	vai	fai
lui/lei/Lei	va	fa
noi	andiamo	facciamo
voi	andate	fate
loro	vanno	fanno

Teilungsartikel → § 1.3

Eine unbestimmte Menge drücken Sie mit dem Teilungsartikel, d.h. mit der Präposition **di + bestimmtem Artikel**, aus:
Compriamo **del** formaggio. *Wir kaufen Käse.*

	il	**l'**	**lo**	**la**	**i**	**gli**	**le**
di +	del	dell'	dello	della	dei	degli	delle

Vorrei **del** pane. *Ich hätte gern (etwas) Brot.*
della rucola. *(etwas) Rucola.*

Mengenangaben

un chilo *ein Kilo* **mezzo chilo** *ein Pfund* **un etto** *hundert Gramm*
un litro *ein Liter* **un bicchiere** *ein Glas* **una bottiglia** *eine Flasche*
un pacco *eine Packung*

! Nach Mengenangaben steht immer die Präposition **di**:
Vorrei mezzo chilo **di** pomodori. *Ich möchte ein Pfund Tomaten.*

Ne → § 5.5

Ne *davon* bezeichnet die Teilmenge einer zuvor erwähnten Sache:
▲ Ho un ottimo pecorino. *Ich habe hervorragenden Schafskäse.*
● **Ne** prendo un pezzo. *Davon nehme ich ein Stück.*

Übungen

1 Bitte setzen Sie die richtigen Verbformen und die Maßeinheiten aus dem Schüttelkasten ein.

chilo etti litro pacco

Noi ________ (1. fare) la spesa per la cena: io ________ (2. comprare) un ________ (3.) di spaghetti. Voi ________ (4. andare) al mercato e ________ (5. comprare) un ________ (6.) di pomodori, tre ________ (7.) di prosciutto e un ________ (8.) di vino rosso. Linda ________ (9. comprare) dell'uva e del formaggio. Il formaggio e l'uva ________ (10. costare) circa 3 euro. Stefano e Livia ________ (11. fare) la pasta al pomodoro. Poi ________ (12. mangiare) tutti insieme.

2 Hören Sie die Namen der Obst- und Gemüsesorten. Versuchen Sie dann, die Wörter den Bildern zuzuordnen.

1/26

1. 

2. 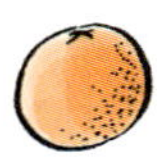

3. 

4. 

5. 

6. 

a) l'arancia b) la patata c) l'insalata
d) la cipolla e) l'uva f) il pomodoro

3 Lesen Sie den Dialog und übernehmen Sie die Rolle von Maria.

1/27

Fruttivendolo	Cosa desidera?
Maria	Vorrei delle patate.
Fruttivendolo	Quante?
Maria	Un chilo.
Fruttivendolo	Desidera altro?
Maria	Sì, mi dia anche quattro pomodori e mezzo chilo d'uva.
Fruttivendolo	È tutto?
Maria	Sì, grazie. Quant'è?
Fruttivendolo	Sono 7,50 euro.

Orari di apertura

Obwohl **supermercati** *Supermärkte* und **grandi magazzini** *Kaufhäuser* immer häufiger von 9.00 bis 20.00 Uhr durchgehend geöffnet sind, gelten noch immer für die meisten anderen Geschäfte **orari di apertura** *Öffnungszeiten* von 8.00 bis 13.00 Uhr und nachmittags von 15.30 / 16.00 bis 19.30 / 20.00 Uhr. Je nach Region und Jahreszeit ist die Mittagspause unterschiedlich lang: Im Hochsommer öffnen viele Geschäfte am Nachmittag erst um 17.00 Uhr. Auch in Italien können Sie am Samstag bis 19.30 / 20.00 Uhr shoppen. Vor allem in Urlaubsgebieten und Badeorten sind die meisten **negozi di alimentari** *Lebensmittelgeschäfte* im Hochsommer sogar am Sonntagvormittag offen. Postämter sind im Gegensatz zu Deutschland nur vormittags geöffnet. Die größeren Banken öffnen nachmittags noch einmal für rund eine Stunde. In allen italienischen Städten gibt es regelmäßig Wochen- und Straßenmärkte (**mercato**). Doch obwohl *preisgünstig* auf Italienisch **a buon mercato** heißt, ist das Einkaufen auf dem Markt heute nicht mehr preisgünstiger als im Supermarkt.

i Kulturtipp

Alltag

Was können Sie schon?

	☺	😐	☹	
Lebensmittel verstehen und benennen				→ **Ü2**
nach Preisen fragen und diese verstehen				→ **Ü3**
die Menge der gewünschten Ware benennen				→ **Ü1** → **Ü3**

8 Essen & Trinken

In dieser Lektion lernen Sie:

- die italienische Esskultur kennen
- etwas zu essen oder zu trinken zu bestellen
- italienische Gerichte kennen

Ho fame!

1/28
1/29

Martin	Uff, ho una sete!
Linda	E io ho fame.
Bettina	Qui vicino c'è un'osteria. Andiamo a mangiare qualcosa.
Cameriere	Buongiorno. Vi porto il menù?
Bettina	No, grazie. Che cosa avete come primi piatti?
Cameriere	Oggi abbiamo tagliatelle al sugo di cinghiale, penne al ragù, lasagne oppure un risotto ai funghi.
Martin	Vorrei una pizza.
Bettina	Questa è un'osteria, non è una pizzeria. Qui non fanno la pizza.
Linda	C'è della carne nelle lasagne?
Cameriere	Sì, le lasagne contengono della carne.
Linda	Io sono vegetariana. Quindi prendo il risotto.
Martin	Anch'io prendo il risotto. Mi piacciono i funghi.
Bettina	Io invece prendo le lasagne.
Cameriere	Bene. E da bere?
Martin	Vorrei una birra piccola.
Linda	Per me acqua minerale.
Bettina	Acqua minerale anche per me.
Cameriere	Gassata o naturale?
Bettina	Naturale, per favore.
Cameriere	Desiderate qualcos'altro?
Bettina	No, grazie. Va bene così. Ci porti tre caffè e il conto, per favore.
Cameriere	Subito.

Fragen zum Dialog

Beantworten Sie die Fragen.

1. Warum nimmt Linda keine Lasagne?

___

2. Warum bekommt Martin keine Pizza?

___

3. Was trinken Linda und Bettina?

___

Ich habe Hunger!

Martin	Uff, ich habe vielleicht einen Durst!
Linda	Und ich habe Hunger.
Bettina	Hier in der Nähe ist ein Wirtshaus. Gehen wir etwas essen.
Kellner	Guten Tag. Möchten Sie die Speisekarte?
Bettina	Nein, danke. Was haben Sie als ersten Gang?
Kellner	Heute haben wir Tagliatelle mit Tomatensoße und Wildschweinfleisch, Penne mit Hackfleischsoße, Lasagne oder einen Pilzrisotto.
Martin	Ich hätte gern eine Pizza.
Bettina	Das ist ein Wirtshaus, keine Pizzeria. Hier machen sie keine Pizza.
Linda	Ist Fleisch in der Lasagne?
Kellner	Ja, die Lasagne enthält Fleisch.
Linda	Ich bin Vegetarierin. Daher nehme ich den Risotto.
Martin	Ich nehme auch den Risotto. Mir schmecken Pilze.
Bettina	Ich dagegen nehme die Lasagne.
Kellner	Gut. Und zu trinken?
Martin	Ich hätte gern ein kleines Bier.
Linda	Für mich Mineralwasser.
Bettina	Mineralwasser auch für mich.
Kellner	Mit oder ohne Kohlensäure?
Bettina	Ohne Kohlensäure, bitte.
Kellner	Wünschen Sie sonst noch etwas?
Bettina	Danke, es ist gut so. Bringen Sie uns bitte drei Kaffee und die Rechnung.
Kellner	Sofort.

8 Essen & Trinken

Lernwortschatz

acqua *f* minerale	*Mineralwasser*
analcolico, -a	*alkoholfrei*
bere	*trinken*
birra *f*	*Bier*
cameriere *m*	*Kellner*
carne *f*	*Fleisch*
chiedere	*fragen, bitten um*
cinghiale *m*	*Wildschwein*
come	*hier: als*
consigliare	*raten, empfehlen*
contenere	*enthalten*
conto *m*	*Rechnung*
così	*so*
dessert *m*	*Nachspeise*
fame *f*	*Hunger*
frutti *mPl* di mare	*Meeresfrüchte*
gassato, -a	*mit Kohlensäure*
invece	*dagegen*
lattina *f*	*Dose*
menù *m*	*Speisekarte*
mi dispiace	*es tut mir leid*
naturale	*natürlich (stilles Wasser)*
oggi	*heute*
oppure	*oder*
ordinare	*bestellen*
pagare	*zahlen*
pesce *m*	*Fisch*
piccolo, -a	*klein*
portare	*bringen*
pranzo *m*	*Mittagessen*
primo (piatto) *m*	*erster Gang*
ragù *m*	*Hackfleischsoße*
senza	*ohne*
sete *f*	*Durst*
subito	*sofort*
sugo *m*	*Soße*
vegetariano	*Vegetarier*
vicino, -a	*nahe*
vongola *f*	*Venusmuschel*

Wo isst man was?		
bar *m*	*Bar*	Getränke, Sandwichs, Snacks
paninoteca *f*	*Snackbar*	Getränke, Brötchen, Sandwichs, Snacks
osteria *f*	*Wirtshaus*	Getränke, kalte und warme Speisen
trattoria *f*	*Gaststätte*	Getränke, kalte und warme Speisen
ristorante *m*	*Restaurant*	Getränke, kalte und warme Speisen
pizzeria *f*	*Pizzeria*	Getränke, Pizza
tavola calda *f*	*Schnellimbiss*	Getränke, kleine Imbisse

Grammatik und Redemittel

Verben auf *-ere: prendere* und *bere* → § 6.6

	prendere *nehmen*	**bere** *trinken*
io	prend**o**	be**vo**
tu	prend**i**	be**vi**
lui/lei/Lei	prend**e**	be**ve**
noi	prend**iamo**	be**viamo**
voi	prend**ete**	be**vete**
loro	prend**ono**	be**vono**

Unbetonte indirekte Personalpronomen → § 5.3

Sie stehen direkt vor dem Verb und entsprechen dem deutschen Dativ:

mi	*mir*	**Mi** piacciono i funghi.	*Mir schmecken Pilze.*
ti	*dir*	Non **ti** credo.	*Ich glaube dir nicht.*
gli	*ihm*	**Gli** porto un gelato.	*Ich bringe ihm ein Eis.*
le	*ihr*	**Le** porto un gelato.	*Ich bringe ihr ein Eis.*
ci	*uns*	**Ci** porti tre caffè.	*Bringen Sie uns drei Kaffee.*
vi	*euch*	**Vi** compro un dolce.	*Ich kaufe euch eine Süßspeise.*
gli	*ihnen*	**Gli** porto il menù.	*Ich bringe ihnen die Speisekarte.*

! **Le** und **Vi** sind auch die Höflichkeitsformen im Singular und Plural.
Che cosa **Le** porto, signora? *Was darf ich Ihnen (Singular) bringen, Signora?*
Vi porto il menù. *Ich bringe Ihnen (Plural) die Karte.*

Piacere

Das Verb **piacere** *gefallen, gern mögen, schmecken* wird im Italienischen mit einem **indirekten Pronomen** gebildet:

Mi piace la pizza. *Mir schmeckt Pizza.*
Mi piacciono i funghi. *Mir schmecken Pilze.*
Ci piace viaggiare. *Wir reisen gern.*

Übungen

1/30

1 Stefano bestellt beim Pizzakurier zwei Pizzen. Lesen Sie den Dialog und übernehmen Sie die Rolle von Stefano.

Pizzeria	Pizzeria "Bella Napoli", buonasera. Che cosa desidera?
Stefano	Buonasera. Vorrei ordinare due pizze.
Pizzeria	Benissimo. Mi dica.
Stefano	Vorrei una pizza Margherita e una pizza con i funghi, ma senza pomodori.
Pizzeria	Va bene. E da bere?
Stefano	Avete la birra analcolica?
Pizzeria	No, mi dispiace.
Stefano	Allora due lattine di coca-cola.
Pizzeria	Bene. Va bene per le otto?
Stefano	Va benissimo. Grazie e arrivederci.

2 Setzen Sie die richtigen indirekten Personalpronomen ein.

1. Ti piace la pizza? – Sì, ______________ piace molto.
2. Dai da mangiare al gatto? – Sì, ______________ do da mangiare.
3. Linda, mi prendi un dessert, per favore? – Sì, ______________ prendo una macedonia.
4. Ciao, ragazzi, ______________ presento la mia amica Susanna.
5. Piacciono le banane a Linda e Martin? – No, non ______________ piacciono le banane.

1/31

3 Hören Sie den Text. Kreuzen Sie dann an.

	richtig	falsch
1. Il cameriere gli consiglia gli spaghetti al pomodoro.	☐	☐
2. A Roberto piacciono i frutti di mare.	☐	☐
3. A Maria piacciono le penne al pomodoro.	☐	☐
4. Maria e Roberto bevono vino.	☐	☐
5. Maria non mangia il dessert.	☐	☐

Come, quando e dove si mangia in Italia

Kulturtipp i

Am Morgen nach dem Aufstehen trinken viele Italiener zu Hause nur einen **caffè** *Espresso*, kehren dann auf dem Weg zur Arbeit in einer Bar ein und frühstücken dort. Die traditionellen Essenszeiten sind in Italien 13.00 Uhr für das Mittagessen und 20.00 Uhr für das Abendessen. Doch nur noch in den Kleinstädten und auf dem Land ist es den Angestellten möglich, das Mittagessen zu Hause einzunehmen. In den größeren Städten essen sie ein **panino** *Sandwich* in einer **paninoteca** *Snackbar* oder etwas Warmes in einer **trattoria** *Wirtshaus* oder einer **tavola calda** *Schnellimbiss*. Für ein vollständiges Menü, das traditionell aus **antipasto** *Vorspeise*, **primo (piatto)** *erster Gang: Teigwaren oder Reis*, **secondo (piatto)** *zweiter Gang: Fleisch oder Fisch* mit **contorno** *Beilage* sowie einem **dolce** *Süßspeise* besteht, reicht die Zeit über Mittag nicht. Selbst beim Abendessen zu Hause in der Familie beschränkt sich das Alltagsmenü heute normalerweise auf einen **primo** oder einen **secondo** und Obst zum Nachtisch.

Was können Sie schon?

	☺	😐	☹	
etwas zu essen und zu trinken bestellen und um die Rechnung bitten				→ **Ü1** → **Ü3**
italienische Gerichte benennen				→ **Ü3**
die italienische Esskultur verstehen				→ **Ü3**

9 Ein Ausflug zum Schiefen Turm

In dieser Lektion lernen Sie:

- tägliche Gewohnheiten zu formulieren
- einen Tagesablauf zu verstehen und zu beschreiben
- Wochentage und Uhrzeit

Sulla Torre Pendente

1/32
1/33

Bettina	Domani è sabato. Di solito il sabato mattina vado in centro, faccio colazione in un bar e leggo i giornali. Avete voglia di venire con me in città e salire sulla Torre Pendente?
Linda	Ottima idea.
Bettina	Quindi ci alziamo alle 8.00 e facciamo colazione, alle 9.00 usciamo e prendiamo l'autobus per il centro storico. D'accordo?
Linda	Alzarsi alle 8.00? Sei matta? Il sabato non mi alzo mai così presto. Dal lunedì al venerdì mi alzo tutti i giorni alle 6.30 e torno a casa la sera tardi. Il fine settimana mi piace dormire fino alle 11.00.
Martin	Non siamo a Pisa per dormire.
Linda	È vero, ma non possiamo andarci un po' più tardi?
Bettina	Ti capisco. Se vuoi, ci alziamo alle 9.00. Usciamo subito e facciamo colazione al bar "La Torre". Così possiamo salire sulla Torre alle 10.00. Prima bisogna comprare i biglietti. Poi, una volta ogni ora, fanno salire la gente in piccoli gruppi.
Linda	Va bene per le 9.00.
Martin	Sono d'accordo anch'io.
Linda	Ma fatemi almeno bere un caffè prima di uscire, altrimenti non mi sveglio.

Fragen zum Dialog

Kreuzen Sie die richtige Antwort an.

1. Welches Ausflugsziel schlägt Bettina ihren Gästen vor?
   a) eine Bar b) den Schiefen Turm c) das Meer
2. Was macht Linda normalerweise am Samstagmorgen? Sie …
   a) frühstückt b) schläft bis 11.00 Uhr. c) shoppt
3. Um wie viel Uhr steht Linda jeden Mittwoch auf?
   a) um 8.00 Uhr b) um 9.00 Uhr c) um 6.30 Uhr

Auf dem Schiefen Turm

Bettina	Morgen ist Samstag. Am Samstagvormittag gehe ich normalerweise in die Stadt, frühstücke und lese Zeitung. Habt ihr Lust, mit mir zu kommen und auf den Schiefen Turm zu steigen?
Linda	Sehr gute Idee.
Bettina	Wir stehen um 8.00 Uhr auf und frühstücken, um 9.00 Uhr gehen wir aus dem Haus und nehmen den Bus in die Altstadt. Einverstanden?
Linda	Um 8.00 Uhr aufstehen? Bist du verrückt? Am Samstag stehe ich nie so früh auf. Von Montag bis Freitag stehe ich jeden Tag um 6.30 Uhr auf und komme am Abend spät nach Hause. Am Wochenende schlafe ich gerne bis 11.00 Uhr.
Martin	Wir sind nicht zum Schlafen in Pisa.
Linda	Das ist wahr, aber können wir nicht etwas später gehen?
Bettina	Ich verstehe dich. Wenn du willst, stehen wir um 9.00 Uhr auf. Wir gehen gleich ins Zentrum und frühstücken in der Bar „La Torre“. Dann können wir um 10.00 Uhr auf den Turm. Erst muss man Eintrittskarten kaufen. Dann werden die Leute in kleinen Gruppen einmal pro Stunde eingelassen und können auf den Turm.
Linda	Gut, dann um 9.00 Uhr.
Martin	Ich bin ebenfalls einverstanden.
Linda	Aber lasst mich zumindest einen Kaffee trinken, bevor wir aus dem Haus gehen, sonst werde ich nicht wach.

9 Ein Ausflug zum Schiefen Turm

Lernwortschatz

almeno	*zumindest*
altrimenti	*sonst, andernfalls*
alzarsi	*aufstehen*
amore *m*	*Liebe, hier: Schatz*
attività *f*	*Tätigkeit*
autobus *m*	*Autobus*
avere voglia di	*Lust haben zu*
bambino *m*	*Kind*
biglietto *m*	*Ticket, Eintrittskarte*
bisogna	*man muss*
cenare	*zu Abend essen*
d'accordo	*einverstanden*
di solito	*normalerweise*
dormire	*schlafen*
fare colazione	*frühstücken*
fino a	*bis*
gente *fSg*	*Leute*
giornale *m*	*Zeitung*
giorno *m*	*Tag*
gruppo *m*	*Gruppe*
intorno, -a	*um, um … herum*
lavarsi	*waschen*
leggere	*lesen*
leggo (*v.* leggere)	*ich lese*
letto *m*	*Bett*
mattina *m*	*Morgen*
matto, -a	*verrückt*
musica *f*	*Musik*
nuoto *m*	*Schwimmen*
ora *f*	*Stunde*
pomeriggio *m*	*Nachmittag*
preparare	*vorbereiten*
presto	*früh*
prima	*vorher*
salire	*(hinauf)steigen*
scuola *f*	*Schule*
sera *f*	*Abend*
svegliarsi	*aufwachen*
tardi	*spät*
tornare	*zurückkehren*
uscire	*(heraus) ausgehen*
verso le	*hier: gegen … Uhr*
vestirsi	*sich anziehen*
vista *f*	*Aussicht*
volta *f*	*Mal*

Die Woche	
lunedì *m*	*Montag*
martedì *m*	*Dienstag*
mercoledì *m*	*Mittwoch*
giovedì *m*	*Donnerstag*
venerdì *m*	*Freitag*
sabato *m*	*Samstag*
domenica *f*	*Sonntag*
settimana *f*	*Woche*
fine settimana *m*	*Wochenende*

Grammatik und Redemittel

Verben auf *-ire* → § 6.6

Die Verben auf **-ire** werden nicht alle gleich konjugiert. Bei einigen (z.B. **capire** *verstehen,* **finire** *beenden*) schiebt sich im Singular und in der 3. Pers. Plural die Silbe **-isc-** vor der Endung ein.

	dormire *schlafen*	**capire** *verstehen*
io	dorm**o**	cap**isco**
tu	dorm**i**	cap**isci**
lui/lei/Lei	dorm**e**	cap**isce**
noi	dorm**iamo**	cap**iamo**
voi	dorm**ite**	cap**ite**
loro	dorm**ono**	cap**iscono**

Reflexive Verben → § 5.4, § 6.4

	alzarsi *aufstehen, sich erheben*
io	**mi** alzo
tu	**ti** alzi
lui/lei/Lei	**si** alza
noi	**ci** alziamo
voi	**vi** alzate
loro	**si** alzano

! Die Reflexivpronomen (**mi**, **ti**, **si** …) stehen vor dem Verb.
Ci alziamo alle 8.00. *Wir stehen um 8.00 Uhr auf.*
Nur im Infinitiv werden sie angehängt: alzar**si**, preparar**si**.

Nach der Uhrzeit fragen

Che ora è? oder Che ore sono? *Wir spät ist es?*
10.00: sono le dieci. *Es ist zehn Uhr.*
10.15: sono le dieci e un quarto. *Es ist Viertel nach zehn.*
10.30: sono le dieci e mezza. *Es ist halb elf.*
10.45: sono le undici meno un quarto. *Es ist Viertel vor elf.*
12.00: è mezzogiorno. *Es ist zwölf Uhr (mittags).*
24.00: è mezzanotte. *Es ist Mitternacht.*

9 Ein Ausflug zum Schiefen Turm

Übungen

1/34

1 Lesen und hören Sie den Tagesablauf von Susanna. Kreuzen Sie dann an: richtig oder falsch.

Mi alzo alle sette, sveglio la famiglia e facciamo colazione. Poi tutti si lavano e si vestono. Alle otto usciamo di casa. Arrivo al lavoro intorno alle nove. Alle quattro e mezza del pomeriggio prendo i bambini a scuola e torniamo a casa. Verso le sette torna a casa mio marito e poi ceniamo tutti insieme. Due volte la settimana faccio un corso di aerobica.

	richtig	falsch
1. Susanna si alza alle 7.00.	☐	☐
2. La famiglia esce di casa alle 9.00	☐	☐
3. Tutte le sere Susanna fa sport.	☐	☐

2 Zeichnen Sie die richtige Uhrzeit in die Uhren.

1. le nove e cinque

2. mezzogiorno

3. le sette meno dieci

4. le tre e venti

5. le undici meno cinque

6. le dieci e un quarto

7. le sei e mezza

8. le otto meno un quarto

3 Livia erzählt ihren Tagesablauf. Setzen Sie die richtigen Verbformen ein.

Dal lunedì al sabato io ________________ (1. alzarsi) sempre alle 7.30. Poi ________________ (2. fare) colazione. Alle 8.00 (io) ________________ (3. lavarsi) e ________________ (4. vestirsi). Alle 8.25 ________________ (5. andare) a scuola. Dopo la scuola ________________ (6. tornare) a casa. Tutta la famiglia ________________ (7. essere) a tavola per il pranzo. Nel pomeriggio ho diverse attività: il lunedì musica, il martedì hip-hop e il sabato nuoto. Alle 21.00 ________________ (8. andare) a letto, ________________ (9. leggere) un po' e alle 21.30 ________________ (10. dormire).

Vivere in Italia oggi

Kulturtipp i

Auch in Italien gilt es, Job und Familienleben zu vereinbaren. Ein Großteil der Italienerinnen ist berufstätig, und Teilzeitarbeit ist weniger verbreitet als in Deutschland. Die Bereitschaft der italienischen Männer, ihren Teil zu Haushalt und Kinderbetreuung beizutragen, wächst leider nicht parallel zur immer besseren Ausbildung der Frauen und ihrer Behauptung auf dem Arbeitsmarkt. Glücklicherweise ist das Kinderbetreuungsangebot im Allgemeinen gut. Doch wie überall gibt es Engpässe beim Chaosmanagement des Alltags. Und deshalb leisten viele italienische Großeltern einen verdienstvollen Fulltime-Job als Tagesgroßmütter, Babysitter, Begleitservice, Chauffeur und Aufgabenhilfe.

Was können Sie schon?

	☺	😐	☹	
■ tägliche Gewohnheiten formulieren				→ Ü1 → Ü3
■ Tagesabläufe verstehen und beschreiben				→ Ü1 → Ü3
■ Fragen, wie spät es ist, und eine Frage nach der Uhrzeit beantworten				→ Ü2

10 Hobbys & Freizeitbeschäftigungen

In dieser Lektion lernen Sie:

- Fragen nach Hobbys und Freizeitbeschäftigungen zu stellen und zu beantworten
- auszudrücken, was Sie können, müssen oder wollen
- zu sagen, was Sie gern oder nicht gern machen

Una giornata al mare

1/35
1/36

Bettina	Siete pronti per una gita al mare? Viene con noi anche la mia amica Annarella. Annarella, questa è Linda, e questo è Martin, suo marito.
Linda	Piacere.
Martin	Ciao, Annarella.
Annarella	Buongiorno. Sono contenta di venire al mare con voi. Fa troppo caldo per rimanere in città.
Linda	Io adoro il mare. Anche tu?
Annarella	A dire il vero, preferisco la montagna. Ma oggi voglio fare un tuffo in mare, prendere il sole e rilassarmi.
Bettina	Io voglio sdraiarmi sul mio lettino e leggere un bel libro sotto l'ombrellone.
Linda	Sì, un giallo è perfetto per una giornata al mare.
Annarella	Io preferisco un romanzo d'avventura o un divertente romanzo femminile. E tu, Martin? Ti piacciono di più i gialli o i romanzi d'avventura?
Martin	Non mi piace leggere al mare, mi addormento subito. Preferisco lo sport: nuoto, windsurf, jogging sulla spiaggia. Oppure fare un sudoku.
Linda	Non so fare il windsurf, e se al posto del jogging possiamo fare una passeggiata, ti accompagno.
Bettina	Avete preso tutto? Il vostro costume da bagno, il telo, la vostra crema solare? Dovete portare gli infradito, oggi la sabbia brucia!

Fragen zum Dialog

Kreuzen Sie an.	richtig	falsch
1. Linda, Martin und Bettina fahren ans Meer. Annarella bleibt zu Hause.	☐	☐
2. Linda liebt das Meer.	☐	☐
3. Auch Martin liest gern am Meer.	☐	☐

Ein Tag am Meer

Bettina	Seid ihr bereit für einen Ausflug ans Meer? Es kommt auch meine Freundin Annarella mit. Annarella, das ist Linda, und ihr Mann heißt Martin.
Linda	Freut mich.
Martin	Hallo, Annarella.
Annarella	Guten Tag. Ich bin froh, dass ich mit euch ans Meer mitkommen kann. Es ist zu heiß, um in der Stadt zu bleiben.
Linda	Ich liebe das Meer. Du auch?
Annarella	Ehrlich gesagt, ziehe ich die Berge vor. Aber heute will ich baden, in der Sonne liegen und mich entspannen.
Bettina	Ich will mich auf meiner Liege ausstrecken und unter dem Sonnenschirm ein schönes Buch lesen.
Linda	Ja, ein Krimi ist ideal für einen Tag am Meer.
Annarella	Ich mag einen Abenteuerroman oder einen amüsanten Frauenroman lieber. Und du, Martin? Magst du lieber Krimis oder Abenteuerromane?
Martin	Ich lese nicht gern am Meer, ich schlafe immer gleich ein. Ich treibe lieber Sport: schwimmen, Windsurf, am Strand joggen. Oder löse ein Sudoku.
Linda	Ich kann nicht windsurfen, und wenn wir statt Joggen einen Spaziergang machen können, begleite ich dich.
Bettina	Habt ihr alles? Eure Badesachen, das Strandtuch, eure Sonnencreme? Ihr solltet die Flip-Flops mitnehmen, der Sand ist heute sehr heiß!

10 Hobbys & Freizeitbeschäftigungen

Lernwortschatz

accompagnare	*begleiten*
addormentarsi	*einschlafen*
adorare	*lieben, bewundern*
al posto di	*anstelle von*
avventura *f*	*Abenteuer*
bruciare	*brennen*
contento, -a	*froh, zufrieden*
costume da bagno *m*	*Badeanzug, Badehose*
crema solare *f*	*Sonnencreme*
divertente	*amüsant, vergnüglich*
dizionario *m*	*Wörterbuch*
dovere	*müssen*
femminile	*weiblich*
giallo *m*	*Krimi*
giocare	*spielen*
giornata *f*	*Tag*
gita *f*	*Ausflug*
gusto *m*	*Geschmack*
infradito *m/f inv*	*Flip-Flops*
lettino *m*	*Liege*
limone *m*	*Zitrone*
montagna *f*	*Gebirge, Berg*
museo *m*	*Museum*
nuotare	*schwimmen*
nuoto *m*	*Schwimmen (Sportart)*
ombrellone *m*	*Sonnenschirm*
passeggiata *f*	*Spaziergang*
perfetto, -a	*perfekt*
preferito, -a	*bevorzugt*
prendere il sole	*sonnenbaden*
pronto, -a	*fertig, bereit*
rilassarsi	*sich entspannen*
rimanere	*bleiben*
romanzo *m*	*Roman*
sabbia *f*	*Sand*
sdraiarsi	*sich hinlegen*
sotto	*unter*
spiaggia *f*	*Strand*
sport *m*	*Sport*
telo *m*	*Badetuch*
troppo	*allzu*
tuffo *m*	*Sprung*

Vorlieben und Abneigungen	
Ti piace il mare?	*Gefällt dir das Meer?*
Mi piace di più la montagna.	*Ich mag die Berge lieber.*
Non mi piace il mare.	*Ich mag das Meer nicht.*
Le piace di più il tè o il caffè?	*Mögen Sie lieber Tee oder Kaffee?*
Preferisco il caffè.	*Ich ziehe Kaffee vor.*
Anche a me piace di più il caffè.	*Ich mag auch lieber Kaffee.*

Grammatik und Redemittel

Die Possessivpronomen → § 5.7

	Singular		Plural	
	m	*f*	*m*	*f*
mein (e)	mio	mia	miei	mie
dein (e)	tuo	tua	tuoi	tue
sein (e) /Ihr (e)	suo/Suo	sua/Sua	suoi/Suoi	sue/Sue
unser (e)	nostro	nostra	nostri	nostre
euer (e)	vostro	vostra	vostri	vostre
ihr (e)	loro	loro	loro	loro

! Im Gegensatz zum Deutschen steht vor dem Possessivpronomen der bestimmte Artikel:

il suo libro *sein/ihr Buch*

la sua crema solare *seine/ihre Sonnencreme*

il nostro ombrellone *unser Sonnenschirm*

Die Modalverben *potere, volere* und *dovere* → § 6.3

	potere *können*	**volere** *wollen*	**dovere** *müssen*
io	posso	voglio	devo
tu	puoi	vuoi	devi
lui/lei/Lei	può	vuole	deve
noi	possiamo	vogliamo	dobbiamo
voi	potete	volete	dovete
loro	possono	vogliono	devono

Das Verb *sapere*

sapere *wissen*			
io	so	noi	sappiamo
tu	sai	voi	sapete
lui/lei/Lei	sa	loro	sanno

Im Gegensatz zum Deutschen wird bei gelerntem *Können* nicht *können* (**potere**), sondern *wissen* (**sapere**) verwendet:

Linda non **sa** fare il windsurf. *Linda kann nicht windsurfen.*

Übungen

1 Setzen Sie die richtige Form der Modalverben ein.

1. (Io) ______________ (volere) andare in spiaggia. 2. Martin e Linda ______________ (potere) fare un tuffo in mare perché ______________ (sapere) nuotare. 3. (Tu) ______________ (potere) leggere un libro sotto l'ombrellone. 4. (Noi) ______________ (dovere) portare il costume da bagno. 5. Martin ______________ (dovere) comprare un dizionario perché non ______________ (sapere) bene l'italiano. 6. Se (voi) ______________ (volere), vi prendo un gelato. 7. Mi dispiace, (io) non ______________ (potere) venire al mare, ______________ (dovere) lavorare.

2 Hören Sie den Text und kreuzen Sie an, was die Personen gern machen.

1/37

	mare	montagna	nuotare	leggere	musei	jogging	passeggiate	tennis
Livia	☐	☐	☐	☐	☐	☐	☐	☐
Stefano	☐	☐	☐	☐	☐	☐	☐	☐
Annarella	☐	☐	☐	☐	☐	☐	☐	☐
Martin	☐	☐	☐	☐	☐	☐	☐	☐
Linda	☐	☐	☐	☐	☐	☐	☐	☐

3 Ordnen Sie die Fragen und Antworten richtig zu.

1. Vieni al mare domani?
2. Adoro andare al mare. E tu?
3. Ti piace il gelato alla fragola?
4. Faccio un tuffo in mare. Venite anche voi?
5. Ti piacciono i concerti rock?
6. Volete una pizza o un risotto?

a) Preferiamo il risotto.
b) No, mi dispiace, devo lavorare.
c) Sì, ma il mio gusto preferito è il gelato al limone.
d) Preferisco la musica classica.
e) Mi piace di più la montagna.
f) No, non abbiamo i costumi da bagno.

Gli italiani in vacanza

Die meisten Italiener nehmen ihren Jahresurlaub im August. Am 15. August, dem **Ferragosto** *Mariä Himmelfahrt*, kommt in Italien alles zum Erliegen, die Städte sind wie ausgestorben und man kann nur beten, dass man sich keinen Computervirus einfängt und keine Wasserleitung platzt. Denn in diesen Tagen findet man keinen Techniker oder Klempner. Nach dem 20. August beleben sich die Städte langsam wieder. Die Italiener verbringen ihren Urlaub größtenteils in Italien. Italien ist klimatisch und geographisch so abwechslungsreich, dass eigentlich jeder Urlaubswunsch befriedigt werden kann: In den Bergen kann man *Ski fahren* (**sciare**) oder *wandern* (**fare trekking**), die weiten Ebenen sind ideal für *Radtouren* (**gite in bicicletta**) oder *Reiten* (**andare a cavallo**) und am Meer kann man *sonnenbaden* (**prendere il sole**) oder *Wassersportarten* (**sport acquatici**) ausprobieren.

i Kulturtipp

Alltag

Was können Sie schon?

	☺	😐	☹	
ausdrücken, dass Sie etwas können, müssen oder wollen				→ Ü1
Vorlieben und Abneigungen ausdrücken				→ Ü2 → Ü3
Hobbys und Freizeitbeschäftigungen nennen				→ Ü1 → Ü3

11 Eine Einladung bei Freunden

In dieser Lektion lernen Sie:

- eine Einladung anzunehmen
- zu fragen, wann und wo man sich trifft
- Zustimmung und Einwände auszudrücken

Un invito a cena

1/38
1/39

Linda	Pronto!
Annarella	Ciao Linda. Sono Annarella.
Linda	Ciao, Annarella. Come va?
Annarella	Benissimo, grazie. Oggi è la festa di San Ranieri qui a Pisa e, come ogni anno, faccio una cena con qualche amico. Avete voglia di venire anche voi?
Linda	Grazie dell'invito, ma mi sento un po' in imbarazzo: non conosciamo nessuno.
Annarella	Ma figurati, i nostri amici sono tutti simpatici, e poi ci sono Stefano, Livia e Bettina.
Linda	Abbiamo un altro problema: Martin non parla bene l'italiano.
Annarella	Non ti preoccupare. C'è anche il fratello di Ettore che sa molto bene il tedesco.
Linda	Va bene, veniamo volentieri. Quando?
Annarella	Alle otto e mezza. Va bene?
Linda	Sì, certo. E dove?
Annarella	Abitiamo nel centro storico. Mettetevi d'accordo con Stefano e venite tutti insieme. È più facile. Tutto il quartiere è chiuso al traffico. Stefano sa dove si può parcheggiare … oppure venite tutti in bici.
Linda	D'accordo. Ci vediamo stasera.
Annarella	Benissimo. Sono proprio contenta. A stasera. Ciao!

Fragen zum Dialog

Beantworten Sie die Fragen

1. Warum ruft Annarella Linda an?

____

2. Welche Bedenken hat Linda?

____

3. Wann und wo ist das Essen?

____

Eine Einladung zum Abendessen

Linda	Hallo?
Annarella	Hallo Linda. Hier ist Annarella.
Linda	Hallo, Annarella. Wie geht's?
Annarella	Bestens, danke. Heute ist hier in Pisa das Fest des Heiligen Ranieri* und wie jedes Jahr lade ich einige Freunde zum Abendessen ein. Habt ihr auch Lust zu kommen?
Linda	Vielen Dank für die Einladung, aber es ist mir etwas unangenehm; wir kennen doch niemanden.
Annarella	Aber ich bitte dich! Alle unsere Freunde sind sehr nett und außerdem sind ja Stefano, Livia und Bettina da.
Linda	Dann haben wir noch ein Problem: Martin spricht nicht gut Italienisch.
Annarella	Mach dir keine Sorgen. Ettores Bruder ist ebenfalls dabei, und er spricht sehr gut Deutsch.
Linda	Gut, dann kommen wir gern. Wann?
Annarella	Um halb neun. Okay?
Linda	Ja, klar. Und wo?
Annarella	Wir wohnen in der Altstadt. Sprecht euch mit Stefano ab und kommt alle zusammen. Das ist einfacher. Das ganze Stadtviertel ist für den Autoverkehr gesperrt. Stefano weiß, wo man parken kann … oder ihr kommt alle mit dem Rad.
Linda	Einverstanden. Dann sehen wir uns heute Abend.
Annarella	Sehr gut. Ich freue mich sehr. Bis heute Abend. Ciao!

* San Ranieri ist der Stadtheilige von Pisa und wird am 17. Juni gefeiert.

11 Eine Einladung bei Freunden

Lernwortschatz

bici *f*	*Rad*
chiuso al traffico	*für den Autoverkehr gesperrt, verkehrsfrei*
certo	*sicher, gewiss*
chiuso, -a	*geschlossen*
dietro	*hinter*
dolce *m*	*Kuchen*
facile	*leicht*
far piacere	*Freude bereiten*
festa *f*	*Fest*
figurati!	*stell dir vor! ich bitte dich!*
fratello *m*	*Bruder*
grazie dell'invito	*danke für die Einladung*
invito *m*	*Einladung*
mai	*nie*
meglio	*besser*
mettersi d'accordo	*sich absprechen*
nessuno	*niemand*
niente	*nichts*
ogni	*jede, jeder*
ognuno	*jede, jeder*
parcheggiare	*parken*
parlare	*sprechen*
partire	*abfahren*
piazza *f*	*Platz*
problema *m*	*Problem*
pronto!	*Hallo! (am Telefon)*
proprio	*wirklich*
qualche	*einige*
qualcosa	*etwas*
qualcuno	*jemand*
quando	*wann*
quartiere *m*	*Stadtviertel*
sentire	*fühlen*
simpatico, -a	*sympathisch*
stasera	*heute Abend*
stazione *f*	*Bahnhof*
traffico *m*	*Verkehr*
tutto	*ganz, alle*

Gefühle ausdrücken	
mi farebbe piacere	*es würde mich freuen*
mi sento in imbarazzo	*es ist mir unangenehm, ich fühle mich unwohl*
non ti preoccupare!	*Mach dir keine Sorgen*
sono contento, -a	*ich freue mich*
ho voglia di …	*ich habe Lust zu …*

Grammatik und Redemittel

Indefinitpronomen → § 5.10

qualche *einige*	Invito qualche amico. *Ich lade einige Freunde ein.*
qualcuno *jemand*	Qualcuno viene. *Jemand kommt.*
qualcosa *etwas*	Compro qualcosa. *Ich kaufe etwas.*

! Das unveränderliche **qualche** verlangt immer den Singular, obwohl es einen Plural beschreibt.

ogni (+ Substantiv) *jede/r*	ogni anno *jedes Jahr*
ognuno *jede/r*	Ognuno porta qualcosa. *Jeder bringt etwas mit.*
tutto *ganz*	Tutto **il** quartiere è chiuso. *Das ganze Viertel ist gesperrt.*
tutto, tutti *alle*	Tutti **gli** amici sono simpatici. *Alle Freunde sind symphatisch.*

! Im Gegensatz zum Deutschen steht zwischen **tutto** und dem Substantiv ein Artikel.

Die doppelte Verneinung mit *nessuno, mai, niente* → § 8.2

nessuno *niemand*	**Non** conosciamo **nessuno**. *Wir kennen niemanden.*
nessuno *kein*	**Non** compro **nessun** dolce. *Ich kaufe keinen Kuchen.*
mai *nie*	**Non** bevo **mai** vino. *Ich kaufe nie Wein.*
niente *nichts*	**Non** compro **niente**. *Ich kaufe nichts.*

! **Nessuno**, **mai** und **niente** verlangen eine doppelte Verneinung. Stehen sie jedoch am Satzanfang, wird **non** weggelassen:
Nessuno ha telefonato. *Niemand hat angerufen.*

11 Eine Einladung bei Freunden

Übungen

1 Lesen Sie den Text und ergänzen Sie das richtige Indefinitpronomen.

1. Stasera viene __________ (tutti/qualche) amico a cena. 2. Porti __________ (qualcosa/ognuno) da bere? 3. Non compro __________ (nessuno/niente), ma preparo un dolce. 4. Lavoro __________ (ogni/tutto) il giorno. 5. Ho un problema; non conosco __________ (nessuno/niente).

1/40

2 Hören Sie den Dialog und kreuzen Sie die richtigen Antworten an.

1. Manuel wird zu einem … eingeladen.
   a) Geburtstagsfest   b) Abendessen
2. Wo treffen sich die Freunde?
   a) in der Pizzeria „Margherita"   b) bei Margherita
3. Wann treffen sie sich?
   a) um 18.00 Uhr   b) um 20.00 Uhr

1/41

3 Lesen Sie den Dialog. Hören Sie ihn dann und übernehmen Sie die Rolle von Linda.

Linda	Pronto!
Annarella	Ciao Linda, sono Annarella.
Linda	Ciao, Annarella. Come va?
Annarella	Bene, grazie. Senti, mi piacerebbe andare al mare. Vieni con me?
Linda	Volentieri. A che ora?
Annarella	A mezzogiorno?
Linda	No, mezzogiorno è troppo presto. Possiamo fare a mezzogiorno e mezza?
Annarella	Va bene.
Linda	Dove?
Annarella	In Piazza Sant'Antonio, dove parte l'autobus.
Linda	Dov'è la piazza?
Annarella	Dietro la stazione.
Linda	Ho capito. A dopo!
Annarella	A dopo. Ciao.

Inviti & regalini

Kulturtipp i

Wenn Italiener von Bekannten oder Freunden zum Mittag- oder Abendessen eingeladen werden, bringen sie normalerweise etwas Kleines, **un regalino** *ein Mitbringsel* mit, zum Beispiel **una bottiglia di vino** *eine Flasche Wein* oder **un dolce** *einen Kuchen*. Die Nachspeise kann eine selbst gemachte *Torte* (**una torta**), Eis für alle aus der **gelateria** oder Gebäck aus der **pasticceria** sein. Blumen bringt man mit, wenn die Einladung etwas formeller ist oder wenn der Gastgeber oder die Gastgeberin Geburtstag hat.

Was können Sie schon?

	☺	😐	☹	
■ eine Einladung aussprechen und annehmen	☐	☐	☐	→ **Ü2**
■ Ort und Zeit eines Treffpunktes ausmachen	☐	☐	☐	→ **Ü3**
■ Freude über eine Einladung ausdrücken oder Bedenken äußern	☐	☐	☐	→ **Ü2** → **Ü3**

12 Von vergangenen Erlebnissen berichten

In dieser Lektion lernen Sie:

- zu erzählen, was Sie erlebt haben
- das Erzählte in eine zeitliche Abfolge zwischen Gegenwart und Vergangenheit zu bringen

Che cosa avete fatto?

1/42
1/43

Stefano	Allora, raccontatemi un po'. Siete a Pisa da una settimana. Che cosa avete fatto in questi giorni?
Linda	È stata una settimana intensa.
Martin	Venerdì mattina abbiamo visitato il centro storico di Pisa. Siamo stati al mercato rionale e abbiamo fatto la spesa per la cena. Poi siamo tornati a casa e la sera abbiamo cucinato per tutti.
Linda	Il giorno dopo siamo saliti sulla Torre Pendente. Una bella fatica, ma dalla cima abbiamo goduto di un panorama meraviglioso su tutta la città!
Martin	Martedì abbiamo deciso di passare una giornata al mare.
Linda	Mi sono rilassata, prima ho nuotato, dopo ho letto un libro sotto l'ombrellone …
Martin	… e abbiamo fatto una passeggiata sulla spiaggia …
Stefano	Inoltre avete preso il sole, come vedo. Siete belli abbronzati.
Linda	Certo, in una bella giornata di sole è naturale.
Martin	E ieri è stata la festa di San Ranieri qui a Pisa …
Stefano	… e la cena da Annarella, lo so. Vi siete divertiti in questi giorni?
Linda	Sì, molto. Abbiamo visto tante cose e cominciamo a conoscere meglio Pisa e la vita quotidiana degli italiani.

Fragen zum Dialog

Kreuzen Sie die richtige Antwort an.

1. Wann waren Linda und Martin auf dem Markt?
   a) Donnerstagmorgen b) Freitagmorgen c) Freitagnachmittag
2. Wo waren Linda und Martin am Samstag?
   a) auf dem Schiefen Turm b) am Meer c) in der Altstadt von Pisa
3. Was hat Martin am Meer gemacht?
   a) schwimmen b) lesen c) einen Strandspaziergang

Was habt ihr gemacht?

Stefano	Nun, erzählt mal ein bisschen. Ihr seid nun seit einer Woche in Pisa. Was habt ihr in diesen Tagen gemacht?
Linda	Es war eine intensive Woche.
Martin	Freitagvormittag haben wir die Altstadt von Pisa besucht. Wir sind auf dem Straßenmarkt gewesen und haben für das Abendessen eingekauft. Dann sind wir nach Hause zurückgekehrt und am Abend haben wir für alle gekocht.
Linda	Am nächsten Tag sind wir auf den Schiefen Turm gestiegen. Ein anstrengender Aufstieg, aber von der Turmspitze haben wir ein herrliches Panorama über die ganze Stadt genossen!
Martin	Dienstag haben wir entschieden, einen Tag am Meer zu verbringen.
Linda	Ich habe mich entspannt, zuerst bin ich geschwommen, danach habe ich unter dem Sonnenschirm ein Buch gelesen …
Martin	… und wir haben einen Strandspaziergang gemacht …
Stefano	Außerdem habt ihr ein Sonnenbad genommen, wie ich sehe. Ihr seid schön braun geworden.
Linda	Natürlich, an einem so schön sonnigen Tag ist das doch klar.
Martin	Dann war gestern das Fest des San Ranieri hier in Pisa …
Stefano	… und das Abendessen bei Annarella, ich weiß. Hattet ihr Spaß in diesen Tagen?
Linda	Ja, sehr. Wir haben viele Dinge gesehen und fangen an, Pisa und das Alltagsleben der Italiener besser zu kennen.

12 Von vergangenen Erlebnissen berichten

Lernwortschatz

abbronzarsi	*sich bräunen*
barca *f*	*Boot*
cominciare	*anfangen*
concerto *m*	*Konzert*
cucinare	*kochen*
decidere	*entscheiden*
divertirsi	*sich amüsieren*
dopo	*nach, danach*
fatica *f*	*Mühe, Mühsal*
godere	*genießen*
ieri	*gestern*
inoltre	*außerdem*
intenso, -a	*intensiv*
meraviglioso, -a	*wunderbar, herrlich*
panorama *f*	*Aussicht*
passare	*verbringen*
prossimo, -a	*nächster, nächste*
quotidiano, -a	*täglich, alltäglich*
raccontare	*erzählen*
romantico, -a	*romantisch*
sole *m*	*Sonne*
suonare	*spielen (Musik)*
tempo *m*	*Zeit, Wetter*
visitare	*besuchen*
vita *f*	*Leben*

Zeitangaben für die Vergangenheit	
un'ora fa	*vor einer Stunde*
ieri mattina	*gestern Vormittag*
ieri pomeriggio	*gestern Nachmittag*
l'altro ieri	*vorgestern*
tre giorni fa	*vor drei Tagen*
una settimana fa	*vor einer Woche*

! „Vor" steht danach! **Fa** *vor* steht immer nach der Zeitangabe.

Grammatik und Redemittel

Das Perfekt → § 6.7.1

	visitare *besuchen*		**andare** *gehen*	
io	**ho**	visit**ato**	**sono**	and**ato/a**
tu	**hai**	visit**ato**	**sei**	and**ato/a**
lui/lei/Lei	**ha**	visit**ato**	**è**	and**ato/a**
noi	**abbiamo**	visit**ato**	**siamo**	and**ati/e**
voi	**avete**	visit**ato**	**siete**	and**ati/e**
loro	**hanno**	visit**ato**	**sono**	and**ati/e**

! Das mit **avere** verbundene Partizip bleibt unverändert, mit **essere** richtet es sich in Genus und Numerus nach dem Subjekt:
Linda **ha** lett**o** un libro. *Linda hat ein Buch gelesen.*
Linda e Martin **sono** stat**i** al mercato. *Linda und Martin sind auf dem Markt gewesen.*

! Die Verwendung von **essere** oder **avere** als Hilfsverben bei der Bildung des Perfekts entspricht mit wenigen Ausnahmen dem deutschen Perfekt.

Das **Partizip Perfek**t leitet sich aus dem Stamm des Infinitivs ab:

Verben	auf **-are**	tornare	→ torn**ato**
	auf **-ere**	conoscere	→ conosci**uto**
	auf **-ire**	salire	→ sal**ito**

! Zahlreiche Verben haben ein unregelmäßiges Partizip:
fare → **fatto** leggere → **letto** prendere → **preso** decidere → **deciso**

12 Von vergangenen Erlebnissen berichten

Übungen

1 Setzen Sie die Verben in die Vergangenheitsform und ordnen Sie die Sätze nach dem Zeitablauf.

☐ Come tutti i giorni, (io, Manuel) ____________ (fare) colazione alle 7.00.
☐ Alle 22.30 (io) ____________ (essere/andare) a letto.
☐ Alle 16.30 (io) ____________ (prendere) la figlia a scuola e (noi) ____________ (essere/tornare) a casa.
☐ Oggi (io) ____________ (avere) una giornata intensa.
☐ Dopo (io) ____________ (giocare) con mia figlia fino all'ora di cena.
☐ Alle 8.00 (io) ____________ (essere/uscire) di casa, ____________ (portare) mia figlia a scuola e ____________ (essere/andare) al lavoro.

2 Lesen und hören Sie den Dialog. Übernehmen Sie dann die Rolle von Maria.

1/44

Roberto	Ciao, Maria, come stai?
Maria	Sto bene, grazie. E tu?
Roberto	Non c'è male. Sei stata al mare? Ti vedo bella abbronzata.
Maria	Sì, sono stata al mare nel fine settimana. Sabato ho fatto una gita in barca con amici. Dopo siamo andati sulla spiaggia, dove c'è stato un concerto.
Roberto	Che romantico!
Maria	Romantico? Ma no! Hanno suonato hard rock. Il giorno dopo ho dormito fino a mezzogiorno. E tu? Come hai passato il fine settimana?
Roberto	Purtroppo ho lavorato tutto il tempo.
Maria	Mi dispiace. Ma il prossimo fine settimana vieni con me al cinema?
Roberto	Volentieri.

Italia: oggi un paese d'immigrazione

Kulturtipp i Alltag

Fast jeder Italiener hat Verwandte, die aus wirtschaftlichen Gründen vorwiegend in die USA oder nach Argentinien ausgewandert sind. Zwischen 1950 und 1970 erlebte Italien eine Binnenwanderung riesigen Ausmaßes: Rund vier Millionen Italiener wanderten aus dem armen Süden nach Norden, ins Piemont und in die Lombardei, aber auch über die Alpen in die Schweiz und nach Deutschland. Heute jedoch ist Italien zu einem **paese d'immigrazione** *Einwanderungsland* geworden. Junge Männer aus Afrika, Osteuropa und Asien arbeiten in den großen Fabriken Norditaliens oder in der Landwirtschaft, und in vielen italienischen Familien ist eine (osteuropäische, lateinamerikanische oder philippinische) **badante** *Altenpflegerin* oder Haushaltshilfe beschäftigt. Auf den Straßen und am Strand begegnet man zahlreichen **venditori ambulanti** *fliegenden Händlern*, die ihre Ware feilbieten.

Was können Sie schon?

	☺	😐	☹	
▪ mit einfachen Sätzen etwas Vergangenes ausdrücken				→ **Ü1**
▪ Vergangenes in eine zeitliche Abfolge zwischen Gegenwart und Vergangenheit bringen				→ **Ü2**

13 Freizeit in der Stadt

In dieser Lektion lernen Sie:

- jemandem einen Vorschlag zu machen
- auf Vorschläge zustimmend oder ablehnend zu reagieren
- ein Ticket für eine Veranstaltung zu reservieren

Stasera si esce!

1/45
1/46

Stefano	Stasera si esce! Che ne dite di andare al cinema?
Linda	Mi piace molto il cinema, ma Martin non sa abbastanza bene l'italiano. Mi dispiace. Non potremmo andare a un concerto invece che al cinema?
Stefano	Hai ragione. Ho un'idea: vi porto al "Borderline", un locale, dove stasera suona un gruppo jazz. Avete voglia di venire?
Martin	Sì, volentieri.
Linda	Ottima idea. Che tipo di musica suona questo gruppo?
Stefano	È una formazione jazz che suona new tango, nella tradizione di Astor Piazzolla.
Linda	Bello. Mi piace. A che ora inizia lo spettacolo?
Stefano	Ora guardo sul giornale … inizia alle 22.00.
Martin	Così tardi?
Stefano	Sì, i concerti al "Borderline" iniziano sempre molto tardi, spesso verso le 23.00.
Linda	Dobbiamo prenotare i biglietti?
Stefano	Sì. Lo faccio io. Conosco l'organizzatore dei concerti. Lo chiamo subito. … Pronto … pronto! Carlo, mi senti? … Sono Stefano. … pronto! … Ora ti sento meglio. Ascolta, vorrei prenotare quattro biglietti per il concerto di stasera. Li prendo nel pomeriggio. Va bene? A dopo, ciao.

Fragen zum Dialog

Kreuzen Sie an.

1. Stefano, Linda und Martin gehen heute Abend …
   a) in einen Jazzclub. b) ins Kino. c) ins Theater.
2. Die Band spielt …
   a) Hard Rock. b) Free Jazz. c) New Tango.
3. Die Veranstaltung beginnt um …
   a) 21.00 Uhr. b) 22.00 Uhr. c) 23.00 Uhr.

Heute Abend gehen wir aus!

Stefano	Heute Abend gehen wir aus! Was meint ihr, wollen wir ins Kino gehen?
Linda	Ich gehe sehr gern ins Kino, aber Martin spricht nicht gut genug Italienisch. Tut mir leid. Könnten wir nicht in ein Konzert gehen statt ins Kino?
Stefano	Du hast recht. Ich habe eine Idee: Ich bringe euch ins „Borderline", wo heute Abend eine Jazzband spielt. Habt ihr Lust mitzukommen?
Martin	Ja, gern.
Linda	Sehr gute Idee. Was für eine Art Musik spielt diese Band?
Stefano	Es ist eine Jazzformation, und sie spielt New Tango in der Tradition von Astor Piazzolla.
Linda	Schön. Das gefällt mir. Um wie viel Uhr beginnt die Veranstaltung?
Stefano	Ich schaue kurz in der Zeitung nach … sie beginnt um 22.00 Uhr.
Martin	So spät?
Stefano	Ja, die Konzerte im „Borderline" beginnen immer sehr spät, oft erst gegen 23.00 Uhr.
Linda	Müssen wir Tickets vorbestellen?
Stefano	Ja. Das mache ich. Ich kenne den Organisator der Konzerte. Ich rufe ihn gleich an. … Hallo … Hallo! Carlo, hörst du mich? … Ich bin Stefano. … Hallo! … Jetzt verstehe ich dich besser. Hör mal, ich möchte gern vier Tickets für das Konzert heute Abend reservieren. Ich hole sie am Nachmittag ab. Okay? Bis später, Tschüss.

13 Freizeit in der Stadt

Lernwortschatz

a dopo	*bis später*
abbastanza	*genügend*
ascoltare	*(zu)hören*
che ne dite?	*was meint ihr?*
chiamare	*anrufen*
commedia *f*	*Komödie*
danza *f* classica	*klassisches Ballett*
famoso, -a	*berühmt*
formazione *f*	*Formation*
gruppo *m*	*Gruppe, Band*
idea *f*	*Idee*
iniziare	*anfangen, beginnen*
locale *m*	*Lokal*
mi senti?	*hörst du mich?*
organizzatore *m*	*Organisator, Veranstalter*
pomeriggio *m*	*Nachmittag*
sempre	*immer*
spesso	*oft*
tipo *m*	*Art, Typ*
tradizione *f*	*Tradition*
ultimo, -a	*letzte, letzer*

Reservierungen	
Theater, Kino, Konzert:	
vorrei prenotare	*ich möchte reservieren*
tre biglietti per …	*drei Tickets für …*
lo spettacolo delle …	*die Veranstaltung um … Uhr*
a nome …	*auf den Namen …*
Restaurant:	
vorrei prenotare	*ich möchte reservieren*
un tavolo	*einen Tisch*
per quattro persone	*für vier Personen*
per domani alle …	*für morgen um … Uhr*
a nome …	*auf den Namen …*

Grammatik und Redemittel

Unbetonte direkte Personalpronomen
→ § 5.2

Sie stehen direkt vor dem Verb und entsprechen dem deutschen Akkusativ.

mi	*mich*	**Mi** senti? *Hörst du mich?*
ti	*dich*	Ora **ti** sento meglio. *Jetzt höre ich dich besser.*
lo	*ihn*	**Lo** chiamo subito. *Ich rufe ihn sofort an.*
la	*sie*	La carne? Non **la** mangio. *Fleisch? Das esse ich nicht.*
La	*Sie*	**La** aspetto, signora. *Ich erwarte Sie, Signora.*
ci	*uns*	**Ci** sentite? *Hört ihr uns?*
vi	*euch*	**Vi** porto al "Borderline". *Ich bringe euch zum „Borderline".*
li	*sie* (*m*)	I biglietti? **Li** prendo nel pomeriggio. *Die Tickets? Ich hole sie am Nachmittag.*
le	*sie* (*f*)	Laura e Maria? **Le** conosco. *Laura und Maria? Ich kenne sie.*

Die *si*- Konstruktion

Das italienische **si** + Verb in der 3. Person steht für das unpersönliche *man* oder für ein kollektives *wir*:
Stasera **si** esce! *Heute Abend gehen wir aus!*
Qui **si** parla tedesco. *Hier spricht man Deutsch.*

Aussprache von *gl*, *gn* und *h*

gl im Italienischen wird wie im deutschen Fremdwort *brillant* ausgesprochen: me**gl**io [mɛːʎo] *besser*
gn wird ähnlich wie im Wort *Kognak* ausgesprochen: accompa**gn**are [akkompaɲaːre] *begleiten*
h wird grundsätzlich nicht gesprochen: **h**anno [anno] *sie haben.*

Alltag

Übungen

1/47

1 Hören Sie den Dialog und kreuzen Sie an.

	richtig	falsch
1. Maria möchte mit Roberto ins Theater gehen.	☐	☐
2. Roberto möchte lieber ins Kino.	☐	☐
3. Maria möchte gern den James-Bond-Film sehen.	☐	☐
4. Der Film beginnt um 20.00 Uhr.	☐	☐
5. Maria und Roberto treffen sich direkt im Kino.	☐	☐

2 Setzen Sie die richtigen Personalpronomen ein.

1. Chi compra i gelati? ______________ compra Stefano.
2. Ci avete capito? Sì, ______________ abbiamo capito.
3. Chi porta Livia a scuola domani? ______________ porta Martin.
4. Pronto, mi senti? Sì, ______________ sento benissimo.
5. Abbiamo voglia di ascoltare un po' di musica. Va bene, ______________ porto a un concerto.

1/48

3 Lesen Sie die folgenden Sätze laut. Hören Sie dann und kontrollieren Sie Ihre Aussprache.

1. I bambini hanno fame.
2. Pronto? … Ora ti sento meglio.
3. Vogliamo andare al cinema stasera. Ma chi compra i biglietti?
4. La famiglia abita a Bologna.
5. Mia figlia ha tre insegnanti.
6. Signore e signori, stasera si esce!
7. Ho voglia di un gelato.
8. Annarella fa una passeggiata in montagna.
9. Ti piacciono gli gnocchi?

Ascoltare l'italiano

Kulturtipp i

Alltag

Nutzen Sie moderne Technologien, um Ihre Italienischkenntnisse zu vertiefen. Holen Sie sich z. B. in Ihrer Videothek **italienische Filme** auf DVD, die Sie in Originalsprache und mit deutschen (oder englischen) Untertiteln ansehen können. Einen guten Überblick über das Angebot italienischer Filme mit Untertiteln gibt z.B. die Website **www.roman-film.de**, die einzelne Filme sogar mit Papierausdruck der Dialoge in deutscher Übersetzung anbietet.
Auch **Podcasts** eignen sich hervorragend für das Sprachtraining. Die Audiodateien stehen kostenlos im Internet zur Verfügung – einfach auf ihren Computer oder MP3-Player herunterladen und anhören. Podcasts zum Italienischlernen finden sich auf **www.itunes.de** (auf iTunes Store nach Podcasts suchen) oder **www.podcast.de** (Stichwort „Italienisch" eingeben).

Was können Sie schon?

	☺	😐	☹	
■ jemandem vorschlagen, ins Kino, Theater oder Konzert zu gehen				→ Ü1
■ Vorschläge annehmen oder ablehnen				→ Ü1 → Ü2
■ ein Ticket für eine Veranstaltung reservieren				→ Ü1

14 Wiederholen und üben Sie

Hier wiederholen Sie:

- beim Einkaufen eine gewünschte Ware in der gewünschten Menge zu verlangen
- Begebenheiten in der Vergangenheit zu verstehen
- in einem Lokal etwas zu trinken oder zu essen zu bestellen
- eine Reservierung vorzunehmen
- die Uhrzeit zu verstehen
- zu sagen, was Sie gern und was Sie nicht gern tun
- eine Einladung anzunehmen, Ort und Zeitpunkt des Treffens zu vereinbaren

1 Welche italienischen Wörter werden hier gesucht? Lösen Sie das Gemüse- und Früchte-Quiz.

Was ist das?

1. Es wird beim Kochen gern gebraucht, treibt aber das Wasser in die Augen:
   c __ p__ __ __ a
2. Es ist eine Zitrusfrucht, aber keine Zitrone:
   __ r __ n __ i __
3. Es ist die wichtigste Zutat eines italienischen Sugo:
   p __ m __ d __ r __
4. Es ist süß, gelb und krumm:
   __ a __ a __ a
5. Es ist eine Erdfrucht mit brauner Schale:
   p __ t __ t __
6. Es schmeckt eigentlich nur an einer würzigen Soße wirklich gut:
   i __ s __ __ at __
7. Paarweise kann man sie sich an die Ohren hängen:
   __ i __ __ e __ ie
8. Achtung giftig!
   __ __ __ __ o

2 Maria Licondi kauft bei Leonardo im Lebensmittelgeschäft ein. Lesen Sie den Dialog und übernehmen Sie dann die Rolle von Maria.

1/49

Leonardo	Buongiorno, Maria. Come va?
Maria	Buongiorno. Tutto bene, grazie.
Leonardo	Che cosa desidera?
Maria	Vorrei un litro di latte e un po' di prosciutto crudo.
Leonardo	Quanto prosciutto?
Maria	Mah, non so … diciamo … tre etti.
Leonardo	Tre etti di prosciutto crudo, benissimo. Qualcos'altro?
Maria	Sì, vorrei della pasta.
Leonardo	Che tipo di pasta vuole?
Maria	Mi dia un pacco di spaghetti.
Leonardo	Ecco a Lei. Altro?
Maria	Vorrei anche un po' di formaggio.
Leonardo	Ho un ottimo pecorino in offerta.
Maria	Va bene, mi dia un pezzo di quel pecorino e una mozzarella. Quanto costano le arance?
Leonardo	Due euro e venti al chilo.
Maria	Allora prendo mezzo chilo di arance e un chilo di mele. Ha anche delle ciliegie?
Leonardo	Mi dispiace, non ne ho più.
Maria	… allora prendo due banane.
Leonardo	Basta così?
Maria	Sì, grazie. Quant'è?
Leonardo	Sono undici euro e novantacinque.

14 Wiederholen und üben Sie

3 Setzen Sie das richtige Possessivpronomen ein.

i nostri   i vostri   il mio   la vostra   il suo   il loro   la sua

1. Andiamo al mare! Prendete ___ ____________ teli da bagno e ___ ____________ crema solare!
2. Annarella e Linda hanno fatto un dolce. Ti piace ___ ____________ dolce?
3. Livia ha un gatto. Gioca spesso e volentieri con ___ ____________ gatto.
4. Abbiamo comprato questi gelati, sono ___ ____________ gelati.
5. Stefano ha una nuova bicicletta. Hai visto ___ ____________ bici?
6. Lavoro tanto, ma ___ ____________ lavoro mi piace.

4 Sie haben Passanten auf der Straße nach der Uhrzeit gefragt. Hören Sie, was die Passanten geantwortet haben.

1/50

1. a) halb elf	b) Viertel nach zehn	c) Viertel nach elf
2. a) 7.30 Uhr	b) 17.30 Uhr	c) 7 Uhr
3. a) 0.15 Uhr	b) 12 Uhr	c) 12.15 Uhr
4. a) Viertel nach zwölf	b) Viertel nach elf	c) Viertel vor zwölf
5. a) vier Uhr	b) Viertel nach vier	c) halb vier
6. a) zwei Uhr	b) zwanzig nach zwei	c) Viertel nach zwei
7. a) neun Uhr	b) fünf Uhr	c) fünf nach neun
8. a) fünf Uhr	b) fünf nach neun	c) neun nach fünf

5 Setzen Sie die Verben ins Perfekt.

Maria Licondi racconta: (io) ______________ (1. essere/nascere) il 10 maggio 1942 a Napoli. Ma poi, mio padre ______________ (2. trovare) lavoro in Toscana e ci ______________ (3. essere/trasferire) a Pisa. Qui (io) ______________ (4. frequentare) la scuola, ______________ (5. fare) il liceo e ______________ (6. studiare) economia. Nel 1965 ______________ (7. cominciare) a lavorare nell'amministrazione dell'aeroporto di Pisa. Nel 1969 ______________ (8. sposare) mio marito e poi ______________ (9. essere/nascere) i miei figli. La famiglia ______________ (10. essere/crescere) e (noi) ______________ (11. comprare) una casa. L'anno scorso ______________ (12. essere/andare) in pensione.

6 Roberto und Manuel treffen sich und gehen in eine Bar. Hören und kreuzen Sie an.

1/51

	richtig	falsch
1. Roberto bestellt einen Kaffee.	☐	☐
2. Manuel bestellt ein Bier.	☐	☐
3. Roberto bestellt etwas zu essen.	☐	☐
4. Manuel möchte ebenfalls etwas essen.	☐	☐
5. Der Barman bringt einen Toast.	☐	☐

7 Setzen Sie die Verben in der richtigen Form mit *si* ein.

Che cosa si fa al mare?

1. (fare) ______________ un tuffo in mare.
2. (mangiare) ______________ un gelato.
3. (andare) ______________ in barca.
4. (dormire) ______________ sul lettino sotto l'ombrellone.
5. (prendere) ______________ il sole sulla spiaggia.

Wiederholen und üben Sie

1/52

8 Reservieren Sie mithilfe der Bausteine die Tickets bzw. den Tisch. Hören Sie dann zur Kontrolle.

1. Hallenstadion: 2 biglietti – concerto dei Pink Floyd – giovedì sera.
2. Restaurant: tavolo – 4 persone – mercoledì – 12.30 – a nome Barelli.
3. Kino: 2 biglietti – film The Rocky Horror Picture Show – sabato sera – 23.00.

9 Stellen Sie die Fragen zu den Antworten.

1. (essere / arrivare a Pisa / Martin e Linda). – Una settimana fa.
   Quando sono arrivati a Pisa Martin e Linda?
2. (avere / leggere il giornale / tu) – Ieri.
   ___
3. (essere / essere sulla Torre Pendente / noi) – Sabato scorso.
   ___
4. (essere / andare al cinema / lei) – Domenica.
   ___
5. (essere / nascere / Stefano) – Il 6 agosto 1955.
   ___

1/53

10 Hören Sie, was Annarella gern und nicht gern tut. Sortieren Sie dann die Tätigkeiten in die richtige Spalte.

fare passeggiate — leggere libri — guardare la televisione
andare al mare — uscire con gli amici — nuotare
ascoltare la musica — andare al cinema — fare sport

piace	non piace
___	___
___	___
___	___
___	___
___	

11 Vervollständigen Sie die beiden Schiefen Türme.

Infinitiv	Partizip Perfekt
1. arrivare	________
2. ________	scritto
3. ________	dormito
4. visitare	________
5. essere	________
6. nuotare	________
7. ________	letto
8. ________	andato
9. avere	________

12 Hören Sie den Dialog und beantworten Sie die Fragen.

1/54

1. Manuel telefona a Filiberto per andare al cinema …
   a) domani. b) stasera. c) oggi pomeriggio.
2. Vuole vedere …
   a) il film "Odeon". b) una commedia. c) James Bond.
3. Il film inizia alle …
   a) 19.30. b) 20.30. c) 21.30.
4. Dove si danno appuntamento?
   a) al cinema b) a casa di Stefano c) al bar

Zwischentest 2

1 Verbinden Sie die folgenden Bausteine zu ganzen Sätzen.

1. Linda e Martin	a) abbiamo letto un libro	I) di matematica.
2. Livia	b) siete andati a Berlino	II) sotto l'ombrellone.
3. Io	c) sono saliti	III) l'anno scorso.
4. Voi	d) ha fatto i compiti	IV) sulla Torre Pendente.
5. Io e Livia	e) ho mangiato	V) un bel risotto.

__/10

2 Jemand fragt Sie nach der Uhrzeit. Ordnen Sie den Uhren die Uhrzeiten zu.

a) Sono le sei in punto. b) È mezzogiorno. c) Sono le due e cinque.
d) Sono le tre e dieci. e) Sono le nove e mezza. f) Sono le otto meno un quarto.
g) Sono le quattro e un quarto. h) Sono le nove meno cinque.

1. 

2. 

3. 

4. 

5. 

6. 

7. 

8. 

__/8

3 Setzen Sie das richtige Partizip ein und achten Sie auf die Endung.

1. Il lunedì la pizzeria è ________________ (chiudere).
2. Avete ________________ (prendere) il sole ieri al mare.
3. Stefano e Livia sono ________________ (essere) in Germania.
4. Martin ha ________________ (giocare) a tennis.
5. Livia ha ________________ (giocare) con il gatto.
6. Linda è ________________ (arrivare) alle 16.00.
7. Bettina ha ________________ (lavorare) tutto il fine settimana.

__/7

1/55 **4 Unterstreichen Sie die Preise, die Sie hören.**

€ 9,50	€ 12,–	€ 35,30	€ 9,10	€ 18,70	€ 30,–
€ 57,20	€ 75,–	€ 120,–	€ 92,60	€ 105,–	€ 150,–
€ 3,80	€ 14,50	€ 20,–			

__/10

1/56 **5 Linda und Martin essen im Restaurant. Hören Sie und verbinden Sie die jeweilige Person mit den ausgesuchten Gerichten.**

antipasto
penne ai fungh
penne al ragù
spaghetti alle vongole
lasagne
carne alla griglia
cotoletta
pesce alla griglia
formaggi misti
patate arrosto
vino bianco
vino rosso
acqua minerale
macedonia
tiramisù
caffè

__/10

Zwischentest 2

6 Lesen Sie Livias Brief. Kreuzen Sie dann an: richtig (*vero*) oder falsch (*falso*).

Cara Alessandra,
da una settimana abbiamo ospiti dalla Germania. Sabato siamo saliti sulla Torre Pendente. È stata una giornata di sole e Linda e Martin sono stati molto contenti! Domenica siamo andati al mare. Martin mi ha comprato tre gelati!!! Ho giocato nella sabbia e ho fatto una gita in barca. Una sera tutti sono andati a un concerto, ma mamma ha detto: tu devi andare a letto perché domani mattina c'è la scuola.
Saluti, Livia

		vero	falso
	1. Sabato il tempo è stato bello.	☐	☐
	2. Sabato pomeriggio sono andati al mare.	☐	☐
	3. Livia ha mangiato tre gelati.	☐	☐
	4. Livia ha fatto una gita in barca.	☐	☐
__/5	5. Una sera Livia è stata a un concerto.	☐	☐

1/57

7 Radio Torre steht am Strand von Marina di Pisa und macht Interviews. Hören Sie das Interview. Welche Aussagen sind richtig?

1. La persona si chiama
   a) Carla Pavese   b) Carla Carlesi   c) Carla Torre
2. A Carla piace andare al mare?
   a) abbastanza   b) moltissimo   c) poco
3. A Carla piace
   a) leggere   b) nuotare   c) prendere il sole
4. A Carla non piace
   a) l'acqua   b) la gente   c) la radio

__/4

__/54

Reise

15 Eine Reise machen

In dieser Lektion lernen Sie:

- Informationen über ein Hotelzimmer einzuholen
- ein Hotelzimmer zu reservieren
- Monate und Jahreszeiten
- das Datum

Una gita a Venezia

2/1

Stefano	Cosa ne dite di fare una gita a Venezia insieme?
Linda	Ottima idea!
Martin	Non fa troppo caldo in estate?
Stefano	Ma no, giugno è un mese perfetto per un viaggio.

Stefano prende il telefono e chiama l'albergo Vivaldi.

Reception	Albergo Vivaldi, buongiorno.
Stefano	Buongiorno. Mi chiamo Renzoni. Ho prenotato una camera matrimoniale con un letto aggiuntivo. Ora vorrei prenotarne un'altra, sempre matrimoniale.
Reception	Per quando l'ha prenotato?
Stefano	Per domani, dal 23 al 25 giugno.
Reception	Un attimo ... Mi dispiace, Le posso dare soltanto una matrimoniale e una camera doppia abbastanza grande da aggiungere un altro letto.
Stefano	Va bene. Sono camere con bagno?
Reception	Le camere sono con bagno, aria condizionata e tv satellitare.
Stefano	Benissimo. Ho visto che i prezzi sono di 120 euro, giusto?
Reception	Dove li ha visti?
Stefano	Sul vostro sito web.
Reception	120 euro per la matrimoniale sono giusti, ma la doppia con letto aggiuntivo costa 130 euro al giorno, prima colazione inclusa.
Stefano	Va bene. ... Quanto dista l'albergo dalla stazione?
Reception	Ci vogliono 15 minuti a piedi.
Stefano	Grazie. A domani.

Fragen zum Dialog

Kreuzen Sie an.

	vero	falso
1. Linda è d'accordo di andare a Venezia.	☐	☐
2. Stefano prenota due camere.	☐	☐
3. Le camere non hanno un bagno.	☐	☐
4. L'albergo è molto lontano dalla stazione.	☐	☐

Ein Ausflug nach Venedig

Stefano	Was haltet ihr davon, wenn wir zusammen einen Ausflug nach Venedig machen?
Linda	Gute Idee!
Martin	Ist es nicht zu heiß im Sommer?
Stefano	Aber nein, Juni ist ein perfekter Monat für eine Reise.

Stefano nimmt das Telefon und ruft das Hotel Vivaldi an.

Rezeption	Hotel Vivaldi, guten Tag.
Stefano	Guten Tag. Mein Name ist Renzoni. Ich habe ein Doppelzimmer mit einem zusätzlichen Bett reserviert. Nun möchte ich noch ein zweites Doppelzimmer reservieren.
Rezeption	Für wann haben Sie es reserviert?
Stefano	Für morgen, vom 23. bis zum 25. Juni.
Rezeption	Einen Augenblick ... Tut mir leid, ich kann Ihnen nur ein Doppelzimmer und ein Zweibett-Zimmer anbieten, das groß genug ist, um noch ein Bett hineinzustellen.
Stefano	In Ordnung. Haben die Zimmer ein Bad?
Rezeption	Die Zimmer haben ein Bad, Klimaanlage und Satellitenfernsehen.
Stefano	Sehr gut. Ich habe gesehen, dass der Preis 120 Euro ist, stimmt das?
Rezeption	Wo haben Sie das gesehen?
Stefano	Auf Ihrer Webseite.
Rezeption	120 Euro für das Doppelzimmer ist richtig, aber das Zweibett-Zimmer mit dem Zusatzbett kostet 130 Euro am Tag, inklusive Frühstück.
Stefano	Einverstanden ... Wie weit ist das Hotel vom Bahnhof entfernt?
Rezeption	Es sind 15 Minuten zu Fuß.
Stefano	Danke. Bis morgen.

15 Eine Reise machen

Lernwortschatz

a piedi	*zu Fuß*
aggiungere	*hinzufügen*
aggiuntivo, -a	*zusätzlich, Zusatz-*
albergo *m*	*Hotel*
aria *f* condizionata	*Klimaanlage*
bagno *m*	*Badezimmer*
camera *f*	*Zimmer*
camera *f* doppia	*Zweibett-Zimmer, Zimmer mit zwei getrennten Betten*
camera *f* matrimoniale	*Doppelzimmer, Zimmer mit Doppelbett*
camera *f* singola	*Einzelzimmer*
camera *f* tripla	*Dreibett-Zimmer*
cercare	*suchen*
ci vuole / ci vogliono	*man braucht*
distare	*entfernt sein*
doccia *f*	*Dusche*
ferie *fPl*	*Ferien, Urlaub*
incluso, -a	*einschließlich*
in questo caso	*in diesem Fall*
insieme	*zusammen*
libero, -a	*frei*
mese *m*	*Monat*
mezza pensione *f*	*Halbpension*
prima colazione *f*	*Frühstück*
rumoroso, -a	*laut*
servire	*dienen, brauchen*
servizio *m*	*Dienstleistung, Service*
sito web *m*	*Webseite*
soltanto	*nur, allein*
spazioso, -a	*geräumig*
stagione *f*	*Jahreszeit*
tranquillo, -a	*ruhig*
tv *f* satellitare	*Satellitenfernsehen*
vasca *f* (da bagno)	*Badewanne*

Stagioni e mesi			
primavera *f*	*Frühling*	marzo, aprile, maggio	*März, April, Mai*
estate *f*	*Sommer*	giugno, luglio, agosto	*Juni, Juli, August*
autunno *m*	*Herbst*	settembre, ottobre, novembre	*September, Oktober, November*
inverno *m*	*Winter*	dicembre, gennaio, febbraio	*Dezember, Januar, Februar*

Grammatik und Redemittel

Perfekt und Pronomen

Auch in Verbindung mit dem Hilfsverb **avere** können sich die Endungen im Partizip Perfekt ändern, nämlich dann, wenn vor dem Verb ein direktes Objektpronomen (**la**, **le**, **lo**, **li**, **ne**) steht:

▲ Ha prenotato la camera? *Haben Sie das Zimmer reserviert?*

● Sì, **l'**ho prenotat**a**. (**l'** = **la**) *Ja, ich habe es reserviert.*

▲ Dove ha visto i prezzi? *Wo haben Sie die Preise gesehen?*

● **Li** ho vist**i** sul vostro sito web. *Ich habe sie auf Ihrer Internetseite gesehen.*

Die Präpositionen *a* und *in* → §7

Die Präposition **a** wird verwendet:

als Orts- und Richtungsangabe (Städte)	**a** Venezia	*nach/in Venedig*
als Zeitangabe	**a** febbraio	*im Februar*
als Angabe des Mittels	**a** piedi	*zu Fuß*
mit distributiver Bedeutung	120 euro **al** giorno	*120 Euro am Tag*

Die Präposition **in** wird verwendet

als Orts- und Richtungsangabe (Länder)	**in** Italia	*in/nach Italien*
	in albergo	*im Hotel*
als Zeitangabe	**in** estate	*im Sommer*
als Angabe von Verkehrsmitteln	**in** treno	*im Zug*

Datum

Beim Datum werden die Grundzahlen verwendet, nur beim Ersten eines Monats steht die Ordnungszahl:

Quanti ne abbiamo oggi? *Den Wievielten haben wir heute?*

Oggi è **il ventitré** giugno. *Heute ist der 23. Juni.*

Domani è **il primo** gennaio. *Morgen ist der 1. Januar.*

15 Eine Reise machen

Übungen

1 Beantworten Sie die Fragen.

1. Dove hai visto Linda? (al supermercato)
   L'ho vista al supermercato.
2. Dove avete incontrato Stefano? (in città)
   ____
3. Livia ha fatto la spesa? (sì)
   ____
4. Dove hai comprato i pomodori? (al mercato)
   ____
5. Quando avete invitato Annarella e Ettore? (ieri)
   ____

2 Lesen Sie den Dialog und übernehmen Sie die Rolle von Roberto Neri.

2/2

Reception	Hotel Arno, buongiorno.
Roberto Neri	Buongiorno. Mi chiamo Neri. Mi serve una camera singola dal 17 al 21 novembre. Avete una camera libera?
Reception	Vediamo … Sì, ho una camera libera.
Roberto Neri	Benissimo. E quanto costa?
Reception	Vuole la camera con prima colazione o desidera la mezza pensione?
Roberto Neri	Preferisco la mezza pensione.
Reception	In questo caso la camera singola costa 75 euro.
Roberto Neri	D'accordo. Vorrei quindi prenotare la camera.
Reception	Benissimo. A che nome?
Roberto Neri	A nome di Roberto Neri.
Reception	Va bene. Grazie e arrivederci.
Roberto Neri	Arrivederci.

3 Hören Sie den Dialog und kreuzen Sie an.

2/3

Daniela Buri …	vero	falso
1. … vuole fare una settimana di ferie.	☐	☐
2. … cerca una camera singola.	☐	☐
3. … vuole una camera tranquilla.	☐	☐
4. … prenota una camera matrimoniale.	☐	☐

Feste in Italia

Kulturtipp i

Im Gegensatz zu Deutschland sind die Feiertage in ganz Italien einheitlich, mit Ausnahme der Feiertage, die dem Schutzheiligen einer Stadt gewidmet sind. An diesen Tagen sind die Geschäfte und Büros geschlossen. Offizielle Feiertage in ganz Italien sind:

Capodanno *Neujahr* am 1. Januar
Epifania *Dreikönigstag* am 6. Januar
Pasqua *Ostern*
Pasquetta o **Lunedì dell'Angelo** *Ostermontag*
Festa della Liberazione *Jahrestag der Befreiung von der faschistischen Diktatur* am 25. April
Festa del Lavoro *Tag der Arbeit* am 1. Mai
Festa della Repubblica *Gründung der italienischen Republik 1946* am 2. Juni
Ferragosto *Mariä Himmelfahrt am* 15. August
Ognissanti o **Tutti i Santi** *Allerheiligen* am 1. November
Immacolata Concezione *Mariä Empfängnis* am 8. Dezember
Natale *Weihnachten* am 25. Dezember
Santo Stefano *Stefanstag* am 26. Dezember

Das wichtigste Fest für Kinder ist das **Epifania**. Dann kommt **Befana**, die Weihnachtshexe, und bringt den italienischen Kindern Geschenke und Süßigkeiten. Aber sie kommt nicht zu Weihnachten, sondern am 6. Januar!

Reise

Was können Sie schon?

	☺	😐	☹	
Eine Hotelreservierung vornehmen				→ Ü2
Fragen nach den Reservierungswünschen verstehen und beantworten				→ Ü3
Fragen nach dem Datum verstehen und beantworten				→ Ü2 → Ü3

16 Fahrkarten kaufen

In dieser Lektion lernen Sie:

- Informationen zu Fahrplänen und Preisen zu verstehen
- eine Fahrkarte oder ein Flugticket zu kaufen
- Aufforderungen zu formulieren

Biglietti, prego!

2/4

Stefano	Senti, mi consigli di andare subito alla stazione per fare i biglietti?
Bettina	Te lo consiglio, sì, altrimenti rischiamo di non trovare posto domani.
Linda	Aspetta! Compra i biglietti anche per noi, per favore!
Stefano	Certo che ve li compro!

Stefano va alla stazione.

Impiegato	Buongiorno. Mi dica.
Stefano	Buongiorno. Senta, vorrei andare a Venezia domani.
Impiegato	Quando vuole partire?
Stefano	Vorrei arrivare a Venezia nel primo pomeriggio.
Impiegato	Allora prenda il treno da Pisa alle 9.14 e poi l'Eurostar delle 11.37 da Firenze.
Stefano	A che ora arrivo a Venezia?
Impiegato	Alle 14.17.
Stefano	E quanto costa il biglietto?
Impiegato	Di prima o seconda classe?
Stefano	Di seconda classe.
Impiegato	Andata e ritorno?
Stefano	Sì.
Impiegato	… Costa 67 euro con prenotazione obbligatoria sull'Eurostar.
Stefano	Va bene, mi dia quattro biglietti interi e uno ridotto.

Fragen zum Dialog

Beantworten Sie die Fragen.

1. Dove vuole andare Stefano?

___

2. Vuole un biglietto di prima o di seconda classe?

___

3. Quanti biglietti compra?

___

Fahrkarten, bitte!

Stefano	Hör mal, soll ich gleich zum Bahnhof gehen und die Fahrkarten kaufen?
Bettina	Das kann ich dir nur raten, sonst riskieren wir, morgen keine Sitzplätze mehr zu bekommen.
Linda	Warte! Bitte kauf auch für uns Fahrkarten!
Stefano	Aber klar kaufe ich sie auch für euch!
Stefano geht zum Bahnhof.	
Angestellter	Guten Tag. Sie wünschen?
Stefano	Guten Tag. Also, ich möchte morgen nach Venedig reisen.
Angestellter	Wann möchten Sie losfahren?
Stefano	Ich möchte am frühen Nachmittag in Venedig sein.
Angestellter	Dann nehmen Sie den Zug um 9.14 Uhr ab Pisa und dann den Eurostar um 11.37 Uhr ab Florenz.
Stefano	Um wie viel Uhr komme ich in Venedig an?
Angestellter	Um 14.17 Uhr.
Stefano	Und wie viel kostet die Fahrkarte?
Angestellter	Erste oder zweite Klasse?
Stefano	Zweite Klasse.
Angestellter	Hin- und Rückfahrt?
Stefano	Ja.
Angestellter	... Das macht 67 Euro mit der obligatorischen Platzreservierung im Eurostar.
Stefano	Gut, dann geben Sie mir vier ganze und eine ermäßigte Fahrkarte.

16 Fahrkarten kaufen

Lernwortschatz

andata *f*	*Hinfahrt*
arrabbiato, -a	*wütend*
arrivare	*ankommen*
arrivo *m*	*Ankunft*
bastare	*genügen, (aus)reichen*
binario *m*	*Gleis*
cambiare treno	*umsteigen*
cambiare	*wechseln*
chiudere	*schließen*
coincidenza *f*	*Anschlusszug*
compiuto, -a	*vollendet, abgeschlossen*
destinazione *f*	*Zielort, Reiseziel*
dica (*v.* dire)	*Sagen Sie!*
fare il biglietto	*Fahrkarte lösen/kaufen*
intero, -a	*ganz, hier: normal*
metà *f*	*Hälfte*
mezzo *m* di trasporto	*Transportmittel*
ordinare	*ordnen, in Ordnung bringen*
partenza *f*	*Abfahrt, Abflug*
porcile *m*	*Schweinestall*
posto *m*	*(Sitz)platz*
prenotazione *f* obbligatoria	*obligatorische Platzreservierung*
prima classe *f*	*erste Klasse*
primo pomeriggio *m*	*früher Nachmittag*
pulire	*sauber machen*
ridotto, -a	*ermäßigt, reduziert*
rischiare	*riskieren*
ritardo *m*	*Verspätung*
ritorno *m*	*Rückfahrt*
seconda classe *f*	*zweite Klasse*
studiare	*lernen, studieren*
treno *m* diretto	*Schnellzug*
treno *m* regionale	*Regionalzug*
trovare	*finden*

Mezzi di trasporto	
automobile *m*	*Auto*
moto *f*	*Motorrad*
scooter *m* / motorino *m*	*Motorroller*
treno *m*	*Zug*
autobus *m*	*Bus*
aereo *m*	*Flugzeug*
nave *f*	*Schiff*
traghetto *m*	*Fähre*
roulotte *f*	*Wohnwagen*
camper *m*	*Wohnmobil*

Grammatik und Redemittel

Der Imperativ → § 6.10

	aspettare	**prendere**	**sentire**	**capire**
(tu)	aspett**a**!	prend**i**!	sent**i**!	capisc**i**!
(Lei)	aspett**i**!	prend**a**!	sent**a**!	capisc**a**!
(noi)	aspett**iamo**!	prend**iamo**!	sent**iamo**!	cap**iamo**!
(voi)	aspett**ate**!	prend**ete**!	sent**ite**!	cap**ite**!

Aspetta! *Warte!*
Prenda! *Nehmen Sie!*
Mi dia tre biglietti! *Geben Sie mir drei Fahrkarten!*

Doppelpronomen → § 5.6

Wenn zwei unbetonte Personalpronomen zusammentreffen, kommt – anders als im Deutschen – das Dativpronomen an erster, das Akkusativpronomen an zweiter Stelle. Es ergeben sich folgende Formen:

mi	+	lo (la, li, le, ne)	me lo (la, li, le, ne)
ti	+	lo	te lo
le/gli	+	lo	glielo
ci	+	lo	ce lo
vi	+	lo	ve lo
gli	+	lo	glielo
si	+	lo	se lo

● Compri i biglietti per noi? *Kaufst du für uns Fahrkarten?*
▲ Certo che **ve li** compro. *Klar kaufe ich sie für euch.*

Eine Fahrkarte / ein Flugticket kaufen

Vorrei andare a …	*Ich möchte nach … reisen.*
Quando vuole partire?	*Wann möchten Sie losfahren?*
Martedì prossimo. / Domani.	*Nächsten Dienstag. / Morgen.*
Prima o seconda classe?	*Erste oder zweite Klasse?*
Seconda classe.	*Zweite Klasse.*
Andata e ritorno?	*Hin- und Rückfahrt?*
Solo andata.	*Nur Hinfahrt.*

Reise

16 Fahrkarten kaufen

Übungen

1 Schauen Sie sich die Anzeigetafel an und beantworten Sie die Fragen.

TRENI IN PARTENZA				
Destinazione	cat.	ore	ritardo	binario
Viareggio	REG	08.57		7
Firenze S.M.N.	DIR	09.14	5 min.	1
Napoli C.le	IC	09.20	20 min.	3
Torino P.N.	IC	09.30		4
Firenze S.M.N.	REG	09.35		2

1. Dove va il treno delle 09.30? ________________
2. A che ora parte il treno regionale per Firenze? ________________
3. Quanto ritardo ha l'Intercity per Napoli? ________________
4. Da quale binario parte il treno diretto per Firenze? ________________

2 Ergänzen Sie die Verben im Imperativ.

Bettina è arrabbiata con sua figlia e le dice:

Livia, ________________ (1. venire) qua e ________________ (2. guardare) un po'! La tua camera sembra un porcile! ________________ (3. pulire) subito la camera, ________________(4. ordinare) i vestiti, ________________ (5. fare) il tuo letto e ________________ (6. chiudere) la porta! Poi ________________ (7. studiare) matematica e ________________ (8. andare) a letto!

3 Übernehmen Sie die Rolle von Martin und antworten Sie mit den vorgegebenen Elementen.

2/5

Impiegato	Buongiorno. Desidera?
Martin	[Buongiorno – volo – Roma]
Impiegato	Quando vuole partire?
Martin	[Martedì prossimo]
Impiegato	In quale classe? Business o Economy?
Martin	[Economy]
Impiegato	Allora, martedì c'è un volo Alitalia, partenza da Pisa alle 10.25 e arrivo a Roma Fiumicino alle 11.50.
Martin	[Perfetto – prezzo?]
Impiegato	150 euro.

In treno o in macchina?

Kulturtipp **i**

Wer mit den **Trenitalia** genannten italienischen **Ferrovie dello Stato** *Staatseisenbahnen* reist, tut gut daran, sich rechtzeitig am **sportello** *Bahnschalter oder im Internet* (**www.ferroviedellostato.it**) über preisgünstige **promozioni** *Sonderangebote*, aber auch über einen angekündigten **sciopero** *Streik* zu informieren. Für Schnellzüge wie Eurostar und Intercity ist ein Zuschlag oder eine Platzreservierung obligatorisch. Und vergessen Sie nie, Ihre Fahrkarte an einem der gelben Automaten am Bahnhof zu entwerten, sonst droht Ihnen eine Geldbuße!
Da der öffentliche Nahverkehr in Italien leider schlecht ausgebaut ist und Verspätungen an der Tagesordnung sind, benutzen viele **pendolari** *Pendler* für den Arbeitsweg das Auto. Das führt zur **ora di punta** *Stoßzeit,* oft zum Verkehrschaos, vor allem, wenn es regnet, weil dann auch die Rad- und Motorradfahrer mit dem Auto unterwegs sind und auf dem Weg zur Arbeit noch die Kinder in der Schule und im Kindergarten abliefern müssen.

Was können Sie schon?

	☺	😐	☹	
Sich über Abfahrts- und Ankunftszeiten informieren				→ **Ü1**
Aufforderungen und Ratschläge verstehen und geben				→ **Ü2**
Eine Fahrkarte für eine Zugfahrt oder einen Flug buchen				→ **Ü3**

17 Sich in der Stadt orientieren

In dieser Lektion lernen Sie:

- eine Wegbeschreibung zu verstehen und zu formulieren
- Aufforderungen zu formulieren
- Himmelsrichtungen, Richtungsangaben sowie örtliche Bezugsangaben
- Ordnungszahlen

Dov'è l'albergo?

2/6

Stefano Eccoci. Venite, cerchiamo il nostro albergo! Dammi la tua valigia, Livia! … Mi scusi, che direzione devo prendere per Calle della Masena?

Passante Calle della Masena? Non so … Dove si trova più precisamente?

Stefano A pochi passi dall'antico ghetto ebraico.

Passante Ah, nel quartiere Cannaregio? Sì, allora è vicino, sono circa 15 minuti a piedi.

Stefano E come faccio ad arrivarci?

Passante È semplice: Vada da questa parte verso Piazzale Roma, prenda la seconda strada a destra e continui sempre dritto lungo il …

Stefano … il Canal Grande?

Passante Sì. Passi davanti al museo e continui fino al Ponte degli Scalzi.

Stefano È il ponte di fronte al Palazzo Soranzo?

Passante Sì, esatto. Attraversi quel ponte e giri a sinistra. Vada avanti e lì vicino dev'essere il Calle della Masena.

Stefano Posso arrivarci anche con un mezzo di trasporto pubblico?

Passante Sì. Da Piazzale Roma può prendere il Vaporetto, linea 1, e scendere a San Marcuolo Casinò.

Stefano Quante fermate sono?

Passante Deve scendere … alla terza fermata.

Stefano Grazie mille. Arrivederci.

Fragen zum Dialog

Kreuzen Sie die richtige Antwort an.

1. L'albergo si trova …
   a) al Ponte degli Scalzi b) in Calle della Masena c) al Canal Grande
2. Di fronte al Palazzo Soranzo c'è …
   a) il Ponte degli Scalzi b) il Piazzale Roma c) il ghetto ebraico
3. Quale mezzo di trasporto si può prendere?
   a) l'autobus b) la metropolitana c) il vaporetto

Wo ist das Hotel?

Stefano	Hier sind wir. Kommt, wir suchen unser Hotel! Gib mir deinen Koffer, Livia! … Entschuldigen Sie, in welche Richtung muss ich gehen, um zur Calle della Masena zu kommen?
Passant	Calle della Masena? Ich weiß nicht … Wo liegt sie genau?
Stefano	Ganz in der Nähe des alten jüdischen Ghettos.
Passant	Ach so, im Viertel Cannaregio? Ja, das ist in der Nähe, es sind ungefähr 15 Minuten zu Fuß.
Stefano	Und wie komme ich dahin?
Passant	Ganz einfach: Gehen Sie von hier aus in Richtung Piazzale Roma, nehmen Sie die zweite Straße rechts und gehen Sie immer geradeaus, entlang dem …
Stefano	… dem Canal Grande?
Passant	Ja. Gehen Sie am Museum vorbei und weiter bis zur Ponte degli Scalzi.
Stefano	Das ist die Brücke gegenüber vom Palazzo Soranzo?
Passant	Ja, genau. Überqueren Sie diese Brücke und biegen Sie links ab. Gehen Sie weiter und dort in der Nähe muss die Calle della Masena sein.
Stefano	Kann ich dort auch mit einem öffentlichen Verkehrsmittel hinkommen?
Passant	Ja. Am Piazzale Roma können Sie das Vaporetto nehmen, Linie 1, und an der Haltestelle San Marcuolo Casinò aussteigen.
Stefano	Wie viele Haltestellen sind das?
Passant	… Sie müssen an der dritten Haltestelle aussteigen.
Stefano	Vielen Dank. Auf Wiedersehen.

17 Sich in der Stadt orientieren

Lernwortschatz

antico, -a	*alt, antik*
attraversare	*überqueren*
avanti	*vorwärts*
calle *f*	*Gasse (in Venedig)*
chiesa *f*	*Kirche*
continuare	*weitermachen*
destro, -a	*rechte, -er*
di fronte a	*gegenüber von*
direzione *f*	*Richtung*
dritto, -a	*geradeaus*
ebraico, -a	*jüdisch*
esatto	*genau, exakt*
fermata *f*	*Haltestelle*
fino a	*bis zu*
ghetto *m*	*Ghetto*
girare	*wenden, abbiegen*
lettera *f*	*Brief*
lì	*dort*
linea *f*	*Linie*
lungo il/la	*dem/der … entlang*
nulla	*nichts*
numero *m*	*Nummer*
passare davanti, -a	*vorbeigehen an*
passo *m*	*Schritt*
ponte *m*	*Brücke*
posta *f*	*Post*
precisamente	*genau*
pubblico, -a	*öffentlich*
scendere	*aussteigen*
secondo, -a	*zweiter*
semaforo *m*	*Ampel*
semplice	*einfach*
strada *f*	*Straße*
sinistro, -a	*linke, -r*
trasporto *m* pubblico	*öffentlicher Verkehr*
trovarsi	*sich befinden*
vaporetto *m*	*kleines Motorschiff*
verso	*hier: in Richtung*

Himmelsrichtungen	
nord (il settentrione)	*Norden*
ovest (l'occidente)	*Westen*
est (l'oriente)	*Osten*
sud (il meridione)	*Süden*
nord-est	*Nordosten*
sud-est	*Südosten*
nord-ovest	*Nordwesten*
sud-ovest	*Südwesten*

Grammatik und Redemittel

Imperativ einiger unregelmäßiger Verben → § 6.10

Einige unregelmäßige Befehlsformen kennen Sie bereits (**mi dica**, **senta**), hier sind noch einige weitere:

	andare	**venire**	**stare**	**fare**	**dire**	**avere**	**essere**
(tu)	vai/va	vieni	stai/sta	fai/fa	dì	abbi	sii
(Lei)	vada	venga	stia	faccia	dica	abbia	sia
(noi)	andiamo	veniamo	stiamo	facciamo	diciamo	abbiamo	siamo
(voi)	andate	venite	state	fate	dite	abbiate	siate

Ordnungszahlen

1. primo
2. secondo
3. terzo
4. quarto
5. quinto
6. sesto
7. settimo
8. ottavo
9. nono
10. decimo
11. undicesimo
100. centesimo

! Die Ordnungszahlen stimmen in Geschlecht und Zahl mit dem betreffenden Substantiv überein:
la prima strada *die erste Straße*
il secondo ponte *die zweite Brücke*

Nach dem Weg fragen

Che direzione devo prendere per … ?	*In welche Richtung muss ich gehen, um … ?*
Mi sa dire …	*Können Sie mir sagen, …*
fino a	*bis zu*
girare a destra	*rechts abbiegen*
girare a sinistra	*links abbiegen*
attraversare la piazza / il ponte	*den Platz / die Brücke überqueren*
passare davanti a	*vorbeigehen an*
lungo la strada / il canale	*die Straße / den Kanal entlang*

Reise

17 Sich in der Stadt orientieren

Übungen

2/7

1 Hören Sie den Dialog. Nummerieren Sie dann die Bilder in der richtigen Reihenfolge.

1. ☐ 
2. ☐ 
3. ☐ 
4. ☐ 
5. ☐ 
6. ☐ 

2 Ergänzen Sie die Verben im Imperativ.

1. Per favore, ______________________ (portare) questo documento alla posta, dottore!
2. ______________________ (avere) pazienza, signor Neri, ma la sua lettera non va bene, mi dispiace.
3. ______________________ (dire) la verità, dottore!
4. Per favore, ______________________ (telefonare) subito alla signora Licondi!
5. Dottor Croce, ______________________ (fare) delle fotocopie di questi documenti!
6. Dobbiamo parlare, dottore. ______________ (chiudere) la porta, per favore!

2/8

3 Lesen Sie den Dialog und übernehmen Sie die Rolle von Rita.

Rita	Mi scusi, che autobus devo prendere per il centro?
Passante	Sì, ehm … può prendere il 5 o il 12. Dove deve andare, esattamente?
Rita	In Piazza Garibaldi.
Passante	Allora deve prendere il 5.
Rita	Grazie. … A quale fermata devo scendere?
Passante	Per Piazza Garibaldi deve scendere al Ponte di Mezzo.
Rita	E Piazza Garibaldi è lì vicino?
Passante	Sì, deve attraversare il ponte ed è subito in Piazza Garibaldi.
Rita	Benissimo. Quante fermate sono?
Passante	Ehm … è la quinta o sesta fermata, mi sembra.
Rita	Grazie mille.

Italia non è Italia

Kulturtipp

Reise

Geopolitisch bestehen riesige Unterschiede zwischen dem Norden und dem Süden Italiens. Der Lebensstandard in Norditalien liegt über dem europäischen Durchschnitt, derjenige Süditaliens weit darunter. Dieses Nord-Süd-Gefälle zieht sich durch die ganze Geschichte und Entwicklung Italiens. Doch auch der Norden und der Süden des Landes sind keine homogenen Gebiete. In Norditalien haben das **Piemonte** *Piemont* und die **Lombardia** *Lombardei*, aber auch der Nordwesten (**Piemonte, Liguria** *Ligurien*) und der Nordosten (**Veneto** *Venetien*, **Friuli** *Friaul*) ganz unterschiedliche Traditionen. Und Süditalien ist genauso wenig homogen: Städte wie **Napoli** *Neapel*, **Bari** oder **Palermo** könnten nicht unterschiedlicher sein!

Nur einen Ort gibt es, der im ganzen Land für die italienische Lebensart typisch ist: **la piazza** *Platz*. Sie hat in Italien eine öffentliche und politische Funktion. Demonstrierende Italiener **scendono in piazza** *gehen auf den Platz hinaus*, wo die Deutschen „auf die Straße" gehen. Aber auch hier gilt: **piazza non è piazza**. Italienische Plätze können **piazzetta** *kleiner Platz*, **piazzale** *großer Platz*, **campo** (von Lat. *campus*) oder klassisch **foro** *Forum* heißen.

Was können Sie schon?

	☺	😐	☹	
Eine Wegbeschreibung verstehen und formulieren				→ **Ü1** → **Ü3**
Bei der Benutzung öffentlicher Verkehrsmittel nach dem Weg fragen				→ **Ü3**
Aufforderungen verstehen und formulieren				→ **Ü1** → **Ü2**

18 Im Hotel

In dieser Lektion lernen Sie:

- in einem Hotelzimmer einzuchecken
- Objekte im Raum zu lokalisieren
- Bezeichnungen für Möbel kennen

Arrivati!

2/9

Stefano	Buongiorno. Ho telefonato ieri e ho prenotato due camere a nome di Renzoni.
Reception	Un attimo che guardo ... Sì, ecco, una camera matrimoniale e una camera doppia con letto aggiuntivo, per tre notti.
Stefano	Esatto.
Reception	Mi dia un documento, per favore.
Stefano	Certo, ma ho solo la patente con me.
Reception	Va bene anche la patente.
Stefano	Eccola. ... Mi date anche le vostre carte d'identità?
Reception	Grazie.
Linda	Mi scusi, stasera devo inviare delle e-mail dal mio portatile. C'è un collegamento Internet nella nostra camera?
Reception	Certamente, signora. Quando entra nella camera, vede la presa sotto il tavolo alla finestra, proprio di fronte al letto.
Linda	Perfetto, grazie.
Reception	Ecco le vostre chiavi. Le camere sono le numero 23 e 25 al secondo piano. L'ascensore si trova in fondo al corridoio a destra.
Linda	Spero che le camere non siano troppo rumorose.
Reception	Non si preoccupi, signora. Le camere danno su un cortile interno e sono molto tranquille.
Linda	Sono contenta.
Reception	La prima colazione è servita nella saletta qui a sinistra, accanto alle scale, dalle sette alle dieci e mezza.

Fragen zum Dialog

Kreuzen Sie an.

	vero	falso
1. Stefano ha prenotato due camere per 3 notti.	☐	☐
2. Come documento d'identità va bene anche la patente.	☐	☐
3. Nell'hotel non c'è l'ascensore.	☐	☐
4. La prima colazione è dalle 7.00 alle 10.00	☐	☐

Angekommen!

Stefano	Guten Tag. Ich habe gestern angerufen und zwei Zimmer auf den Namen Renzoni reserviert.
Rezeption	Einen Augenblick, ich schaue nach … Ja, stimmt. Ein Doppelzimmer und ein Zweibett-Zimmer mit einem Zusatzbett für drei Nächte.
Stefano	Richtig.
Rezeption	Geben Sie mir bitte einen Ausweis?
Stefano	Natürlich. Ich habe aber nur den Führerschein dabei.
Rezeption	Der Führerschein ist auch in Ordnung.
Stefano	Hier, bitte. … Gebt ihr mir bitte eure Personalausweise?
Rezeption	Danke.
Linda	Entschuldigen Sie, ich muss heute Abend noch E-Mails von meinem Laptop aus verschicken. Gibt es einen Internetanschluss in unserem Zimmer?
Rezeption	Natürlich, Signora. Wenn Sie das Zimmer betreten, sehen sie die Steckdose unter dem Tisch am Fenster, genau dem Bett gegenüber.
Linda	Ausgezeichnet, danke.
Rezeption	Hier sind Ihre Schlüssel. Die Zimmer haben die Nummer 23 und 25 im zweiten Stock. Der Aufzug befindet sich ganz hinten im Korridor rechts.
Linda	Ich hoffe, die Zimmer sind nicht allzu laut.
Rezeption	Keine Sorge, Signora. Die Zimmer gehen auf einen Innenhof und sind ganz ruhig.
Linda	Da bin ich froh.
Rezeption	Das Frühstück wird von 7.00 Uhr bis 10.30 Uhr im kleinen Saal hier links neben der Treppe serviert.

18 Im Hotel

Lernwortschatz

armadio *m*	*Schrank*
ascensore *m*	*Aufzug*
cadere	*fallen*
carta *f* d'identità	*Personalausweis*
chiave *f*	*Schlüssel*
collegamento *m* Internet	*Internetanschluss*
comodino *m*	*Nachttisch*
cortile *m*	*Hof*
dare su	*gehen auf*
documento *m*	*Dokument, Ausweis*
e-mail *f*	*E-Mail*
finestra *f*	*Fenster*
inviare	*verschicken, versenden*
interno	*innere, Innen-*
lampada *f*	*Lampe*
mettere	*setzen, stellen, legen*
notte *f*	*Nacht*
patente *f*	*Führerschein*
portatile *m*	*Laptop*
pranzo	*Mittagessen*
preoccuparsi	*sich Sorgen machen*
presa *f*	*Steckdose*
scala *f*	*Treppe*
saletta *f*	*kleiner Saal*
sedia *f*	*Stuhl*
servire	*hier: bedienen, servieren*
sperare	*hoffen*
spostare	*verschieben*
stanza *f*	*Raum, Zimmer*
tavolo *m*	*Tisch*
telefonare	*telefonieren*
televisore *m*	*Fernseher*
trovare	*finden*

Ortsangaben	
vicino a	*nah bei / in der Nähe*
di fronte a	*gegenüber*
accanto a	*neben*
davanti a	*vor*
dietro a	*hinter*
tra/fra	*zwischen*
sopra a	*auf, über*
sotto a	*unter*
dentro a	*in*
per terra	*am Boden*
in fondo a	*ganz hinten/unten*

Grammatik und Redemittel

Adjektive → § 3.1

Für die Adjektive haben Sie schon gute Vorarbeit geleistet, denn ihre Formenbildung folgt dem zugehörigen Substantiv.

	Singular	Plural
Femininum	content**a** *zufrieden*	content**e**
Maskulinum	content**o** *zufrieden*	content**i**
Adjektiv auf **-e**	grand**e** *groß*	grand**i**

! Im Gegensatz zum Deutschen werden italienische Adjektive **immer** dem Substantiv angeglichen:
La camer**a** è tranquill**a**. *Das Zimmer ist ruhig.*
Le camer**e** sono tranquill**e**. *Die Zimmer sind ruhig.*

Das Verb *dare* (*geben*)

	dare (*geben*)	Imperativ	
(io)	d**o**		
(tu)	d**ai**	(tu)	**dà/dai**
(lui/lei/Lei)	d**à**	(Lei)	**dia**
(noi)	d**iamo**	(noi)	d**iamo**
(voi)	d**ate**	(voi)	d**ate**
(loro)	d**anno**		

Reise

Präpositionen und bestimmte Artikel → § 1.4

Die Bildung des Teilungsartikels (**di** + Artikel) kennen Sie aus Lektion 7. Analog dazu werden auch die anderen Präpositionen mit bestimmtem Artikel zu einem Wort verbunden:

+	il	lo	l'	la	i	gli	le
a	al	allo	all'	alla	ai	agli	alle
da	dal	dallo	dall'	dalla	dai	dagli	dalle
in	nel	nello	nell'	nella	nei	negli	nelle
su	sul	sullo	sull'	sulla	sui	sugli	sulle

Übungen

1 Ordnen Sie die Möbelbezeichnungen den abgebildeten Gegenständen zu.

a) la sedia	c) la finestra	e) il letto	g) la lampada
b) il tavolo	d) il televisore	f) il comodino	h) l'armadio

2 Lesen Sie den Dialog und übernehmen Sie die Rolle von Bettina.

2/10

Stefano	Oddio, non trovo più le chiavi. Amore, hai visto le mie chiavi?
Bettina	Sì, le ho trovate in frigorifero.
Stefano	Ah, sì? E poi?
Bettina	Le ho messe sul tavolo in salotto.
Stefano	Ma non ci sono.
Bettina	Sì, perché a pranzo abbiamo mangiato sul tavolo e quindi ho spostato le chiavi.
Stefano	E dove?
Bettina	Le ho messe sul divano.
Stefano	Ma non le vedo.
Bettina	Ma sì! Sono accanto al gatto.
Stefano	Ma, non ci sono!
Bettina	Forse sono cadute. Guarda per terra, sotto, davanti e dietro il divano!
Stefano	Non ci sono!
Bettina	Ecco le tue chiavi! Sul divano – ma con il gatto sopra.

3 Hören Sie den Dialog und kreuzen Sie an.

2/11

	vero	falso
1. Roberto Neri ha prenotato una camera.	☐	☐
2. La Reception gli chiede un documento.	☐	☐
3. Nella camera c'è un collegamento Internet	☐	☐
4. L'albergo non ha un ascensore.	☐	☐

Informazioni turistiche

Kulturtipp i

Viele Länder sind reich an Kunstschätzen. Weltweit einzigartig an Italien ist aber, dass sich herausragende Kunstwerke nicht nur in den **musei** *Museen*, **mostre d'arte** *Kunstausstellungen* und **chiese** *Kirchen* der großen Städte und Kulturmetropolen finden, sondern oft in ganz kleinen Dörfern irgendwo auf dem Land. Für Auskünfte über die Sehenswürdigkeiten wenden Sie sich am besten an die **Azienda di promozione turistica** (**APT**) *Fremdenverkehrsamt*. Die meisten Kirchen sind tagsüber geöffnet und frei zugänglich, doch während der Messe sind fotografierende Touristen in Flip-Flops und Strandbekleidung nicht gern gesehen. Die Museen und Ausstellungen können unterschiedliche Öffnungszeiten haben. Normalerweise sind sie montags geschlossen. Tipp: Wenn Sie im Internet in einer Suchmaschine „apt" und die Ortschaft eingeben, also z. B. „apt pisa", werden Sie auf Webseiten verwiesen, die Ihnen Auskunft geben. In der Regel gibt es bei Museen und Kinos ein **biglietto ridotto** *ermäßigtes Ticket* für **invalidi** *Behinderte*, **pensionati** *Rentner* und **gruppi** *Gruppen*.

Reise

Was können Sie schon?

	☺	😐	☹	
Möbel benennen				→ **Ü1**
Objekte im Raum lokalisieren				→ **Ü2**
in einem Hotelzimmer einchecken				→ **Ü3**

19 Körperliche Beschwerden

In dieser Lektion lernen Sie:

- körperliche Beschwerden zu formulieren
- Verbote und Ratschläge auszusprechen und zu verstehen
- die Bezeichnungen für Körperteile kennen

In farmacia

2/12

Stefano	Ecco il famoso ponte di Rialto. Guardatelo. Come è bello!
Linda	Davvero! Oh ... ahhh ... ahi ahi ...
Martin	Ma cosa fai? Dammi la mano, ti aiuto. Alzati!
Linda	Non ci riesco. Ah, che dolore! Mi fa male il piede.
Stefano	Non appoggiarlo! Vieni, qui vicino c'è una farmacia.

Vanno tutti insieme alla farmacia.

Farmacista	Buongiorno. Posso aiutarLa?
Linda	Buongiorno. Sono inciampata sul ponte di Rialto. Mi fa terribilmente male il piede.
Farmacista	Mi faccia vedere ... il piede è gonfio.
Linda	Sì, un po'.
Farmacista	Le do un gel antinfiammatorio.
Linda	Va bene. Il mio braccio sanguina.
Farmacista	Lo curiamo subito. Si tolga la giacca, signora!
Linda	Ho battuto anche la testa e mi fa male.
Farmacista	Per il braccio Le do una crema che disinfetta le ferite.
Linda	Va bene.
Farmacista	Vuole qualcosa contro il mal di testa?
Linda	Sì, grazie. Quante pastiglie devo prendere?
Farmacista	Ne prenda due a stomaco pieno. Per il resto Le consiglio di stare a riposo. Non appoggi il piede fino a domani!

Fragen zum Dialog

Beantworten Sie die Fragen.

1. Che cosa fa male a Linda?

___

2. Cosa le dà il farmacista per il braccio?

___

3. Quante pastiglie deve prendere contro il mal di testa?

___

In der Apotheke

Stefano	Hier ist die berühmte Rialto-Brücke. Schaut sie euch an. Wie schön!
Linda	Tatsächlich! Oh ... ahhh ... aua aua...
Martin	Was machst du denn? Gib mir die Hand, ich helfe dir. Steh auf!
Linda	Ich kann nicht. Aua, was für ein Schmerz ! Der Fuß tut mir weh.
Stefano	Tritt nicht auf! Komm, hier in der Nähe ist eine Apotheke.

Alle zusammen gehen zur Apotheke.

Apotheker	Guten Tag. Kann ich Ihnen behilflich sein?
Linda	Guten Tag. Ich bin auf der Rialto-Brücke gestolpert. Mein Fuß tut mir schrecklich weh.
Apotheker	Lassen Sie mal sehen ... der Fuß ist geschwollen.
Linda	Ja, ein wenig.
Apotheker	Ich gebe Ihnen ein entzündungshemmendes Gel.
Linda	Okay. Mein Arm blutet.
Apotheker	Das behandeln wir gleich. Ziehen Sie die Jacke aus, Signora!
Linda	Ich bin auch mit dem Kopf aufgeschlagen, und er tut mir weh.
Apotheker	Für die Schürfungen am Arm gebe ich Ihnen eine Creme, die die Wunden desinfiziert.
Linda	Ja, gut.
Apotheker	Möchten Sie etwas gegen die Kopfschmerzen?
Linda	Ja, gern. Wie viele Tabletten soll ich nehmen?
Apotheker	Nehmen Sie zwei davon, mit vollem Magen. Ansonsten rate ich Ihnen, sich auszuruhen. Treten Sie mit dem Fuß bis morgen nicht auf!

19 Körperliche Beschwerden

Lernwortschatz

aiutare	*helfen*
allergico, -a	*allergisch auf*
applicare	*anwenden*
appoggiare	*aufstützen*
battere	*(auf-)schlagen*
camminare	*gehen*
compressa *f*	*Tablette*
contro	*gegen*
crema *f*	*Creme*
curare	*behandeln*
dente *m*	*Zahn*
dolore *m*	*Schmerz*
fare vedere	*zeigen, sehen lassen*
farmacia *f*	*Apotheke*
farmacista *m/f*	*der Apotheker, die Apothekerin*
farsi male	*(sich) weh tun*
febbre *f*	*Fieber*
ferita *f*	*Wunde*
gel *m*	*Gel*
giacca *f*	*Jacke*
gonfio, -a	*geschwollen*
inciampare	*stolpern*
mal *m* di testa/schiena/gola	*Kopf-/Rücken-/Halsschmerzen*
malato, -a	*krank*
pastiglia *f*	*Tablette, Pastille*
per il resto	*ansonsten, außerdem*
pieno, -a	*voll*
raffreddore *m*	*Erkältung*
riuscire a	*gelingen*
sanguinare	*bluten*
sentirsi male	*sich schlecht fühlen*
stare a riposo	*sich ausruhen*
terribilmente	*schrecklich*
togliersi	*ausziehen, wegnehmen*
tosse *f*	*Husten*

Il corpo umano
1. la testa
2. l'occhio, gli occhi
3. il naso
4. la bocca
5. l'orecchio, le orecchie
6. il collo *außen*, la gola *innen*
7. la pancia
8. il braccio, le braccia
9. la mano, le mani
10. la gamba, le gambe
11. il ginocchio, le ginocchia
12. il piede, i piedi

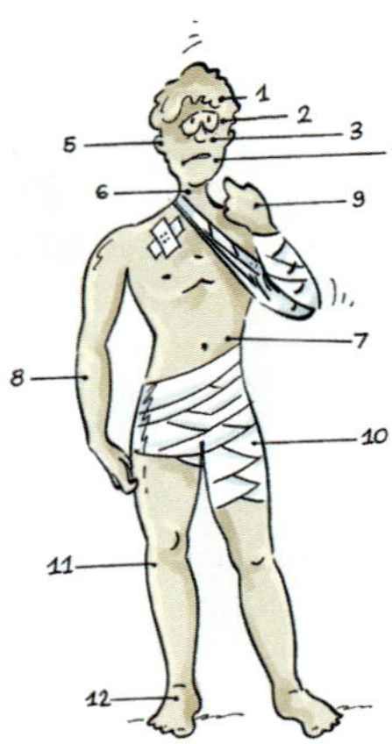

Grammatik und Redemittel

Verneinung im Imperativ → § 6.10

Wenn Sie ein Verbot aussprechen, verwenden Sie in der Du-Form **non** + **Infinitiv**:
Non guardare! *Schau nicht!*
Vor allen anderen Formen setzen Sie ein **non**:
Non appoggi il piede, signora! *Treten Sie mit dem Fuß nicht auf, Signora!*

Imperativ und Pronomen → § 6.10

In der 2. Person Singular (tu) und in der 1. und 2. Person Plural (noi, voi) werden die Objektpronomen direkt an das Verb angehängt:
Guardate**lo**! *Schaut ihn (an)!*
Bei der Verneinung in der Du-Form entfällt der letzte Buchstabe des Verbs:
Non appoggiar**lo**! *Stell ihn nicht ab!*

In der Höflichkeitsform (Lei) bleiben die Pronomen vor dem Verb:
Mi faccia vedere, signora! *Lassen Sie mich sehen, Signora!*

Bei den gekürzten Imperativformen der 2. Person Singular (dare – dà, dire – dì, fare – fà, stare – sta) verdoppeln sich die Anfangsbuchstaben der Pronomen:
Dammi la mano! (dà + mi) *Gib mir die Hand!*

Körperliche Beschwerden formulieren

Mi sento male.	*Ich fühle mich schlecht.*
Sono malato/-a.	*Ich bin krank.*
Ho la febbre.	*Ich habe Fieber.*
Ho la tosse e il raffreddore.	*Ich habe Husten und eine Erkältung.*
Ho mal di pancia/testa/gola.	*Ich habe Bauch-/Kopf-/ Halsschmerzen.*
Mi fa male un dente.	*Mir tut ein Zahn weh.*
Sono allergico a …	*Ich bin allergisch auf …*

19 Körperliche Beschwerden

Übungen

1 Der Apotheker gibt Linda Ratschläge. Setzen Sie die Verben in den Imperativ.

1. ______________________ (andare) a dormire!
2. Non ______________________ (camminare) troppo.
3. ______________________ (prendere) una pastiglia.
4. ______________________ (leggere) un bel libro.
5. ______________________ (stare) a riposo.
6. ______________________ (applicare) il gel sul piede.

2/13

2 Schauen Sie die Personen auf den Zeichnungen an und sagen Sie, was ihnen weh tut. Hören und kontrollieren Sie.

1.

2.

3.

3 Lesen Sie den Beipackzettel des Medikaments und beantworten Sie die Fragen.

DOLORSTOP
A. composizione
1 compressa di DOLORSTOP contiene 200 mg di ibuprofene sotto forma di sale di arginina ed eccipienti.
B. Indicazioni terapeutiche DOLORSTOP calma i dolori e abbassa la febbre.
C. Posologia
Tre compresse al giorno a stomaco pieno.
D. Precauzioni d'uso
Ipersensibilità verso il principio attivo, asma, patologie renali.

1. Dieses Medikament hilft bei …
   a) Zahnschmerzen. b) Verstauchungen. c) Magengeschwüren.
2. Wie viele Tabletten muss man einnehmen?
   a) zwei bei vollem Magen b) drei c) drei bei vollem Magen
3. Wann sollte das Medikament nicht eingenommen werden? Bei …
   a) Migräne b) Asthma c) Pollenallergie

La sanità pubblica

Die medizinische Grundversorgung in Italien ist hervorragend und sehr sozial geregelt. 1978 wurden die privaten Krankenkassen abgeschafft und ein *staatlicher Gesundheitsdienst* **Servizio Sanitario Nazionale SSN** eingeführt. Wer in Italien wohnhaft ist, hat Anspruch auf die unentgeltlichen Leistungen eines **medico di base** *Hausarzt*, der auch eine **impegnativa** *Überweisungsschein* ausstellt, wenn eine **visita specialistica** *fachärztliche Untersuchung* benötigt wird. Dafür bezahlt man dann ein so genanntes **Ticket**, eine Zuzahlung für medizinische Leistungen. Zahnärztliche Leistungen müssen die Italiener (leider) vollständig selbst tragen. Wenn Sie in Italien erkranken, können Sie sich in einer **farmacia** *Apotheke* beraten lassen oder sich im **Pronto soccorso** *Notaufnahme* eines **ospedale** *Krankenhaus* untersuchen lassen. Die Notaufnahme ist rund um die Uhr geöffnet und die Behandlung kostenlos.

i Kulturtipp

Reise

Was können Sie schon?

	☺	😐	☹	
Anweisungen und Ratschläge eines Arztes oder Apothekers verstehen				→ Ü1 → Ü2
Körperliche Beschwerden formulieren				→ Ü2
Informationen über ein Medikament und Anweisungen für die Einnahme verstehen				→ Ü3

20 In der Stadt einkaufen

In dieser Lektion lernen Sie:

- in einem Geschäft Kleidung oder Schuhe zu kaufen
- die Farbe oder die Qualität von Kleidung oder Schuhen zu beschreiben
- Kleider und Farben zu vergleichen
- Kleidergrößen und -bezeichnungen

2/14

In giro per negozi

Linda	Che bel vestito!
Bettina	Quale? Quello rosso a fiori?
Linda	No, quello nero.
Bettina	Ah, il classico tubino … è bellissimo!
Livia	Io preferisco la gonna azzurra con la cintura di pelle. È più sportiva.

Entrano nel negozio.

Commessa	Buongiorno. Desidera?
Linda	Buongiorno. Vorrei provare il vestito nero in vetrina.
Commessa	Che taglia porta?
Linda	La 38.
Bettina	No, guarda, la taglia 38 in Germania corrisponde alla 44 in Italia.
Linda	Davvero? Ma è deprimente!
Commessa	Le faccio provare la 44. … Si accomodi in cabina, prego. … Come va?
Linda	Il vestito mi piace moltissimo, ma mi sembra un po' corto.
Commessa	Ma no, il modello è così.
Linda	Ha per caso una taglia più grande?
Commessa	No, mi dispiace. È la taglia più grande di questo modello.
Bettina	Perché non provi quel completo pantalone grigio chiaro? È più comodo e meno costoso.
Linda	No, mia sorella ha scelto un completo grigio. Io prendo il vestito nero.

Fragen zum Dialog

Kreuzen Sie die richtige Antwort an.

1. Quale vestito piace a Linda?
   a) quello rosso   b) quello nero   c) quello azzurro
2. Che taglia (italiana) porta Linda?
   a) 40   b) 42   c) 44
3. Perché Bettina consiglia il completo pantalone?
   a) è più comodo   b) è più elegante   c) è più caldo

Auf Shoppingtour

Linda Was für ein schönes Kleid!
Bettina Welches? Das rote geblümte?
Linda Nein, das schwarze.
Bettina Aha, das klassische kleine Schwarze … es ist sehr schön!
Livia Ich mag (bevorzuge) den blauen Rock mit dem Ledergürtel lieber. Er ist sportlicher.

Sie gehen in das Geschäft.

Verkäuferin Guten Tag. Sie wünschen?
Linda Guten Tag. Ich möchte das schwarze Kleid vom Schaufenster probieren.
Verkäuferin Welche Größe haben Sie?
Linda 38.
Bettina Nein, du, eine 38 in Deutschland entspricht in Italien einer 44.
Linda Tatsächlich? Das ist ja deprimierend!
Verkäuferin Ich bringe Ihnen die Größe 44. … Hier ist eine Umkleidekabine, bitte. … Wie passt es?
Linda Das Kleid gefällt mir sehr gut, aber es scheint mir es etwas kurz.
Verkäuferin Aber nein, das Modell ist so.
Linda Haben Sie es zufällig eine Größe größer?
Verkäuferin Nein, tut mir leid. Das ist die größte Größe dieses Modells.
Bettina Warum probierst du nicht den hellgrauen Hosenanzug dort? Er ist bequemer und billiger.
Linda Nein, meine Schwester hat sich ein graues Kostüm ausgesucht. Ich nehme das schwarze Kleid.

20 In der Stadt einkaufen

Lernwortschatz

a fiori	*geblümt, mit Blumen*
a righe	*gestreift, mit Streifen*
azzurro, -a	*(himmel)blau*
bianco, -a	*weiß*
blu	*blau*
cabina *f*	*Umkleidekabine*
chiaro, -a	*hier: hell*
classico, -a	*klassisch*
colore *m*	*Farbe*
commessa *f*	*Verkäuferin*
comodo, -a	*bequem*
completo *m* pantalone	*Hosenanzug*
corrispondere	*entsprechen*
corto, -a	*kurz*
costoso, -a	*teuer, kostspielig*
disponibile	*verfügbar, vorrätig*
deprimente	*deprimierend*
elegante	*elegant*
giallo, -a	*gelb*
grigio, -a	*grau*
marrone	*braun*
materiale *m*	*Material*
matrimonio *m*	*Hochzeit*
modello *m*	*Modell*
nero, -a	*schwarz*
numero *m* di scarpe	*Schuhgröße*
per caso	*zufällig*
provare	*(an)probieren*
rosa	*rosa*
rosso, -a	*rot*
saldo *m*	*Restposten, Schlussverkauf*
scegliere	*(aus)wählen*
scontrino *m*	*Kassenzettel, Quittung*
scuro, -a	*dunkel*
sorella *f*	*Schwester*
sportivo, -a	*sportlich*
stretto, -a	*eng*
taglia *f*	*Kleidergröße*
tubino *m*	*das kleine Schwarze*
verde	*grün*
vetrina *f*	*Schaufenster*
viola	*violett*

Vestiti & materiali	
camicia *f*	*Hemd*
camicetta *f*	*Bluse*
maglietta *f*	*T-Shirt*
maglione *m*	*Pullover*
gonna *f*	*Rock*
pantaloni *mPl*	*Hose*
vestito *m*	*Kleid, Anzug, Kleidung*
cravatta *f*	*Krawatte*
cappello *m*	*Hut*
scarpa *f*	*Schuh*
sandalo *m*	*Sandale*
cintura *f*	*Gürtel*
cotone *m*	*Baumwolle*
lana *f*	*Wolle*
seta *f*	*Seide*
pelle *f*	*Leder*

Grammatik und Redemittel

Steigerung des Adjektivs → § 3.4.1, § 3.4.3

Der Komparativ wird mit **più** *mehr* oder **meno** *weniger* vor dem Adjektiv gebildet:
più comodo *bequemer* **meno** costoso *billiger*
Der relative Superlativ wird durch den **Komparativ** + **bestimmter Artikel** ausgedrückt:
La 44 è **la** taglia **più grande** di questo modello. *Die 44 ist die größte Größe bei diesem Modell.*
Der absolute Superlativ wird mit der Endung -**issimo**/**a** gebildet:
È un vestito bell**issimo**. *Es ist ein sehr schönes Kleid.*

Besondere Steigerungsformen → § 3.4.4

buono *gut*	migliore *besser*	il migliore *der beste*
ottimo *sehr gut*		
cattivo *schlecht*	peggiore *schlechter*	il peggiore *der schlechteste*
pessimo *sehr schlecht*		

Vergleichssätze → § 3.4.2

Bei einem Vergleich drücken Sie *als* durch **di** *aus*, wenn ein Substantiv oder Pronomen folgt, **che**, wenn ein Adjektiv, Adverb oder Verb folgt.
Il vestito nero è più elegante **di** quello verde. *Das schwarze Kleid ist eleganter als das grüne.*
Meglio bello **che** comodo. *Besser schön als bequem.*

Farbadjektive → § 3.2

Veränderlich sind:

bianco *weiß*	rosso *rot*	nero *schwarz*
verde *grün*	giallo *gelb*	grigio *grau*
azzurro *himmelblau*	marrone *braun*	

Unveränderlich sind:

blu *blau*	rosa *rosa*	viola *violett*

und Verbindungen:

grigio chiaro *hellgrau*	blu scuro *dunkelblau*

Reise

Übungen

1 Bilden Sie Vergleichssätze wie im Beispiel.

1. elegante — il vestito / la gonna

Il vestito è più elegante della gonna.

2. pratico — i pantaloni / la gonna

____

3. facile — il tedesco / l'inglese

____

4. buono — il caffè / il tè

____

2 Lesen Sie den Dialog und übernehmen Sie die Rolle von Linda.

2/15

Commessa	Buongiorno, desidera?
Linda	Buongiorno. Ho visto in vetrina delle bellissime scarpe di pelle in saldo. Vorrei provarle.
Commessa	Certamente. Lei che numero porta?
Linda	Il 39.
Commessa	Un attimo che guardo … Sì, il 39 c'è. … Eccolo. … Come vanno?
Linda	Bene. Sono comode. Ci sono anche in altri colori?
Commessa	Questo modello è disponibile in nero e in marrone.
Linda	Posso provarle in marrone?
Commessa	… Mi dispiace, il 39 in marrone non c'è più.
Linda	Non fa niente. Prendo le scarpe nere.

3 Hören Sie die Beschreibung und malen Sie die Kleidungsstücke in der richtigen Farbe an.

2/16

La moda italiana

Kulturtipp i

Durch überhöhte Immobilienpreise verwandeln sich die historischen Zentren der italienischen Kulturstädte zunehmend in bloße Kulisse für Reiseveranstalter und Schaufensterfolgen internationaler Boutiquenketten. Doch traditionelle Einkaufsstraßen wie die Mailänder Via Montenapoleone oder in Rom die Via Condotti und die Via del Corso genießen nach wie vor weltweiten Ruhm und bieten alles, was das modebewusste Herz begehrt. Hier finden sich die elegantesten italienischen Modeklassiker und die gewagtesten Trends. Gewagt sind aber auch die Preise. Achten Sie auf Aushänge mit der Aufschrift **saldi**, **svendita**, **occasione**, **ribassi** *Sonderangebote und Ausverkäufe*.

Lederwaren sind in Italien besonders schön und preiswert. Wenn Sie ein Mitbringsel brauchen, gehen Sie in eine **pelletteria** *Lederwarengeschäft* oder schauen sich auf dem Markt um. Dort finden Sie sehr schön gearbeitete **guanti** *Handschuhe*, **cinture** *Gürtel*, **portafogli** *Brieftaschen* oder **borse** *Taschen* und **borsette** *Handtaschen*. Aber aufgepasst: Wer einem Händler gefälschte Markenartikel abkauft, macht sich mitschuldig und muss mit einem hohen Bußgeld rechnen!

Was können Sie schon?

	☺	😐	☹	
Kleider oder Schuhe vergleichen				→ Ü1
In einem Geschäft Kleider oder Schuhe kaufen				→ Ü2
Die Bekleidung einer Person beschreiben				→ Ü3

21 Eine Person beschreiben

In dieser Lektion lernen Sie:

- Objekte und Personen zu beschreiben
- einen Verlust oder Diebstahl zu benennen
- auf dem Fundbüro oder bei der Polizei eine Anzeige zu erstatten

Un inconveniente

2/17

Martin	Non trovo più il mio cellulare.
Linda	L'hai perso?
Martin	Credo di sì.
Linda	Guarda nello zaino. Mezz'ora fa hai fatto una telefonata, quindi deve esserci.
Martin	Non c'è!
Bettina	Forse l'hai lasciato al bar. Torniamo indietro a cercarlo!

Tutto il gruppo torna al bar.

Martin	Qui non c'è.
Bettina	Allora l'ha rubato il barista che legge il giornale.
Linda	Ma no, piuttosto quella donna con i capelli neri che mangia un cornetto.
Bettina	O forse l'uomo a destra che porta gli occhiali.
Linda	Quello alto e magro?
Bettina	No, l'altro, quello basso e grasso, con i baffi. Non mi sta simpatico.
Linda	Macché, secondo me è stato quel giovane con cui hai parlato.
Bettina	Andiamo al commissariato di polizia per fare una denuncia!

Vanno dalla polizia.

Polizia	Buongiorno. Mi dica!
Martin	Buongiorno. Ho perso il mio cellulare.
Polizia	È stato un furto? Quando si è accorto dello smarrimento?
Martin	Venti minuti fa.
Polizia	Va bene. Compili questo modulo.

Fragen zum Dialog

Beantworten Sie die Fragen. Kreuzen Sie an.

	vero	falso
1. Il cellulare di Martin è nello zaino.	☐	☐
2. Il barista legge il giornale.	☐	☐
3. L'uomo con i baffi è grasso.	☐	☐

Ein kleiner Zwischenfall

Martin Ich finde mein Handy nicht mehr.
Linda Hast du es verloren?
Martin Ich glaube schon.
Linda Schau im Rucksack nach. Vor einer halben Stunde hast du ein Telefongespräch geführt, es muss also da sein.
Martin Es ist nicht da!
Bettina Vielleicht hast du es in der Bar liegen lassen. Kommt, wir kehren zurück und suchen es!

Die ganze Gruppe kehrt zur Bar zurück.

Martin Hier ist es nicht.
Bettina Dann hat es der Barmann geklaut, der die Zeitung liest.
Linda Aber nein, eher die Frau dort mit den schwarzen Haaren, die ein Hörnchen isst.
Bettina Oder vielleicht der Mann rechts, der eine Brille trägt.
Linda Der große Magere?
Bettina Nein, der andere, der kleine Dicke mit dem Schnauzer. Der ist mir nicht sympathisch.
Linda Ach was, wenn ihr mich fragt, war es der junge Mann, mit dem du gesprochen hast.
Bettina Kommt, wir gehen zum Polizeikommissariat und erstatten Anzeige!

Sie gehen zur Polizei.

Polizei Guten Tag. Sie wünschen?
Martin Guten Tag. Ich habe mein Handy verloren.
Polizei War es ein Diebstahl? Wann haben Sie den Verlust bemerkt?
Martin Vor zwanzig Minuten.
Polizei Okay. Füllen Sie dieses Formular aus.

21 Eine Person beschreiben

Lernwortschatz

accorgersi	*bemerken*
alto, -a	*groß, hoch*
avvisare	*benachrichtigen*
barista *m*	*Barmann*
basso, -a	*klein, niedrig*
capelli *mPl*	*Haar*
cellulare *m*	*Handy*
chiudere a chiave	*abschließen*
commissariato *m*	*Kommissariat*
compilare	*ausfüllen (ein Formular)*
credere	*glauben*
denuncia *f*	*Anzeige, Meldung*
descrizione *f*	*Beschreibung*
fare una denuncia	*Anzeige erstatten*
forse	*vielleicht*
furto *m*	*Diebstahl*
giovane *m/f*	*junger Mann / junge Frau*
grasso, -a	*dick, fett*
inconveniente *m*	*Unannehmlichkeit, Zwischenfall*
indietro	*zurück*
macché	*ach was!*
magro, -a	*dünn, mager*
modulo *m*	*Formular*
perdere	*verlieren*
piuttosto	*eher*
polizia *f*	*Polizei*
ricordarsi	*sich erinnern*
ritrovare	*wiederfinden*
rubare	*stehlen, klauen*
sicuro, -a	*sicher*
sigaretta *f*	*Zigarette*
smarrimento *m*	*Verlust*
sperare	*hoffen*
telefonata *f*	*Telefongespräch*
ufficio *m* oggetti smarriti	*Fundbüro*
uomo *m*	*Mann, Mensch*
zaino *m*	*Rucksack*

Descrizione

Una donna …	può avere i capelli **lunghi** *lang* o **corti** *kurz*. può essere **alta** *groß* o **bassa** *klein*, **magra** *dünn* o **grassa** *dick*.
Un uomo …	può essere **calvo** *kahl*, avere i **baffi** *Schnauzer* o la **barba** *Bart*.
Una persona …	può portare gli **occhiali** *Brille* o **occhiali da sole** *Sonnenbrille*.

Grammatik und Redemittel

Relativsätze → § 5.9

Das Relativpronomen **che** *der, die, das* kann als Subjekt und als direktes Objekt stehen:
il barista **che** legge il giornale *der Barmann, der die Zeitung liest*
la donna **che** vedi mangia un cornetto *die Frau, die du siehst, isst ein Hörnchen*

Nach Präpositionen verwendet man **cui** *dessen/deren, dem/der, der, den/die/das:*
il giovane con **cui** hai parlato *der junge Mann, mit dem du gesprochen hast*

Mit Präpositionen kann statt **cui** auch **il/la quale**, **i/le quali** benutzt werden. Diese müssen aber angepasst werden!
il giovane con **il quale** hai parlato *der junge Mann, mit dem du gesprochen hast*

! Der italienische Nebensatz wird im Gegensatz zum Deutschen **nicht** mit einem Komma abgetrennt:
l'uomo che porta gli occhiali *der Mann, der eine Brille trägt*

Credo di sì/no

Bei Bejahungen oder Verneinungen im Zusammenhang mit Verben wie **pensare**, **credere**, **dire**, **sperare** wird die Präposition **di** verwendet:
▲ Hai perso il cellulare? *Hast du das Handy verloren?*
● Credo **di** sì. *Ich glaube ja.*

▲ È stato un furto? *War es ein Diebstahl?*
● Spero **di** no. *Ich hoffe nicht.*

Übungen

1 Hören Sie den Dialog und kreuzen Sie an.

2/18

	alto	basso	capelli lunghi	capelli corti	barba	magro	grasso	occhiali	occhi azzurri	sigaretta
Anita	☐	☐	☐	☐	☐	☐	☐	☐	☐	☐
Tiziana	☐	☐	☐	☐	☐	☐	☐	☐	☐	☐
Rodolfo	☐	☐	☐	☐	☐	☐	☐	☐	☐	☐
Luigi	☐	☐	☐	☐	☐	☐	☐	☐	☐	☐
Marco	☐	☐	☐	☐	☐	☐	☐	☐	☐	☐

2 *Che* oder *cui*? Setzen Sie das richtige Relativpronomen ein.

1. Il cellulare ____________ ho perso è bianco.
2. Non conosco le persone di ____________ parlate.
3. Questo è il ragazzo con ____________ sei stato al cinema?
4. Questi sono i giornali ____________ ho comprato.
5. Marco è l'amico ____________ mi ha accompagnato dal medico.

3 Lesen Sie den Dialog und übernehmen Sie die Rolle von Maria.

2/19

Roberto	Eccoci arrivati. Vai, usciamo!
Maria	Dov'è la mia valigia? ... Oddio, non c'è più.
Roberto	La tua valigia? Dove l'hai messa?
Maria	Non mi ricordo.
Roberto	Andiamo all'ufficio oggetti smarriti!

Vanno all'ufficio oggetti smarriti.

Impiegato	Buongiorno, posso aiutarLa?
Maria	Buongiorno. Senta, credo di aver perso la mia valigia sul treno.
Impiegato	In quale treno, signora?
Maria	Sono arrivata ora con l'Eurostar da Firenze.
Impiegato	È sicura di essere salita sul treno con la valigia?
Maria	Sì ... cioè, no ... non mi ricordo. ... Forse ho lasciato la valigia alla stazione di Firenze.
Impiegato	Vediamo un po' ... Com'è la sua valigia?
Maria	È una grande valigia di pelle, marrone chiaro.
Impiegato	Capisco. Allora adesso compili questo modulo, signora.

Aiuto! Aiuto!

Kulturtipp

Das italienische Polizeiwesen ist nicht einfach zu durchschauen. Auf nationaler Ebene gibt es die **Polizia di Stato** *Staatspolizei*. Sie wird durch die **Carabinieri** ergänzt, einer militärisch organisierten Gendarmerietruppe, vergleichbar mit der „Gendarmerie Nationale" in Frankreich oder der „Guardia Civil" in Spanien. Daneben verfügt Italien über die **Guardia di Finanza** *Finanzwache*, einer Finanz- und Zollpolizei. Auf lokaler Ebene gibt es außerdem die **Polizia Municipale** *Gemeindepolizei*, deren **vigili** *Verkehrspolizisten* sich vorwiegend um den örtlichen Straßenverkehr kümmern. Die **vigili del fuoco** *Feuerwehr* sind dagegen wieder national organisiert.
Im Fall einer **emergenza** *Notfall* rufen Sie entweder die Nummer **118** (Rettungsdienst), die Nummer **113** (Polizei) oder die Nummer **112** (Carabinieri) an. Wenn es brennt, erreichen Sie die Feuerwehr unter der Nummer **115**. Wenn Sie dagegen etwas verloren haben oder Ihnen etwas gestohlen wurde, wenden Sie sich an das **Ufficio oggetti smarriti** *Fundbüro* bzw. an die **Polizia** oder die **Carabinieri**. Dort können Sie **lo smarrimento** *den Verlust* bzw. **il furto** *den Diebstahl* anzeigen.

Reise

Was können Sie schon?

	☺ 😐 ☹	
Personenbeschreibungen verstehen		→ Ü1
Ein verlorenes oder gestohlenes Objekt beschreiben		→ Ü2 → Ü3
Auf dem Fundbüro einen Verlust melden		→ Ü3

22 Wiederholen und üben Sie

Hier wiederholen Sie:

- die Monate und Jahreszeiten
- das Datum
- Informationen über eine Reise einzuholen und eine Reservierung vorzunehmen
- im Hotel ein Problem zu benennen
- die Bezeichnungen für Möbel
- Objekte im Raum zu lokalisieren
- Personen zu beschreiben
- körperliche Beschwerden zu formulieren und Ratschläge zu verstehen
- in einem Geschäft Kleidung zu kaufen
- etwas zu vergleichen

1 Lösen Sie das Kreuzworträtsel. Das Lösungswort ergibt den Namen des Komponisten der Vier Jahreszeiten.

Qual è …

1. … la stagione dopo l'autunno?
2. … il mese tra gennaio e marzo?
3. … il mese dopo ottobre?
4. … la stagione prima dell'autunno?
5. … il mese dopo giugno?
6. … il mese delle Feste di Natale?
7. … il mese della Festa della Liberazione?

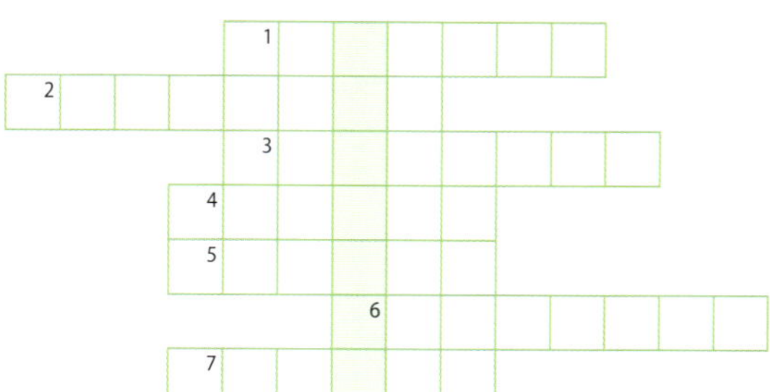

2 Hören Sie den Dialog und kreuzen Sie die richtige Antwort an.

2/20

1. Dove vuole andare Linda?
   a) Civitavecchia b) Corsica c) Livorno
2. Quando vuole partire?
   a) 10.07. b) 10.06. c) 10.08.
3. Per quante persone prenota?
   a) 1 b) 2 c) 3
4. Come desiderano viaggiare?
   a) in cabina b) in poltrona c) in piedi
5. Quale mezzo di trasporto porta a bordo?
   a) moto b) roulotte c) auto
6. Quanto dura il viaggio?
   a) 6 ore b) 7 ore c) 8 ore
7. Quanto costa il viaggio?
   a) 127 euro b) 42 euro c) 30 euro

3 Livia hat gekocht. Setzen Sie die richtigen Endungen ein.

Oggi Livia ha preparat_ la pasta. Nel libro di cucina ha trovat_ una ricetta: spaghetti al sugo. L'ha lett_ e poi ha cominciat_: prima ha mess_ sale nell'acqua, poi ha pres_ gli spaghetti e li ha mess_ nell'acqua. Dopo ha preparat_ i pomodori e la cipolla per il sugo. Alla fine ha servit_ gli spaghetti e il sugo sul piatto e li ha mangiat_.

4 Lesen Sie den Dialog und übernehmen Sie die Rolle von Linda.

2/21

Reception	Reception, buonasera.
Linda	Buonasera. Senta, chiamo dalla camera 23. Ho un problema.
Reception	Mi dica, signora.
Linda	La lampada nel bagno non funziona.
Reception	Mi dispiace …
Linda	E poi un'altra cosa: Fa troppo caldo in camera, non c'è l'aria condizionata?
Reception	Ma sì che c'è, signora. Non si preoccupi, viene subito qualcuno.
Linda	Grazie mille.
Reception	Prego.

5 Ordnen Sie die Wörter den Bildern zu.

a) due letti
b) tre lampade
c) una finestra
d) sei sedie
e) un armadio
f) due divani
g) un tavolo

6 Beantworten Sie die Fragen unter Verwendung von Doppelpronomen.

1. Stefano, mi compri un biglietto del treno?
   Sì, *te lo* compro.
2. Martin, ci prendi i giornali?
   Sì, ______ ______ prendo.
3. Livia, ti lavi sempre i denti?
   Sì, ______ ______ lavo sempre.
4. Linda, mi prepari un caffè?
   Sì, ______ ______ preparo.
5. Porti le pastiglie a Linda?
   Sì, ______ ______ porto.

7 In dieses Gruppenbild hat sich eine unbeteiligte Person eingeschlichen. Hören Sie die Personenbeschreibungen und bestimmen Sie, welche Person nicht zur Gruppe gehört.

2/22

a) ☐ b) ☐ c) ☐ d) ☐ e) ☐ f) ☐ g) ☐

8 Hören Sie die Wohnungsbeschreibung von Livia und kreuzen Sie den richtigen Grundriss an.

2/23

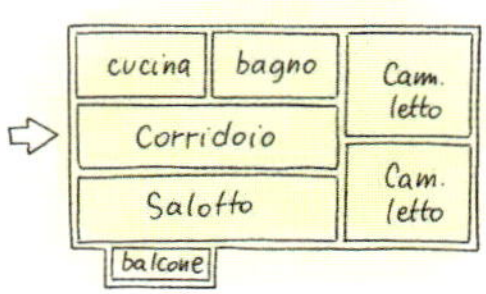

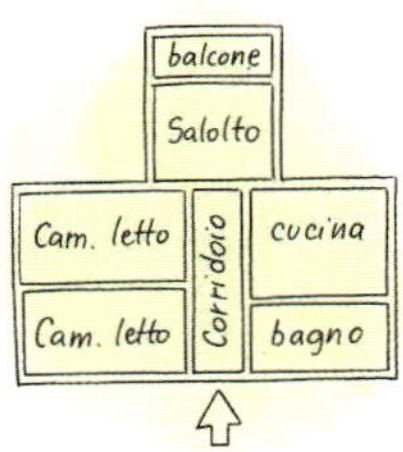

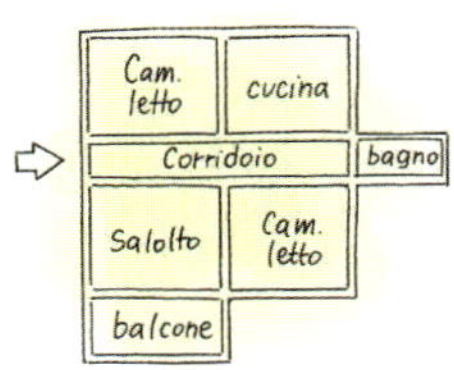

1. ☐ 2. ☐ 3. ☐

L'appartamento che Livia descrive è: ______________________

9 Schauen Sie sich den richtigen Grundriss der vorhergehenden Übung noch einmal an und ergänzen Sie dann den Text.

Io vivo ______ Pisa in un appartamento al terz_ piano. Purtroppo non abbiamo l'ascensore. Ma la mia casa è molto bell_. Ci sono cinque stanze: una cucina, un salotto, due camere da letto e un bagno. Entrando ______ casa c'è un lung_ corridoio. La prim_ stanza ______ sinistra è la cucina. Di fronte ______ cucina c'è il salotto. Dal salotto si accede a un bel balcone. Accanto ______ cucina c'è il bagno. Il bagno è piccol_. In fondo ______ corridoio ci sono le due camere ______ letto.

10 Verbinden Sie die Fragen mit den richtigen Antworten.

1. C'è un parcheggio?	a) Sì, prenoto dal 23 al 25 giugno.
2. Quanti ne abbiamo oggi?	b) 128 euro con prima colazione.
3. Conferma la prenotazione?	c) Tutte le nostre camere sono con bagno, signora.
4. Quanto costa la camera?	d) Oggi è il 17 giugno.
5. Che giorno è oggi?	e) Sì, abbiamo anche un garage.
6. È una camera con bagno?	f) Giovedì.

11 Übernehmen Sie die Rolle von Bettina und antworten Sie mit den vorgegebenen Elementen.

2/24

Commessa	Buongiorno. Posso aiutarLa?
Bettina	[Buongiorno – cercare – regalo – marito]
Commessa	Per esempio un bel maglione?
Bettina	[buona idea]
Commessa	Che taglia porta suo marito?
Bettina	[XXL]
Commessa	Le piace questo modello?
Bettina	[colori – troppo giovanili]
Commessa	I colori vivaci vanno molto di moda quest'anno.
Bettina	[non piacciono – marito]
Commessa	Allora forse un modello più classico come questo?
Bettina	[Sì – bel maglione – prezzo?]
Commessa	150 euro.
Bettina	[Accidenti! carissimo!]
Commessa	È un maglione della nuova collezione invernale e poi di ottima qualità.

Bettina	[Va bene – eventualmente cambiare]
Commessa	Certamente, signora. Ma soltanto con lo scontrino.

12 Bilden Sie Vergleichssätze mit den Elementen im Schüttelkasten und dem dazu gehörigen Artikel.

alcolico pratico caro grande freddo lungo

1. I pantaloni sono più ________ ________ gonne.
2. Il Canal Grande è meno ________ ________ Arno.
3. Il supermercato è meno ________ ________ boutique.
4. La birra è meno ________ ________ vino.
5. Le arance sono più ________ ________ ciliegie.
6. L'inverno è più ________ ________ autunno.

13 Hören Sie den Dialog. Kreuzen Sie an.

2/25

	vero	falso
1. Maria Licondi va dal medico perché ha mal di testa.	☐	☐
2. Ha anche la febbre.	☐	☐
3. Ha anche mal di gola.	☐	☐
4. Il medico le consiglia di bere molta acqua.	☐	☐
5. Le consiglia inoltre di riposarsi.	☐	☐
6. Maria deve prendere tre volte al giorno un'aspirina, a stomaco pieno.	☐	☐

Zwischentest 3

1 Ersetzen Sie das unterstrichene Akkusativobjekt durch ein Pronomen. Ergänzen Sie die Partizip-Endung.

1. Ho mangiato la pasta. → *L'ho* mangiat*a*.
2. Ho letto il giornale. → ______________ lett__.
3. Ho comprato gli spaghetti. → ______________ comprat__.
4. Ho bevuto il caffè. → ______________ bevut__.
5. Ho visto le case. → ______________ vist__.

__/5 6. Ho preso l'autobus. → ______________ pres__.

2 Verbinden Sie mithilfe des Plans die richtigen Satzteile.

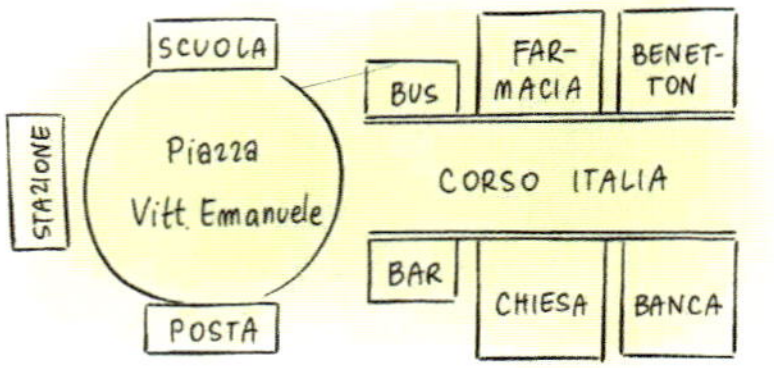

1. La banca è
2. La chiesa è
3. L'ufficio postale è
4. La fermata dell'autobus è
5. Piazza Vittorio Emanuele è

a) accanto alla farmacia.
b) di fronte a Benetton.
c) tra il bar e la banca.
d) davanti alla stazione.
e) di fronte alla scuola.

__/5

Zwischentest 3

2/26

3 Hören Sie den Dialog und kreuzen Sie an.

	vero	falso
1. Linda deve andare a Roma.	☐	☐
2. Vuole partire nel pomeriggio.	☐	☐
3. Vuole arrivare prima delle ore 13.00	☐	☐
4. Linda deve cambiare treno a Firenze.	☐	☐
5. Linda prende l'Eurostar delle 12.20.	☐	☐
6. Linda prende un biglietto di seconda classe.	☐	☐
7. Linda prende un biglietto di andata e ritorno.	☐	☐

__/7

4 Ergänzen Sie die richtige Adjektiv-Endung.

1. Nella casa di Stefano ci sono molt __ libri.
2. È una casa modern __ in un quartiere tranquill __.
3. La cucina è piccol __ ma bell __.
4. Ci sono due camere da letto grand __.
5. Il tavolo e le sedie nel salotto sono nuov __.
6. Il divano è molto comod __.

__/6

5 Ergänzen Sie die passende Präposition.

Martin ha fame e chiede alla reception se è possibile mangiare __ (1.) albergo. "No, mi dispiace", gli dice il ragazzo alla reception, "ma __ (2.) quest'ora la cucina è chiusa". Ma se vuole può andare __ (3.) ristorante "Rialto" che è aperto fino __ (4.) mezzanotte. Ci vogliono 15 minuti __ (5.) piedi oppure 5 minuti __ (6.) autobus. Martin esce dall'albergo, va __ (7.) sinistra e attraversa il ponte. Poi prende la seconda strada __ (8.) destra e si trova subito davanti __ (9.) ristorante.

__/9

Zwischentest 3

2/27

6 Hören Sie den Dialog und kreuzen Sie an.

	Posta	Piazza Giusti	Ponte di Mezzo	Via Montanelli	Borgo Stretto	Gelateria "Pinguino"
1. Martin deve andare alla …	☐	☐	☐	☐	☐	☐
2. Deve prendere il …	☐	☐	☐	☐	☐	☐
3. Deve attraversare il …	☐	☐	☐	☐	☐	☐
4. Deve andare lungo …	☐	☐	☐	☐	☐	☐
5. Deve girare a sinistra in …	☐	☐	☐	☐	☐	☐
6. Si trova di fronte alla …	☐	☐	☐	☐	☐	☐

__/6

2/28

7 Radio Torre steht im Einkaufszentrum und macht Interviews. Hören Sie das Interview. Welche Aussagen sind richtig?

1. La signora Rita ha comprato
   a) ☐ pantaloni, una camicetta e una giacca
   b) ☐ pantaloni e un vestito
   c) ☐ una giacca e tre camicie
2. Il signore ha comprato un vestito nuovo
   a) ☐ per un matrimonio
   b) ☐ per una festa
   c) ☐ per il lavoro
3. Il signore ha comprato un vestito
   a) ☐ grigio
   b) ☐ nero
   c) ☐ a righe
4. Che cosa ha il signore che si sente male?
   a) ☐ mal di pancia
   b) ☐ mal di denti
   c) ☐ mal di testa
5. Che cosa ha comprato Livia?
   a) ☐ un libro
   b ☐ un gelato
   c) ☐ un CD

__/5

8 Setzen Sie die Verben in den Imperativ.

1. Carlo e Mario, ______________ (venire) subito da me!
2. Dottore, mi ______________ (dire) la verità!
3. Ho freddo, ______________ (chiudere, tu) la finestra, per favore!
4. Livia, ______________ (portare) questo libro a tuo padre!
5. Martin, non ______________ (telefonare) in chiesa!

__/5

__/48

Beruf

23 Geschäftliche und private Telefongespräche

In dieser Lektion lernen Sie:

- ein Telefonat zu führen
- zu reagieren, wenn Sie falsch verbunden sind
- eine Nachricht auf dem Anrufbeantworter zu hinterlassen

Pronto!

2/29

Voce	Ditta Bussardi, buongiorno. Le nostre linee sono momentaneamente occupate. Si prega di attendere. Grazie.
Centralinista	Ditta Bussardi, buongiorno.
Martin	Buongiorno, sono Martin Schneider del negozio di cravatte "Ties4Guys" di Francoforte. Vorrei parlare con il signor Marco De Franchi.
Centralinista	Un attimo. Resti in linea, prego.
Centralinista	Pronto!
Martin	Sì?
Centralinista	Mi dispiace, ma il Signor De Franchi è assente.
Martin	Quando lo posso trovare?
Centralinista	Domani pomeriggio. Se vuole, Le posso passare un altro collaboratore.
Martin	No, grazie. Ho bisogno di parlare direttamente con Marco De Franchi.
Centralinista	Allora è meglio aspettare il suo rientro … o provo a cercarlo sul cellulare? Desidera lasciare un messaggio?
Martin	Sì, grazie. Gli dica che ho chiamato.
Centralinista	Certamente. Mi può fare lo spelling del suo nome, per favore?
Martin	Schneider: Savona, Como, Acca, Napoli, Empoli, Imola, Domodossola, Empoli, Roma.
Centralinista	La ringrazio. E il suo numero di telefono?
Martin	Sono in ferie a Pisa e Le do questo numero: 050 9 3171.
Centralinista	Bene, grazie. Buongiorno.

Fragen zum Dialog

Kreuzen Sie an.

	vero	falso
1. Martin telefona alla ditta De Franchi.	☐	☐
2. La persona che cerca è assente.	☐	☐
3. Martin accetta di parlare con un altro collaboratore.	☐	☐

Hallo!

Stimme	Firma Bussardi, guten Tag. Unsere Leitungen sind im Moment besetzt. Bitte warten Sie. Danke.
Telefonistin	Firma Bussardi, guten Tag.
Martin	Guten Tag, ich bin Martin Schneider vom Krawattengeschäft „Ties4Guys" in Frankfurt. Ich möchte gern mit Herrn Marco De Franchi sprechen.
Telefonistin	Einen Augenblick. Bleiben Sie bitte am Apparat.

Telefonistin	Hallo!
Martin	Ja?
Telefonistin	Es tut mir leid, aber Herr De Franchi ist nicht da (ist abwesend).
Martin	Wann kann ich ihn erreichen?
Telefonistin	Morgen Nachmittag. Wenn Sie möchten, kann ich Sie mit einem anderen Mitarbeiter verbinden.
Martin	Nein, danke. Ich muss mit Marco de Franchi persönlich sprechen.
Telefonistin	Dann ist es besser, auf seine Rückkehr zu warten … oder soll ich versuchen, ihn auf dem Handy zu erreichen? Möchten Sie ihm eine Nachricht hinterlassen?
Martin	Ja, danke. Sagen Sie ihm, dass ich angerufen habe.
Telefonistin	Gern. Können Sie mir bitte Ihren Namen buchstabieren?
Martin	Schneider: Siegfried, Cäsar, Heinrich, Nordpol, Emil, Ida, Dora, Emil, Richard.
Telefonistin	Ich danke Ihnen. Und Ihre Telefonnummer?
Martin	Ich bin in Pisa im Urlaub und gebe Ihnen diese Nummer: 050 9 3171.
Telefonistin	Gut, danke. Auf Wiederhören.

23 Geschäftliche und private Telefongespräche

Lernwortschatz

assente	*abwesend*
attendere	*warten*
centralinista *m/f*	*Telefonist, -in*
certamente	*gewiss, sicher*
chiamata *f*	*Anruf*
collaboratore *m*	*Mitarbeiter*
controllare	*prüfen, kontrollieren*
dimenticare	*vergessen*
direttamente	*direkt, (hier:) persönlich*
elenco *m* telefonico	*Telefonbuch*
fare lo spelling	*buchstabieren*
inesistente	*nicht existent (ungültig)*
lasciare	*(hinter)lassen*
linea *f*	*Leitung, Linie*
messaggio *m*	*Nachricht*
momentaneamente	*in diesem Moment, momentan*
numero *m* di telefono	*Telefonnummer*
occupato, -a	*besetzt*
passare	*verbinden (Telefon)*
prefisso *m*	*Vorwahl*
pregare	*bitten*
restare	*bleiben*
rientro *m*	*Rückkehr*
riprovare	*wieder/nochmals versuchen*
rispondere	*antworten*
sbagliare	*verwechseln, einen Fehler machen*
segnale *m* acustico	*Signalton*
segreteria *f* telefonica	*Anrufbeantworter*
voce *f*	*Stimme*

Das Telefonalphabet

Wenn Sie Ihren Namen, z. B. Lang, buchstabieren müssen, sagen Sie:
[elle] come Livorno …, oder einfach **Livorno**, **Ancona**, **Napoli**, **Genova**.

A	[a]	→	Ancona
B	[bi]	→	Bologna
C	[tʃi]	→	Como
D	[di]	→	Domodossola
E	[e]	→	Empoli
F	[ɛffe]	→	Firenze
G	[dʒi]	→	Genova
H	[acca]	→	Hotel
I	[i]	→	Imola
J	[i luŋga]		
K	[kappa]		
L	[ɛlle]	→	Livorno
M	[ɛmme]	→	Milano
N	[ɛnne]	→	Napoli
O	[o]	→	Otranto
P	[pi]	→	Padova
Q	[qu]	→	quadro
R	[ɛrre]	→	Roma
S	[ɛsse]	→	Savona
T	[ti]	→	Torino
U	[u]	→	Udine
V	[vu]	→	Venezia
W	[vu doppia]		
X	[iks]		
Y	[ipsilon]		
Z	[dʒeːta]		

Grammatik und Redemittel

Infinitivkonstruktionen mit und ohne Präposition → § 6.11

Mit Präposition

Bestimmte Verben und Ausdrücke verlangen eine Präposition, z. B. **andare a**, **cominciare a**, **avere voglia di**, **avere bisogno di**, **aiutare a**.

Provo **a** cercarlo sul cellulare. *Ich versuche, ihn am Handy zu erreichen.*
Ho bisogno **di** parlare con … *Ich muss mit … sprechen.*

Ohne Präposition

Bei Modalverben (**potere**, **dovere**, **volere**) und Verben, die eine Vorliebe ausdrücken (**desiderare**, **preferire**, **piacere**), folgt der Infinitiv **ohne** Präposition:

Vorrei parlare con … *Ich möchte mit … sprechen*
Desidera lasciare un messaggio? *Wollen Sie eine Nachricht hinterlassen?*

Nach unpersönlichen Ausdrücken mit **essere** folgt ebenfalls direkt der Infinitiv:
È meglio aspettare il suo rientro. *Es ist besser, auf seine Rückkehr zu warten.*

Telefonieren

Pronto?	*Hallo?*
Ditta Bussardi, buongiorno.	*Firma Bussardi, guten Tag.*
Buongiorno, sono …	*Guten Tag, ich bin …*
Vorrei parlare con …	*Ich möchte mit … sprechen.*
C'è …, per favore?	*Ist … da, bitte?*
Un attimo, per favore.	*Einen Augenblick bitte.*
Glielo passo subito.	*Ich verbinde Sie sofort mit ihm/ihr.*
Resti in linea.	*Bleiben Sie am Apparat.*
Chi lo desidera?	*Wen darf ich melden?*
Chi parla?	*Wer ist am Apparat?*
Il numero è inesistente.	*Die Nummer ist ungültig.*
Ho sbagliato numero.	*Ich habe mich verwählt.*

23 Geschäftliche und private Telefongespräche

Übungen

1 Bilden Sie Sätze und ergänzen Sie, wenn nötig, die passende Präposition.

1. Martin / avere bisogno / parlare con il dottore.
   Martin ha bisogno di parlare con il dottore.
2. Linda / cominciare / lavorare alle 8.00.
   ____
3. Io / volere / parlare con Linda.
   ____
4. Livia / aiutare / preparare la cena.
   ____
5. Io / preferire / aspettare la chiamata di Stefano.
   ____

2/30

2 Hören Sie den Dialog und kreuzen Sie an.

	vero	falso
1. Martin sbaglia il numero di telefono di Ettore e Annarella.	☐	☐
2. Ettore risponde alla chiamata di Martin.	☐	☐
3. Martin lascia un messaggio.	☐	☐
4. Martin desidera invitare Ettore e Annarella a cena sabato.	☐	☐

2/31

3 Hören Sie und antworten Sie mit den vorgegebenen Elementen.

1. Pronto!
   [Guten Tag – ich bin Stefano – ich möchte mit Ettore sprechen.]
2. Mi può ripetere il suo nome, per favore?
   [Ich heiße Rabe: R wie … A …, B …, E …]
3. Risponde la segreteria telefonica del numero 340 544 34 64.
   Siamo momentaneamente assenti. Lasciate un messaggio dopo il segnale acustico, grazie.
   [Hallo, ich bin Mario – ich habe Fieber – ich kann heute Abend nicht ins Kino kommen]

Telefonare in Italia

Kulturtipp i

In Italien meldet man sich am Telefon nicht mit dem Namen, sondern mit **Pronto!** Das bedeutet eigentlich *bereit*!, wird aber im Sinne von *Hallo!* gebraucht. Der Anrufer sagt ebenfalls **Pronto**! oder beginnt mit einer Begrüßung und sagt seinen Namen: **Pronto/Buongiorno**, **sono Livia**. Ein Geschäft meldet sich am Telefon in der Regel mit dem Namen des Betriebs: **Ditta Pampaloni**, **buongiorno**.
Pronto kommt auch in anderem Kontext vor, z. B. bei **Pronto Soccorso** *Notaufnahme*, wo **pronto** die Bedeutung von *rasch, sofort* hat.
Wenn Sie die Telefonnummer Ihrer Kontaktperson nicht kennen, schauen Sie entweder im **elenco telefonico** *Telefonbuch* oder in den **pagine bianche** auf **www.paginebianche.it** *Weiße Seiten* nach. Ein Unternehmen oder Geschäft finden Sie auch im italienischen Branchenverzeichnis, den **pagine gialle** *Gelben Seiten*, auf **www.paginegialle.it**.

Was können Sie schon?

	☺ 😐 ☹	
Einen Telefonanruf tätigen		→ Ü1 → Ü2 → Ü3
Einen Namen buchstabieren		→ Ü3
Eine Nachricht auf dem Anrufbeantworter hinterlassen		→ Ü2 → Ü3

Beruf

24 E-Mails und Briefe schreiben

In dieser Lektion lernen Sie:

- schriftliche Mitteilungen zu verstehen und zu verfassen
- eine zeitliche Abfolge in der Vergangenheit zu verstehen
- Begebenheiten in der Vergangenheit zu formulieren

Cordiali Saluti

2/32

Linda scrive una e-mail alla Scuola Dante Alighieri di Firenze.

A: info@dantealighieri.it

Oggetto: Vs. corsi d'italiano

Gentile dott.ssa Tiziana Cristiani,
sono un'amica di Ettore Masi che mi ha dato il suo indirizzo e-mail. Tanti anni fa, quando ero bambina, ho fatto un viaggio in Italia con la famiglia. Durante quel viaggio abbiamo visitato anche Firenze e ho vivissimi ricordi di questa bella città. Dormivamo in un piccolo albergo vicino il duomo, e nei pomeriggi, mentre i miei genitori riposavano, giocavo con due bambini conosciuti in albergo.
Qualche giorno fa pensavo a quel viaggio e mi è venuta una grande voglia di studiare meglio l'italiano e di frequentare un corso di lingua. Allora Ettore mi ha parlato della sua Scuola Dante Alighieri di Firenze e sono andata a cercarla su Internet. Mentre navigavo, ho scoperto che offre anche vacanze studio di due settimane. Volevo quindi chiederLe informazioni più dettagliate sui vostri corsi d'italiano. Come sono organizzate le vacanze studio, quando si svolgono e quanto costano?
In attesa di una sua cortese risposta, porgo
cordiali saluti
Linda Schneider

Fragen zum Dialog

Beantworten Sie die Fragen.

1. Quando Linda faceva un viaggio in Italia?

____

2. Cosa faceva Linda mentre i suoi genitori riposavano?

____

3. Di che cosa è venuta la voglia a Linda?

____

Mit freundlichen Grüßen

Linda schreibt eine E-mail an die Scuola Dante Alighieri in Florenz.

An: info@dantealighieri.it

Betreff: Ihre Italienischkurse

Sehr geehrte Frau Dr. Tiziana Cristiani,
ich bin eine Freundin von Ettore Masi, der mir Ihre E-Mail-Adresse gegeben hat. Vor vielen Jahren, als ich ein Kind war, machte ich mit meiner Familie eine Reise nach Italien. Während jener Reise haben wir auch Florenz besucht und ich habe sehr lebhafte Erinnerungen an diese schöne Stadt. Wir übernachteten in einem kleinen Hotel in der Nähe des Doms, und nachmittags, wenn meine Eltern sich ausruhten, spielte ich mit zwei Kindern, die ich im Hotel kennengelernt hatte.
Vor ein paar Tagen dachte ich an jene Reise und bekam große Lust, besser Italienisch zu lernen und einen Sprachkurs zu besuchen. Da erzählte mir Ettore von Ihrer Schule „Dante Alighieri" in Florenz und ich habe sie im Internet gesucht. Während ich surfte, habe ich entdeckt, dass sie auch zweiwöchige Ferienkurse anbietet. Ich wollte Sie deshalb um ausführlichere Informationen über Ihre Italienischkurse bitten. Wie sind die Ferienkurse organisiert, wann finden sie statt und wie viel kosten sie?
In Erwartung einer Antwort verbleibe ich
mit freundlichen Grüßen
Linda Schneider

24 E-Mails und Briefe schreiben

Lernwortschatz

allegro, -a	*lustig, lebhaft*
amare	*lieben*
ballare	*tanzen*
corso *m* d'italiano	*Italienischkurs*
corso *m* di lingua	*Sprachkurs*
corso *m*	*Kurs*
cortese	*höflich*
da bambino /bambina	*als Kind*
dettagliato, -a	*ausführlich*
duomo *m*	*Dom*
durante	*während*
frequentare	*besuchen (einen Kurs)*
genitori *mPl*	*Eltern*
giocare a calcio	*Fußball spielen*
in attesa	*in Erwartung*
indirizzo e-mail *m*	*E-Mail-Adresse*
indirizzo *m*	*Adresse*
informazione *f*	*Information*
mentre	*während*
navigare (su Internet)	*(im Internet) surfen*
oggetto *m*	*Objekt, hier: Betreff*
paura *f*	*Angst*
pensare	*denken*
per strada	*auf der Straße*
perché	*weil*
pericoloso, -a	*gefährlich*
porgere	*geben, reichen, hier: senden*
ricordo *m*	*Erinnerung*
riposare	*ausruhen*
risposta *f*	*Antwort*
scoprire	*entdecken*
scuola *f* di lingue	*Sprachschule*
svolgersi	*sich abspielen, sich abwickeln*
vacanza *f* studio	*Ferienkurs*
vivo, -a	*lebhaft, lebendig*

Briefanrede	
Egregio signor Neri	*Sehr geehrter Herr Neri*
Gentile signora Licondi	*Liebe Frau Licondi*
Caro Marco	*Lieber Marco*
Carissima Livia	*Liebste Livia*
Distinti saluti	*Mit freundlichen Grüßen*
Cordiali saluti	*Herzliche Grüße*
Cari saluti	*Liebe Grüße*
Cordialmente	*Herzlich*

Grammatik und Redemittel

Imperfekt → § 6.7.2

	giocare	trascorrere	dormire	essere
io	gioca**vo**	trascorre**vo**	dormi**vo**	**ero**
tu	gioca**vi**	trascorre**vi**	dormi**vi**	**eri**
lui/lei/Lei	gioca**va**	trascorre**va**	dormi**va**	**era**
noi	gioca**vamo**	trascorre**vamo**	dormi**vamo**	**eravamo**
voi	gioca**vate**	trascorre**vate**	dormi**vate**	**eravate**
loro	giova**vano**	trascorre**vano**	dormi**vano**	**erano**

Imperfekt oder *Passato Prossimo*?

Imperfekt

Bei einer nicht abgeschlossenen Handlung:
Cercavo una scuola di lingue. *Ich suchte eine Sprachschule.*
Bei der Beschreibung von Personen oder Dingen:
Ero una bambina. *Ich war ein Kind.*
Bei der Schilderung gleichzeitiger Handlungen:
Mentre i miei genitori riposavano, giocavo. *Während meine Eltern sich ausruhten, spielte ich.*

Passato Prossimo

Bei einer abgeschlossenen Handlung:
Ho fatto un viaggio. *Ich habe eine Reise gemacht.*
Bei einer Handlung, die einsetzt, während eine andere noch andauert:
Mentre navigavo, ho scoperto … *Während ich surfte, habe ich entdeckt …*

Beruf

!

mentre – durante	**während**
mentre + Verb: Mentre navigavo …	*Während ich surfte …*
durante + Substantiv: Durante il viaggio …	*Während der Reise …*

24 E-Mails und Briefe schreiben

Übungen

1 Ergänzen Sie die richtigen Verben.

era abitava aveva gioca porta ama era portava amava vive ha

Francesca ________ (1.) una bambina allegra. All'età di 7 anni ________ (2.) i cappelli corti e ________ (3.) sempre i jeans. Oggi Francesca ________ (4.) cappelli lunghi e ________ (5.) spesso vestiti eleganti. Quando ________ (6.) piccola, ________ (7.) molto giocare a calcio, mentre oggi non ________ (8.) più a calcio, ma ________ (9.) molto ballare. Da bambina Francesca ________ (10.) a Roma. Ora invece ________ (11.) in Toscana.

2 Hören Sie den Dialog und kreuzen Sie die richtige Antwort an.

2/33

1. Dove abitava Stefano da bambino?
   a) a Lucca b) in un quartiere di Pisa c) a Firenze
2. La sua casa si trovava …
   a) accanto alla chiesa. b) dietro la chiesa. c) accanto alla piazza.
3. Da bambino Stefano giocava sempre …
   a) dai suoi amici. b) per strada. c) a casa.
4. Quando tornava a casa?
   a) verso le 16.00 b) verso le 18.00 c) verso le 20.00

3 Ordnen Sie die Sätze der folgenden E-Mail.

a) ☐ Lavoravo alla reception in un albergo.
b) ☐ Cari saluti, Alessandra
c) ☐ Caro Manuel,
d) ☐ ma anche faticoso.
e) ☐ sono stata un mese a Venezia.
f) ☐ E tu, che cosa mi racconti di nuovo?
g) ☐ Il lavoro era molto interessante,

Gli SMS

Kulturtipp

Für das Schreiben von SMS braucht man Abkürzungen, um ein Maximum an Infos auf einem Minimum an Raum hinzukriegen. Die wichtigsten sind:

+	più	di +	*mehr, besser*
-	meno	mi piace -	*gefällt mir weniger*
1	uno/un	porto **1** vino	*Ich bringe einen Wein mit.*
3	tre	arrivo in **3no**	*Ich komme mit dem Zug.*
6	sei/tu sei	dove **6**?	*Wo bist du?*
cm	come	**cm** va?	*Wie gehts?*
dp	dopo	vengo **dp**	*Ich komme nachher.*
dv	dove	**dv** 6?	*Wo bist du?*
prox	prossimo, -a	la **prox** settimana	*nächste Woche*
risp	rispondi	mi **risp**?	*Antwortest du mir?*
k	ch	**ke** ne dici?	*Was sagst du dazu?*
x	per	**x**ke non risp?	*Warum antwortest du nicht?*

Beispiele:

Xke 6 :-(?	*Perché sei triste?*	*Warum bist du traurig?*
ke film ti piace di +?	*Che film ti piace di più?*	*Was für ein Film gefällt dir besser?*
1 msg x te: ci ved sab sera 8h?	*Un messaggio per te: ci vediamo sabato sera alle 8?*	*Eine Nachricht für dich: Sehen wir uns Samstagabend um 8 Uhr?*

Beruf

Was können Sie schon?

☺ 😐 ☹

Einen Brief oder eine E-Mail schreiben	→ **Ü3**
Verstehen, wenn jemand von seiner Jugend erzählt	→ **Ü1** → **Ü2**
Vergangenes formulieren	→ **Ü1**

25 Geschäftstermine vereinbaren

In dieser Lektion lernen Sie:

- einen Termin zu vereinbaren
- eine Verabredung abzusagen oder zu verschieben
- einen Anruf entgegenzunehmen, bei dem eine Terminänderung mitgeteilt wird

Un appuntamento di lavoro

2/34

Il telefono suona. Bettina risponde.

Bettina	Pronto?
Segretaria	Ditta Bussardi, buongiorno.
Bettina	Buongiorno.
Segretaria	Vorrei parlare con il signor Martin Schneider.
Bettina	Glielo passo subito. Arrivederci.

Martin prende il ricevitore.

Martin	Pronto?
Segretaria	Buongiorno. Parlo con il signor Martin Schneider?
Martin	Sì, sono io.
Segretaria	La chiamo per conto del dottor Marco De Franchi. Lei ha fissato un appuntamento con il dottor De Franchi per giovedì prossimo alle dieci e mezza. Giusto?
Martin	Sì, giusto.
Segretaria	Sfortunatamente devo disdire l'appuntamento perché il dottor De Franchi deve urgentemente visitare un altro stabilimento.
Martin	Mi dispiace. Possiamo spostare l'appuntamento?
Segretaria	Sì, certo. Un attimo, guardo nell'agenda … Le può andare bene venerdì, 30 giugno?
Martin	Sì, venerdì mi va bene. A che ora?
Segretaria	Alle tre del pomeriggio? Direttamente qui in ufficio.
Martin	Perfetto. A venerdì, allora. Arrivederci.
Segretaria	Arrivederci e grazie della comprensione.

Fragen zum Dialog

Kreuzen Sie die richtige Antwort an.

1. Martin riceve una chiamata …
   a) dal suo amico Burkhart. b) dalla ditta Bussardi. c) dal dott. De Franchi.
2. Marco De Franchi …
   a) disdice l'appuntamento. b) è malato. c) è in ferie.
3. Martin fissa un altro appuntamento per …
   a) giovedì. b) lunedì. c) venerdì.

Ein Geschäftstermin

Das Telefon läutet. Bettina nimmt den Hörer ab.

Bettina	Hallo?
Sekretärin	Firma Bussardi, guten Tag.
Bettina	Guten Tag.
Sekretärin	Ich möchte gern mit Herrn Martin Schneider sprechen.
Bettina	Ich hole ihn gleich (ich verbinde). Auf Wiederhören.

Martin nimmt den Hörer.

Martin	Hallo?
Sekretärin	Guten Tag. Spreche ich mit Herrn Martin Schneider?
Martin	Ja, das bin ich.
Sekretärin	Ich rufe Sie im Auftrag von Dr. Marco De Franchi an. Sie haben für nächsten Donnerstag um halb elf einen Termin mit Dr. De Franchi vereinbart, richtig?
Martin	Ja, richtig.
Sekretärin	Leider muss ich den Termin absagen, weil Dr. De Franchi dringend einen anderen Betrieb besuchen muss.
Martin	Das tut mir leid. Können wir den Termin verschieben?
Sekretärin	Ja, natürlich. Augenblick, ich schaue im Terminkalender nach … Passt Ihnen Freitag, der 30. Juni?
Martin	Ja, Freitag passt mir gut. Um wie viel Uhr?
Sekretärin	Um 15.00 Uhr? Direkt hier im Büro.
Martin	Perfekt. Dann also bis Freitag. Auf Wiederhören.
Sekretärin	Auf Wiederhören und Danke für Ihr Verständnis.

25 Geschäftstermine vereinbaren

Lernwortschatz

agenda *f*	*Terminkalender*
appuntamento *m*	*Termin*
colloquio *m*	*Gespräch*
colloquio *m* di lavoro	*Vorstellungsgespräch, Arbeitsgespräch*
comprensione *f*	*Verständnis*
controllare	*kontrollieren*
disdire	*absagen*
fissare	*vereinbaren*
impegno *m*	*Verpflichtung*
male	*schlecht*
per conto di	*im Auftrag von*
poco	*wenig*
possibile	*möglich*
ricevere	*bekommen, erhalten*
ricevitore *m*	*Hörer*
ringraziare	*danken, sich bedanken*
rispondere (al telefono)	*sich (am Telefon) melden*
sfortunatamente	*leider, unglücklicherweise*
stabilimento *m*	*Betrieb, Werk, Fabrik*
suonare	*hier: klingeln*
ufficio *m*	*Büro*
urgentemente	*dringend*

Zeitadverbien

Sehr nützlich beim Vereinbaren, Verschieben oder Absagen von Geschäftsterminen ist das richtige Handlung der Zeitadverbien:

adesso/ora	*jetzt*	domani	*morgen*	ieri	*gestern*
oggi	*heute*	dopodomani	*übermorgen*	l'altro ieri	*vorgestern*
stamattina	*heute Morgen*	prima	*früher*	tempo fa	*vor einiger Zeit*
stasera	*heute Abend*	dopo	*später*	mai	*nie*

Grammatik und Redemittel

Das Adverb → § 4

Im Gegensatz zum Deutschen sieht man im Italienischen den Unterschied zwischen Adjektiv und Adverb durch die Endung **-mente** sofort:
L'appuntamento è **urgente**. *Der Termin ist dringend.*
Devo **urgentemente** fissare un appuntamento. *Ich muss dringend einen Termin vereinbaren.*

! Das Adverb wird aus der weiblichen Form gebildet:
sfortunato → sfortunata → sfortunatamente *unglücklicherweise*

! Adjektive auf **-re** und **-le** verlieren das **-e** vor dem Suffix **-mente**:
facile → facilmente *leicht*

Steigerung des Adverbs

Die Adverbien werden wie die Adjektive in der Regel mit **più** gesteigert:
più facilmente *leichter*

Einige unregelmäßige Formen					
bene	*gut*	meglio	*besser*	benissimo	*sehr gut*
male	*schlecht*	peggio	*schlechter*	malissimo	*sehr schlecht*
poco	*wenig*	meno	*weniger*	pochissimo	*sehr wenig*
molto	*viel*	più	*mehr*	moltissimo	*sehr viel*

Termine vereinbaren

Vorrei fissare un appuntamento con …	*Ich möchte einen Termin mit … vereinbaren.*
Le va bene il 7 dicembre alle 9?	*Passt es Ihnen am 7. Dezember um 9 Uhr?*
Può venire domani alle 4?	*Können Sie morgen um 4 Uhr kommen?*
Devo disdire l'appuntamento.	*Ich muss den Termin absagen.*
Vorrei spostare l'appuntamento.	*Ich möchte den Termin verschieben.*

25 Geschäftstermine vereinbaren

Übungen

1 Lesen Sie den Dialog und übernehmen Sie die Rolle von Francesca.

2/35

Centralinista	Ditta Pampaloni, buongiorno.
Francesca	Buongiorno, mi chiamo Francesca Lupi. Ho un colloquio di lavoro con il dottor Pampaloni oggi pomeriggio. Purtroppo mio figlio è malato e vorrei spostare l'appuntamento.
Centralinista	Un attimo. Guardo l'agenda. Le va bene la settimana prossima … diciamo mercoledì alle 11?
Francesca	No, mi dispiace, mercoledì ho già un altro impegno.
Centralinista	E giovedì alle 16.00?
Francesca	Giovedì va benissimo. La ringrazio. Arrivederci.
Centralinista	Arrivederci.

2 Ergänzen Sie das richtige Adjektiv bzw. Adverb.

1. urgente – urgentemente
   a) Questo lavoro è ______________________!
   b) Devo ______________________ andare in ufficio.
2. tranquillo – tranquillamente
   a) Livia studia ______________________ in camera.
   b) Livia è una bambina ______________________.
3. buono – bene
   a) Questa pasta è ______________________.
   b) Martin ha cucinato ______________________.

3 Hören Sie den Dialog und kreuzen Sie an.

2/36

	vero	falso
1. Linda telefona alla ditta Alighieri.	☐	☐
2. Linda vuole prendere un appuntamento per giovedì o venerdì.	☐	☐
3. Giovedì la direttrice è assente.	☐	☐
4. L'appuntamento è fissato per venerdì alle 11.00.	☐	☐

Codice fiscale & onere fiscale

Kulturtipp

Ohne einen **codice fiscale** *Steuernummer* können Sie in Italien kaum etwas unternehmen, was über eine Urlaubsreise hinausgeht. Wenn Sie eine Wohnung mieten, ein Telefon anmelden oder ein Handy kaufen, ein Bankkonto eröffnen oder vergünstigte Bahntickets erwerben möchten, müssen Sie Ihren **codice fiscale** vorweisen. Diese Steuernummer stellt Ihnen die **Agenzia delle Entrate** *Steuerbehörde* auf Antrag aus. Es handelt sich dabei um eine Kombination aus Buchstaben und Ziffern, die Ihre Schlüsseldaten aufführen: Name, Vorname, Geburtsjahr, Geburtsmonat, Geburtstag, Geburtsort oder -land und eine Kontrollziffer. Im europäischen Vergleich ist übrigens die **onere fiscale** *Steuerbelastung* in Italien sehr hoch. Sie beträgt im Moment rund 43%.

Was können Sie schon?

☺ 😐 ☹

- Einen Geschäftstermin vereinbaren → Ü3
- Eine vereinbarte Verabredung verschieben → Ü2

Beruf

26 Geschäftskontakte pflegen

In dieser Lektion lernen Sie:

- sich im beruflichen Umfeld zu unterhalten
- über Beruf, Arbeitsort, Arbeitgeber und Ausbildung zu sprechen
- auszudrücken, was gerade im Moment passiert

Un pranzo di lavoro

2/37

M. De Franchi	Eccomi! Buongiorno!
Martin	Buongiorno. Le presento mia moglie. Linda, questo è Marco De Franchi.
M. De Franchi	Molto piacere.
Linda	Buongiorno.
M. De Franchi	Sono contento che siamo riusciti a mangiare insieme.

Martin, Linda e Marco De Franchi vanno al ristorante.

M. De Franchi	Senta, com'è nato il Suo negozio di cravatte?
Martin	Dopo la maturità ho studiato economia aziendale. Poi ho trovato lavoro come project manager in un'azienda a Basilea dove ho conosciuto mia moglie.
M. De Franchi	Ah, Lei è di Basilea?
Linda	Sì. E anch'io sono laureata in economia. Ma due anni fa una multinazionale mi ha offerto un posto come direttrice del personale, e ci siamo trasferiti a Francoforte.
Martin	E così ho aperto un negozio di cravatte. Avevo voglia di fare qualcosa di nuovo e sto vivendo un periodo molto interessante.
M. De Franchi	E come si vive a Francoforte?
Martin	Mi piace molto. È un ambiente stimolante.
Linda	Sì, vero. Ma anche frenetico. Il fine settimana sto lavorando spesso.
M. De Franchi	Se è per quello, anch'io qui in Italia.

Fragen zum Dialog

Kreuzen Sie an.

	vero	falso
1. Martin ha studiato economia aziendale.	☐	☐
2. Linda è laureata in psicologia.	☐	☐
3. Linda lavora spesso il fine settimana.	☐	☐

Ein Geschäftsessen

M. De Franchi	Hier bin ich! Guten Tag!
Martin	Guten Tag. Ich möchte Ihnen meine Frau vorstellen. Linda, das ist Marco De Franchi.
M. De Franchi	Freut mich sehr.
Linda	Guten Tag.
M. De Franchi	Ich freue mich, dass wir es geschafft haben, gemeinsam zu essen.

Martin, Linda und Marco De Franchi gehen ins Restaurant.

M. De Franchi	Nun sagen Sie mal, wie ist eigentlich Ihr Krawattengeschäft entstanden?
Martin	Nach dem Abitur habe ich Betriebswirtschaft studiert. Dann fand ich eine Stelle als Projektmanager in einem Basler Unternehmen, wo ich meine Frau kennengelernt habe.
M. De Franchi	Ah, Sie sind aus Basel?
Linda	Ja. Und ich habe ebenfalls einen Abschluss in Wirtschaftswissenschaften. Doch vor zwei Jahren hat mir ein multinationales Unternehmen eine Stelle als Personalchefin angeboten, und wir sind nach Frankfurt gezogen.
Martin	Und so habe ich ein Krawattengeschäft eröffnet. Ich hatte Lust, etwas Neues zu machen und erlebe gerade eine sehr interessante Zeit.
M. De Franchi	Und wie lebt es sich in Frankfurt?
Martin	Mir gefällt es sehr. Es ist ein anregendes Umfeld.
Linda	Ja, stimmt. Aber auch hektisch. Am Wochenende arbeite ich oft.
M. De Franchi	Also, was das anbelangt, ich in Italien auch.

26 Geschäftskontakte pflegen

Lernwortschatz

amare	*lieben*
ambiente *m*	*Umfeld*
aprire	*(er-)öffnen*
attualmente	*im Moment, derzeit*
banchiere *m*	*Bänker, Bankier*
comunque	*wie auch immer*
diploma *m*	*Diplom*
disoccupato, -a	*arbeitslos*
economia *f*	*Wirtschaft*
economia *f* aziendale	*Betriebswirtschaft*
estero *m*	*Ausland*
formazione *f*	*Ausbildung*
frenetico, -a	*hektisch*
imparare	*lernen*
informatica *f*	*Informatik*
interessante	*interessant*
laurea *f*	*Hochschulabschluss*
laurearsi	*einen Studienabschluss machen*
maturità *f*	*Abitur*
mestiere *m*	*Beruf, Handwerk*
moglie *f*	*(Ehe)frau*
multinazionale *f*	*multinationales Unternehmen*
nascere	*geboren werden, (hier:) entstehen*
nuovo, -a	*neu*
più tardi	*später*
posto *m* (di lavoro)	*Arbeitsstelle, Arbeitsplatz*
pranzo *m* di lavoro	*Geschäftsessen*
soggiorno *m*	*Aufenthalt*
stimolante	*anregend, stimulierend*
trasferirsi	*umziehen*

Professioni	
cantante *m/f*	*Sänger, -in*
architetto *m/f*	*Architekt, -in*
ingegnere *m/f*	*Ingenieur, -in*
camionista *m/f*	*Lastwagenfahrer, -in*
barista *m/f*	*Barmann, Barfrau*
dentista *m/f*	*Zahnarzt, -ärztin*
giornalista *m/f*	*Journalist, -in*
fornaio *m/f*	*Bäcker, -in*
impiegato, -a *m/f*	*Angestellte, -r*
cameriere, -a *m/f*	*Kellner, -in*
cuoco, -a *m/f*	*Koch/Köchin*
segretario, -a *m/f*	*Sekretär, -in*
attore, -trice *m/f*	*Schauspieler, -in*
collaboratrice *f* domestica	*Haushaltshilfe*
parrucchiere, -a *m/f*	*Frisör,-in*
avvocato, -essa *m/f*	*Rechtsanwalt, -anwältin*

Grammatik und Redemittel

Verlaufsform → § 6.13

Die Verlaufsform drückt eine Handlung aus, die gerade im Moment stattfindet. Sie wird aus der konjugierten Form von **stare** und dem **Gerund** gebildet:

Gerund: vivere → viv**endo** mangiare → mangi**ando** dormire → dorm**endo**

Sto vivendo un periodo molto interessante. *Ich erlebe gerade eine sehr interessante Zeit.*

Unregelmäßige Formen:

bere → **bevendo** dire → **dicendo** fare → **facendo**

Häufige Suffixe bei Berufsbezeichnungen

-aio/-aia: gelataio *Eisverkäufer* ← gelato *Eis*, fornaio *Bäcker* ← forno *Backofen/-stube*
-iere/iera: banchiere *Bänker* ← banca *Bank*
-ista: barista *Barmann* ← bar *Bar;* dentista *Zahnarzt* ← dente *Zahn*

Spezielle weibliche Suffixe:
-trice: attore → attrice *Schauspielerin*
-essa: avvocato → avvocatessa *Rechtsanwältin*

Über den Beruf sprechen

Il mestiere	*Der Beruf*
Sono …	*Ich bin …*
Lavoro come …	*Ich arbeite als …*
Attualmente sono disoccupato/a.	*Ich bin im Moment arbeitslos.*
Il posto di lavoro	*Der Arbeitsplatz*
Lavoro in una banca.	*Ich arbeite in einer Bank.*
La formazione	*Die Ausbildung*
Ho imparato …	*Ich habe … gelernt.*
Dopo la maturità ho studiato … .	*Nach dem Abitur habe ich … studiert.*
Mi sono laureato/a in …	*Ich habe einen Studienabschluss in …*
Dopo un soggiorno all'estero …	*Nach einem Auslandsaufenthalt …*
Più tardi …	*Später …*
Infine ho trovato un posto …	*Schließlich habe ich einen Arbeitsplatz gefunden …*

26 Geschäftskontakte pflegen

Übungen

1 Setzen Sie die Sätze in die Verlaufsform.

1 noi – mangiare *Stiamo mangiando.*
2. loro – giocare – nel giardino ______
3. Stefano – cercare – le chiavi ______
4. Livia – fare colazione ______
5. Dove – andare – signora? ______

2 Übernehmen Sie im Dialog die Rolle von Rita und antworten Sie mithilfe der vorgegebenen Elemente.

2/38

Sig. Pampalone Ditta Pampalone, buongiorno.
Rita [guten Tag – Rita Torre – Anruf wegen der Stelle als Sekretärin]
Sig. P. Ah, sì. Bene. Ha esperienze di lavoro?
Rita [ja – 3 Jahre gearbeitet – als Sekretärin – in einem großen Unternehmen]
Sig. P. Benissimo. Ha un diploma?
Rita [ja – nach dem Abitur – Auslandsaufenthalt in England – später Informatik-Diplom gemacht – dann eine Stelle in dem Unternehmen gefunden]
Sig. P. Va bene. Possiamo fissare un appuntamento? Le va bene mercoledì prossimo alle 10.30?
Rita [passt sehr gut – Vielen Dank – Auf Wiederhören].
Sig. P. A mercoledì, arrivederci.

3 In welchem Beruf hat man damit zu tun? Ergänzen Sie.

collaboratrice domestica cantante camionista parrucchiere cuoco dentista

1. ______

3. ______

5. ______

2. ______

4. ______

6. ______

Makkaronifresser & mangiacrauti

Kulturtipp

Die Küche ist der wichtigste Exportartikel des italienischen Lebensstils. In deutschen Haushalten steht vielerorts eine italienische **moca** *Kaffeemaschine*. Deutsche, die kein Wort Italienisch sprechen, bestellen mit jeder Selbstverständlichkeit einen **latte macchiato**, und jeder Hobbykoch weiß, dass Teigwaren **al dente** *bissfest* gekocht werden.
Wer käme heute noch auf die Idee, die Italiener als Makkaronifresser zu beschimpfen? Das Schimpfwort **mangiamaccheroni** *Makkaronifresser* ist nicht einmal eine deutsche, sondern eine italienische Erfindung. Die Toskaner, berühmt-berüchtigt für ihr Lästermaul, nannten die Neapolitaner bis ins 17. Jahrhundert **mangiafoglie** *Grünzeugfresser.* Diese gaben mit gleicher Münze zurück und nannten die Florentiner **mangiafagioli** *Bohnenfresser* und die Lombarden **mangiarape** *Rübenfresser.* **Mangiamaccheroni** *Makkaronifresser* wurden in Italien zunächst die Süditaliener, später im Zuge der Gastarbeiterbewegung alle Italiener genannt. Die Deutschen nennt man in Italien bis heute **mangiacrauti** *Sauerkrautfresser.*

Was können Sie schon?

☺ 😐 ☹

- Sagen, was Sie gerade im Moment tun → **Ü1**
- Über Ihre Ausbildung und Berufstätigkeit sprechen → **Ü2** → **Ü3**

Beruf

27 Sitzungen und Besprechungen

In dieser Lektion lernen Sie:

- ein Gespräch im Arbeitsumfeld zu führen
- Ihre persönliche Meinung auszudrücken
- ein Vorhaben in der Zukunft zu formulieren

Veniamo al punto!

2/39

M. De Franchi	Vorrei brevemente tornare al discorso fatto al nostro appuntamento. Lei ha detto che non è contento della qualità dei nostri prodotti.
Martin	È così.
M. De Franchi	Dunque, ho parlato ieri con i miei collaboratori. Abbiamo elaborato un protocollo per il controllo della qualità.
Martin	Grazie mille. È un'ottima idea. Mi può stampare il documento e inviarlo per fax?
M. De Franchi	Certo. Glielo spedirò domani.
Martin	Benissimo. Lo leggerò in ufficio.
M. De Franchi	Poi ho preparato per Lei un catalogo dei nostri prodotti della prossima collezione ...
Martin	Mmh ... bello questo ... secondo me è molto riuscito anche questo design ... Penso che sarà una bellissima collezione. Che ne pensi, Linda, ti piace?
Linda	Sì, mi piace molto.
Martin	Posso avere il catalogo in forma elettronica?
M. De Franchi	Sì, certo. Avrò bisogno di un po' di tempo per prepararlo. Ma comincerò subito domani e cercherò di mandarLe il file allegato tra una settimana circa.
Martin	D'accordo.

Fragen zum Dialog

Beantworten Sie die Fragen.

1. Che cosa ha preparato Marco De Franchi con i suoi collaboratori?

___

2. Martin dove leggerà il documento?

___

3. A Linda piace il catalogo dei prodotti della prossima collezione?

___

Kommen wir zur Sache!

M. De Franchi	Ich möchte kurz auf das Gespräch anlässlich unseres Termins zurückkommen. Sie haben gesagt, dass Sie mit der Qualität unserer Produkte nicht mehr zufrieden sind.
Martin	So ist es.
M. De Franchi	Nun, ich habe gestern mit meinen Mitarbeitern gesprochen. Wir haben ein Protokoll zur Qualitätskontrolle ausgearbeitet.
Martin	Vielen Dank. Das ist eine prima Idee. Können Sie mir das Dokument ausdrucken und faxen?
M. De Franchi	Natürlich. Ich werde es Ihnen morgen schicken.
Martin	Sehr gut. Ich werde es dann im Büro lesen.
M. De Franchi	Dann habe ich für Sie einen Katalog unserer Produkte der nächsten Kollektion vorbereitet ...
Martin	Mmh ... schön ... meiner Meinung nach ist auch dieses Design sehr gelungen ... Ich denke, das wird eine sehr schöne Kollektion werden. Was meinst du dazu, Linda, gefällt es dir?
Linda	Ja, es gefällt mir sehr.
Martin	Kann ich den Katalog in elektronischer Form haben?
M. De Franchi	Ja, natürlich. Ich werde noch etwas Zeit brauchen, um ihn vorzubereiten. Aber ich werde gleich morgen beginnen und versuchen, Ihnen die angehängte Datei in ungefähr einer Woche zu schicken.
Martin	Einverstanden.

27 Sitzungen und Besprechungen

Lernwortschatz

allegato, -a	*angehängt, im Anhang*
ancora	*noch*
brevemente	*kurz*
catalogo *m*	*Katalog*
cercare	*suchen, (hier:) versuchen*
circa	*ungefähr*
collezione *f*	*Kollektion*
congratulazioni!	*Herzlichen Glückwünsch!*
controllo *m* della qualità	*Qualitätskontrolle*
controllo *m*	*Kontrolle*
discorso *m*	*Gespräch, Unterhaltung*
dunque	*nun, also*
elaborare	*ausarbeiten*
elettronico, -a	*elektronisch*
file *m*	*Datei*
finire	*beenden, abschließen*
forma *f*	*Form*
futuro *m*	*Zukunft*
inviare	*senden*
mandare	*schicken*
prima o poi	*früher oder später*
prodotto *m*	*Produkt*
progetto *m*	*Projekt*
protocollo *m*	*Protokoll*
qualità *f*	*Qualität*
riuscito, -a	*gelungen*
secondo me	*meines Erachtens, meiner Meinung nach*
spedire	*schicken, senden*
stampare *mPl*	*ausdrucken*
Stati Uniti	*Vereinigte Staaten*
ufficio *m*	*Büro*
venire al punto	*zur Sache kommen*

L'ufficio	
agenda *f*	*Terminkalender*
cassetto *m*	*Schublade*
computer *m*	*Computer*
fax *m*	*Faxgerät*
lampada *f* da tavolo	*Tischlampe*
poltrona *f*	*Sessel*
quadro *m*	*Bild, Gemälde*
scrivania *f*	*Schreibtisch*
stampante *f*	*Drucker*
telefono *m*	*Telefon*

Grammatik und Redemittel

Das Futur → § 6.8

	mandare	leggere	spedire	essere
io	mand**erò**	legg**erò**	sped**irò**	**sarò**
tu	mand**erai**	legg**erai**	sped**irai**	**sarai**
lui/lei/Lei	mand**erà**	legg**erà**	sped**irà**	**sarà**
noi	mand**eremo**	legg**eremo**	sped**iremo**	**saremo**
noi	mand**erete**	legg**erete**	sped**irete**	**sarete**
loro	mand**eranno**	legg**eranno**	sped**iranno**	**saranno**

Spedirò il fax domani. *Ich werde das Fax morgen schicken.*
Lo **leggerò** in ufficio. *Ich werde es im Büro lesen.*

! Unregelmäßige Formen:

andare → **andrò**	avere → **avrò**	dovere → **dovrò**	potere → **potrò**
vedere → **vedrò**	sapere → **saprò**	dare → **darò**	dire → **dirò**
fare → **farò**	stare → **starò**	venire → **verrò**	volere → **vorrò**

Verben auf **-ciare**/**-giare**: ohne **-i-**:
Comincerò subito domani. *Ich werde gleich morgen beginnen.*
Verben auf **-care**/**-gare**: eingeschobenes **-h-**:
Cercherò di mandarLe il file la settimana prossima. *Ich werde versuchen, Ihnen die Datei nächste Woche zu schicken.*

Meinung äußern

Secondo me il design è molto riuscito.	*Meiner Ansicht nach ist das Design sehr gelungen.*
Trovo molto bello il design.	*Ich finde das Design sehr schön.*
Che ne pensa?	*Was meinen Sie dazu?*
Sono d'accordo.	*Ich bin einverstanden.*
Ha ragione.	*Sie haben recht.*
Non sono d'accordo.	*Ich bin nicht einverstanden.*
Secondo me non va bene.	*Meines Erachtens geht das so nicht.*

27 Sitzungen und Besprechungen

Übungen

1 Was wird passieren? Ergänzen Sie die passenden Satzteile.

leggerò un bel libro compreremo una casa sul mare andrà a vivere all'estero faranno un viaggio in America Latina

1. Quando sarà vecchio, ____________________
2. Prima o poi Linda e Martin ____________________
3. Quando avremo un po' di soldi, ____________________
4. Quando avrò un po' di tempo, ____________________

2 Lesen Sie den Dialog und übernehmen Sie die Rolle von Manuel.

2/40

Roberto	Ciao, Manuel. Come stai?
Manuel	Oh, ciao, Roberto. Bene, grazie, e tu?
Roberto	Bene. Ho sentito che ti sei laureato. Congratulazioni! E che cosa farai adesso?
Manuel	Andrò negli Stati Uniti. Lavorerò in un ristorante a New York.
Roberto	Ma come? Vuoi fare il cameriere con una laurea in architettura?
Manuel	Senti, qui in Italia non trovo lavoro. Allora è meglio fare il cameriere che il disoccupato, no?
Roberto	Giusto.
Manuel	In più farò un corso d'inglese.
Roberto	Ottimo! Quanto tempo rimarrai in America?
Manuel	Non lo so ancora. Vedremo.

3 Hören Sie das Interview und füllen Sie das Formular aus.

2/41

1. Come si chiama ____________________
2. Dove vive? ____________________
3. Da quanto tempo? ____________________
4. Che lavoro fa? ____________________
5. Quali sono i progetti per il futuro? ____________________

Andiamo a prenderci un caffè!

Kulturtipp i

Wenn eine lange Sitzung endlich fertig ist, wenn Vertragsverhandlungen einen Abschluss gefunden haben, wenn ein Kollege Geburtstag feiert oder eine Kollegin gerade ein neues Auto gekauft hat, heißt es: **andiamo a prenderci un caffè!** *kommt, wir gehen einen Kaffee trinken!* **Il bar** *die Bar* ist für die Italiener mehr als ein Stehcafé. Es ist der Ort, wo man sich mit jemandem verabredet, einen Kaffee trinkt, frühstückt, die Zeitung liest oder einfach die Welt betrachtet. Bevor man bestellt, muss man in vielen Bars (vor allem in der Stadt) an der **cassa** *Kasse* bezahlen und sich mit dem **scontrino** *Kassenzettel* an den **banco** *die Theke* begeben, um zu bestellen. Tipp: erst an der Theke die Auswahl anschauen und sich den Namen des Brötchens merken, dann an der Kasse in die Schlange stellen. Den **scontrino** sollten Sie übrigens bis zum Verlassen der Bar aufbewahren, denn die **Guardia di Finanza** *Finanzpolizei* kann draußen warten und kontrollieren, ob Ihr Essen und Ihre Getränke ordnungsgemäß registriert wurden.

Was können Sie schon?

☺ 😐 ☹

- Über die eigene Arbeits- und Berufssituation sprechen → Ü1 → Ü1
- Eine persönliche Meinung ausdrücken → Ü2 → Ü3
- Sagen, was Sie vorhaben → Ü1 → Ü2

Beruf

28 Zukunftspläne und -wünsche

In dieser Lektion lernen Sie:

- über Zukunftspläne zu sprechen
- zu sagen, was Sie gern tun würden und zu welchem Zweck
- eine höfliche Bitte zu formulieren

Arrivederci

2/42

Linda e Martin tornano a casa. Stefano, Bettina e Livia li accompagnano all'aeroporto.

Linda	Stefano, mi aiuteresti con la valigia?
Stefano	Certo, dammi anche la borsa!
Linda	Grazie. ... Com'è triste partire! Stavo così bene qui! E poi il viaggio a Venezia, il mare, la festa di San Ranieri ... quanti ricordi porterò a Francoforte!
Martin	Vorrei ringraziarvi per tutto e spero di rivedervi presto.
Stefano	È stato un piacere. Che progetti avete per il prossimo futuro?
Martin	A ottobre sarò di nuovo in Italia per la fiera della moda maschile.
Linda	La fiera avrà luogo a Firenze e io potrei prendere una settimana di ferie per accompagnare Martin.
Bettina	Così ci rivedremo!
Linda	Certamente. Mi piacerebbe anche fare un corso di lingua per parlare meglio l'italiano. Ho contattato una scuola a Firenze che offre vacanze studio. Vorrei iscrivermi a un corso l'anno prossimo.
Martin	Mi sembra impossibile imparare la lingua italiana!
Bettina	Macché! Hai già imparato tantissimo in pochi giorni!

Fragen zum Dialog

Kreuzen Sie die richtige Antwort an.

1. Linda è triste perché
   a) deve partire. b) ha perso la valigia. c) deve fare un viaggio a Firenze.
2. Martin tornerà in Italia per
   a) un corso d'italiano. b) le ferie. c) la fiera della moda maschile.
3. Linda potrebbe prendere una settimana di ferie per
   a) un corso d'italiano. b) accompagnare Martin. c) un appuntamento di lavoro.

Auf Wiedersehen

Linda und Martin kehren nach Hause zurück. Stefano, Bettina und Livia begleiten sie wieder zum Flughafen.

Linda: Stefano, würdest du mir bitte mit dem Koffer helfen?
Stefano: Klar, gib mir auch die Tasche!
Linda: Danke. … Wie traurig, abzureisen! Ich war so gern hier! Und dann die Reise nach Venedig, das Meer, das Fest des Heiligen Ranieri … wie viele Erinnerungen werde ich nach Frankfurt mitnehmen!
Martin: Ich möchte mich bei euch für alles bedanken und hoffe, euch bald wiederzusehen.
Stefano: Es war uns ein Vergnügen. Was für Pläne habt ihr für die nächste Zukunft?
Martin: Im Oktober werde ich für die Messe für Männermode wieder in Italien sein.
Linda: Die Messe findet in Florenz statt und ich könnte eine Woche Urlaub nehmen, um Martin zu begleiten.
Bettina: Dann werden wir uns ja wiedersehen!
Linda: Natürlich. Mir würde es auch gefallen, einen Sprachkurs zu machen, um besser Italienisch zu sprechen. Ich habe eine Schule in Florenz kontaktiert, die Sprachferien anbietet. Ich möchte mich nächstes Jahr für einen Kurs einschreiben.
Martin: Mir scheint es unmöglich, die italienische Sprache zu lernen!
Bettina: Ach was! Du hast in wenigen Tagen schon enorm viel gelernt!

28 Zukunftspläne und -wünsche

Lernwortschatz

aver luogo	*stattfinden*	maschile	*männlich*
bicicletta *f*	*Fahrrad*	mi piacerebbe	*ich würde gern*
Cina *f*	*China*	moda *f* maschile	*Männermode*
contattare	*kontaktieren*	piacere *m*	*Vergnügen, Gefallen*
di nuovo	*erneut, wieder*	rivedere	*wiedersehen*
fiera *f*	*Messe*	smettere	*aufhören*
iscriversi	*sich einschreiben*	star bene	*wohl sein, gut gehen*
lingua *f*	*Sprache*	triste	*traurig*

Adjektive verneinen mit Präfixen					
im-	possibile	*möglich*	→	**im**possibile	*unmöglich*
in-	visibile	*sichtbar*	→	**in**visibile	*unsichtbar*
il-	leggibile	*leserlich*	→	**il**leggibile	*unleserlich*
dis-	ordinato	*ordentlich*	→	**dis**ordinato	*unordentlich*
s-	contento	*zufrieden*	→	**s**contento	*unzufrieden*
ir-	responsabile	*verantwortlich*	→	**ir**responsabile	*unverantwortlich*

Grammatik und Redemittel

Der Konditional → § 6.9

Der Konditional dient zur Formulierung
einer höflichen Bitte:
Mi **aiuteresti** con la valigia? *Würdest du mir bitte mit dem Koffer helfen?*
einer Hypothese:
Potrei prendere una settimana di ferie. *Ich könnte eine Woche Urlaub nehmen.*
eines Wunsches:
Mi **piacerebbe** tornare in Italia. *Ich würde gern wieder nach Italien kommen.*

Da Sie das Futur kennen, wird Ihnen der Konditional leicht fallen. Er bildet sich analog aus dem Infinitiv.

	aiutare	**leggere**	**dormire**	**essere**
io	aiut**erei**	legg**erei**	dorm**irei**	**sarei**
tu	aiut**eresti**	legg**eresti**	dorm**iresti**	**saresti**
lui/lei/Lei	aiut**erebbe**	legg**erebbe**	dorm**irebbe**	**sarebbe**
noi	aiut**eremmo**	legg**eremmo**	dorm**iremmo**	**saremmo**
voi	aiut**ereste**	legg**ereste**	dorm**ireste**	**sareste**
loro	aiut**erebbero**	legg**erebbero**	dorm**irebbero**	**sarebbero**

! Unregelmäßige Formen:

andare → **andrei**	avere → **avrei**	dovere → **dovrei**	potere → **potrei**
vedere → **vedrei**	sapere → **saprei**	dare → **darei**	dire → **direi**
fare → **farei**	stare → **starei**	venire → **verrei**	volere → **vorrei**

Beruf

Der Finalsatz

Um einen Zweck oder ein Ziel auszudrücken, benutzt man **per** + Infinitiv.
Mi piacerebbe fare un corso di lingua **per parlare** meglio l'italiano.
Ich möchte gern einen Sprachkurs besuchen, um besser Italienisch zu sprechen.

Potrei prendere una settimana di ferie **per accompagnare** Martin.
Ich könnte eine Woche Urlaub nehmen, um Martin zu begleiten.

28 Zukunftspläne und -wünsche

Übungen

1 Hören Sie den Dialog und kreuzen Sie an.

2/43

	vero	falso
1. Rita ha trovato un nuovo lavoro.	☐	☐
2. Anche Francesca ha trovato un nuovo lavoro.	☐	☐
3. Francesca andrà a Shanghai.	☐	☐
4. Rita andrà ad Amburgo.	☐	☐
5. Rita comincerà a lavorare la settimana prossima.	☐	☐

2 Ein Lottogewinn? Was würden die Personen damit machen? Schreiben Sie Sätze im Konditional.

1. Gianni – smettere di lavorare ________________
2. io – scrivere un giallo ________________
3. Martin e Linda – comprare una casa ________________
4. tu – fare un lungo viaggio ________________
5. Martin e Linda – andare a vivere alle Hawaii ________________

3 Formulieren Sie höfliche Wünsche oder Hypothesen mit den vorgegebenen Elementen. Hören und kontrollieren Sie dann.

2/44

1. (io) piacere – tornare – in Italia – .
   Mi piacerebbe tornare in Italia.
2. (noi) ora – mangiare – volentieri – un gelato – .
   ____
3. Luigi, – potere – chiudere – la porta – per favore – ?
   ____
4. Rita e Manuel – lavorare – volentieri – all'estero - .
   ____
5. (Lei) – mi – potere – dare – il suo numero di telefono – ?
   ____
6. (io) mi – piacere – attraversare – l'Italia – in bicicletta – .
   ____

Vespa, Ape & Co.

Kulturtipp i

Erinnern Sie sich an den Film *Roman Holiday* mit Gregory Peck und Audrey Hepburn, und kennen Sie vielleicht auch den italienischen Film *Caro Diario* mit Nanni Moretti? Was verbindet die beiden Filme? Eine Fahrt durch Rom auf der **Vespa**. Die motorisierte *Wespe* war perfekt auf die Bedürfnisse im Nachkriegsitalien zugeschnitten: ein sparsames Transportmittel, dem auch schadhafte Straßen nichts anhaben konnten. Mit der **Vespa** schuf die Firma Piaggio einen italienischen **Mythos**, der sich seit den Fünfziger auch nördlich der Alpen durchsetzte. Die moderne Variante der Vespa, der **scooter** *Motorroller*, ist noch heute das ideale Fortbewegungsmittel in Italien: Er ist kostengünstig, kann ohne Führerschein gefahren werden, lässt sich auf dem Bürgersteig parken, und man schlängelt sich im größten Verkehrschaos elegant an den stehenden Autokolonnen vorbei.
Erinnern Sie sich an den italienischen Filmklassiker *La Strada* von Fellini? Dann kennen Sie auch die größere Schwester der motorisierten Wespe: die **Ape** *Biene*, ein Dreiradtransporter, der den Italienern vor allem auf dem Land bis heute gute Dienste leistet.

Was können Sie schon?

	☺	😐	☹	
Zukunftspläne verstehen				→ **Ü1**
Eigene Wünsche und Pläne formulieren				→ **Ü2** → **Ü3**
Höfliche Bitten formulieren				→ **Ü3**

Beruf

29 Rückblick und Ausblick

In dieser Lektion lernen Sie:

- eine Begebenheit in der Zeitenfolge gestern – heute – morgen darzustellen
- über das Wetter zu sprechen
- Notwendigkeiten auszudrücken

Cari saluti

2/45

A: bettina@yahoo.it

Oggetto: cari saluti

Carissimi,
come state? Martin ed io siamo rientrati al lavoro. Disfacendo le valigie ho trovato della sabbia nei costumi da bagno! Annusavo i costumi da bagno e sentivo il profumo della crema solare. Che bei ricordi della spiaggia di Marina di Pisa! Soffriamo già di nostalgia dell'Italia. Ieri sera abbiamo scelto le foto che metteremo su Facebook, così potrete vederle anche voi.
Per combattere la nostalgia ci voleva un piatto tipicamente italiano: spaghetti con le cozze. Ma Martin non ne voleva sapere e diceva: "Io, una cosa che si chiama 'cozze', non la mangio!" Che ignorante!
Nel frattempo mi sono iscritta alla scuola d'italiano a Firenze e l'anno prossimo ci farò una vacanza studio. E la mattina, quando arrivo in ufficio, accendo subito il computer, digito www.ilmeteo.it nel browser e guardo che tempo fa a Pisa. Oggi dava un tempo splendido: sole e qualche nuvola per i prossimi giorni. Qui a Francoforte invece fa brutto, piove e grandina da ieri. Ringrazio anche Livia per il link della webcam a Pisa che mi ha inviato. Ogni tanto ci do un'occhiata e sogno di esserci.
Un caro saluto,
Linda

Fragen zum Dialog

Kreuzen Sie an.

	vero	falso
1. Linda ha trovato sabbia nei costumi da bagno.	☐	☐
2. Linda ha perso la crema solare sulla spiaggia.	☐	☐
3. Martin e Linda mettono le loro foto su Facebook.	☐	☐
4. Linda guarda sul computer il meteo di Pisa.	☐	☐
5. A Francoforte fa un tempo splendido.	☐	☐

Liebe Grüße

An: bettina@yahoo.it

Betreff: Liebe Gruße

Meine Lieben,
wie geht es euch? Martin und ich sind wieder bei der Arbeit (zur Arbeit zurückgekehrt). Beim Auspacken der Koffer habe ich Sand in den Badeanzügen gefunden! Ich schnupperte an den Badeanzügen und roch den Geruch der Sonnencreme. Welch schöne Erinnerungen an den Strand von Marina di Pisa! Wir haben (leiden an) jetzt schon Heimweh nach Italien. Gestern Abend haben wir die Fotos ausgesucht, die wir auf Facebook stellen werden, so könnt ihr sie auch ansehen.
Um die Nostalgie zu bekämpfen, war ein typisch italienisches Gericht angesagt: Spaghetti con le cozze. Aber Martin wollte nichts davon wissen und sagte: „Etwas, das sich *Kotze* nennt, esse ich nicht!" So ein Banause!
In der Zwischenzeit habe ich mich an der Italienischschule in Florenz eingeschrieben und werde nächstes Jahr dort einen Ferienkurs besuchen.
Und morgens, wenn ich ins Büro komme, schalte ich sofort den Computer an, tippe www.ilmeteo.it in den Browser und schaue, was für Wetter in Pisa ist. Heute war strahlendes Wetter angesagt: Sonne und ein paar Wolken für die nächsten Tage. Hier in Frankfurt dagegen ist schlechtes Wetter, es regnet und hagelt seit gestern. Ich danke auch Livia für den Link zur Webcam in Pisa, den sie mir geschickt hat. Ab und zu werfe ich einen Blick hinein und träume davon, dort zu sein.
Liebe Grüße,
Linda

29 Rückblick und Ausblick

Lernwortschatz

accendere	*einschalten, anzünden*
afa *f*	*Schwüle*
annusare	*riechen (an), beschnuppern*
brutto, -a	*schlecht, hässlich*
cielo *m*	*Himmel*
combattere	*bekämpfen*
cozza *f*	*Miesmuschel*
cuocere	*kochen, backen*
dare un'occhiata	*einen Blick auf etwas werfen*
digitare	*eintippen, eingeben*
disfare	*ausräumen, abdecken*
fare attenzione	*aufpassen*
grado *m*	*Grad*
grandinare	*hageln*
ignorante *m*	*Ignorant, Banause*
lavare	*waschen*
meteo *m*	*Wettervorhersage*
nel frattempo	*inzwischen, währenddessen*
nevicare	*schneien*
nostalgia *f*	*Heimweh, Nostalgie*
occorre	*man braucht*
olio *m*	*Öl*
pentola *f*	*Topf*
piovere	*regnen*
previsione *f*	*Vorhersage*
profumo *m*	*Geruch, Parfüm*
proporre	*vorschlagen*
rientrare	*zurückkehren*
scaldare	*erwärmen*
sentire	*riechen, fühlen*
soffrire di	*leiden an*
sognare	*träumen*
splendido, -a	*strahlend, wunderbar*
terribile	*schrecklich*
tipico, -a	*typisch*
vino *m* bianco	*Weißwein*

Il tempo	
sole *m*	*Sonne*
pioggia *f*	*Regen*
temporale *m*	*Gewitter*
grandine *f*	*Hagel*
neve *f*	*Schnee*
nebbia *f*	*Nebel*
vento *m*	*Wind*
nuvola *f*	*Wolke*
sereno, -a	*heiter*
nuvoloso, -a	*wolkig*
nebbioso, -a	*neblig*
ventoso, -a	*windig*
variabile	*wechselhaft*

Grammatik und Redemittel

Stellung des Adjektivs → § 3.3

Adjektive können vor oder nach dem Substantiv stehen. Häufig vorkommende (und subjektive) Adjektive wie **bello**, **buono**, **grande**, **piccolo**, **vecchio**, **giovane**, **bravo** stehen oft vor dem Substantiv.

Che **bei** ricordi! *Was für schöne Erinnerungen*!

Faktische (nicht subjektive) und mehrsilbige Adjektive stehen hinter dem Substantiv:
un piatto **italiano** *ein italienisches Gericht*
un tempo **splendido** *ein strahlendes Wetter*

Das Pronominaladverb *ci* → § 5.5

Ci ersetzt eine Ortsangabe und kann mit *dort/dorthin* übersetzt werden.
[A Firenze] **Ci** farò un corso. *Dort werde ich einen Kurs besuchen.*
[A Pisa] Sogno di esser**ci**. *Ich träume davon, dort zu sein.*

Eine Notwendigkeit ausdrücken

ci vuole / ci vogliono
Ci voleva un piatto italiano. *Wir brauchten ein italienisches Gericht.*
occorre / occorrono
Occorre vino bianco per ... *Man braucht Weißwein, um ...*
bisogna / si deve
Oggi bisogna essere flessibili. *Heutzutage muss man flexibel sein.*

Beruf

Über das Wetter sprechen

C'è bel tempo. / Fa bello.	*Es ist schönes Wetter. / Es ist schön.*
Il cielo è grigio, il tempo cambia.	*Der Himmel ist grau, das Wetter schlägt um.*
Piove e grandina.	*Es regnet und hagelt.*
In Germania nevica.	*In Deutschland schneit es.*
Ci sono tre gradi sotto zero.	*Es sind 3 Grad unter Null.*
C'è un temporale.	*Es gewittert. / Es gibt ein Gewitter.*

Übungen

1 Ergänzen Sie das Verb in der richtigen Form.

1. Un anno fa (noi) ____________ (essere in ferie) a Pisa.
2. Ciao Martin, (noi) ____________(vedersi) domani!
3. Oggi ____________ (fare) bel tempo.
4. Ieri sera (Linda) ____________ (leggere) un libro.
5. Quando (Stefano) ____________ (essere) un bambino, aveva i capelli neri.

2 Ergänzen Sie das Rezept für Spaghetti alle cozze mit *bisogna / si deve* oder *ci vuole / occorre* in der richtigen Form.

1. ____________ un chilo di spaghetti e un chilo di cozze fresche.
2. ____________ cuocere gli spaghetti.
3. Nel frattempo ____________ lavare le cozze e scaldarle in una pentola con i pomodori.
4. Dopo ____________ il vino bianco che si aggiunge alle cozze.
5. Infine ____________ condire gli spaghetti con il sugo.

3 Hören Sie die Wettervorhersage und kreuzen Sie die richtige Antwort an.

2/46

1. Che tempo faceva ieri?
   a) caldo b) temporali c) nebbia
2. Che tempo fa oggi in Sicilia?
   a) molto caldo b) pioggia c) grandine
3. Che tempo farà domani in Toscana?
   a) pioggia b) forte vento c) nebbia
4. Che tempo farà domani in Sicilia?
   a) pioggia b) molto caldo c) forte vento

Auguri!

Kulturtipp i

Auguri sind gute *Wünsche*. Wenn Sie jemandem Gute Besserung wünschen, sagen Sie: **Auguri**! Aber sagen Sie nie **Auguri,** wenn jemand vor einer Prüfung steht, denn das soll Unglück bringen. Einem Prüfungskandidaten wünscht man: **In bocca al lupo!** Es bedeutet *In den Rachen des Wolfs*!, auf Deutsch *Hals- und Beinbruch*. Die Antwort darauf ist: **Crepi!** *Dass er krepiere!* Dann kreuzen Sie Zeige- und Mittelfinger (**incrociare le dita**), das entspricht dem deutschen Daumendrücken.
Das Hufeisen ist auch in Italien ein **portafortuna** *Glücksbringer.* Und dementsprechend sagen die Italiener: **Tocca ferro!** *Berühre Eisen!*, wo die Deutschen *auf Holz klopfen*. Als Schutzvorkehrung gegen den gefürchteten **malocchio** *bösen Blick* sind **cornetti** (hornförmige Anhänger) sehr beliebt. **Il corno** *das Horn* war ursprünglich ein Symbol für Potenz und Fruchtbarkeit. Männer, die gerade kein **corno** zur Hand haben, stellen das Gehörn symbolisch dar, indem sie den Zeigefinger und den kleinen Finger der Hand abspreizen und damit (meist nicht sehr dezent) die eigenen Weichteile berühren.

Was können Sie schon?

	☺	😐	☹	
Anweisungen geben, die zur Zubereitung eines italienischen Gerichts notwenig sind				→ Ü2
Wettervorhersagen verstehen				→ Ü3
Zeitenfolgen beschreiben				→ Ü1

Beruf

30 Wiederholen und üben Sie

Hier wiederholen Sie:

- einen Termin für ein Vorstellungsgespräch zu vereinbaren
- Berufsbezeichnungen
- Vergangenes und Zukünftiges auszudrücken
- über Arbeit und Beruf zu sprechen
- meteorologische Verhältnisse zu verstehen
- zu buchstabieren
- die Aussprache des Italienischen
- SMS zu lesen
- zu sagen, was Sie im Moment tun

2/47

1 *Qu* wird im Italienischen *k + u* ausgesprochen. Hören Sie die Sätze und sprechen Sie sie nach.

1. **Quanti** anni hai?
2. Giulio è un bambino **tranquillo**.
3. Silvia ha **quarantaquattro** anni.
4. Ci vediamo domani alle **cinque**!
5. Stefano ha comprato un **quadro** di Picasso.

2 Setzen Sie das Verb in der richtigen Form ein.

1. La settimana prossima (noi) ____________________ (fare) un viaggio a Roma.
2. Dimmi, (tu) mi ____________________ (amare) per sempre?
3. Ciao, (noi) ____________________ (sentirsi) domani!
4. Un giorno (tu) lo ____________________ (capire).
5. Fra un mese, Stefano ____________________ (prendere) una settimana di ferie.

3 Lesen Sie den Dialog und übernehmen Sie die Rolle von Angela.

2/48

Donna	Pronto! Boutique "Trendy Girl", buongiorno.
Angela	Buongiorno. Mi chiamo Angela Bianchi. Ho letto sul giornale che cercate personale e vorrei prendere un appuntamento con la direttrice.
Donna	Sono io. Quindi, Lei è interessata al posto di lavoro come commessa.
Angela	Sì, mi piacerebbe molto lavorare in una boutique.
Donna	Ha già lavorato in un negozio?
Angela	Sì, ho lavorato un anno in un negozio di scarpe a Firenze.
Donna	Ah sì? E prima, che cosa ha fatto?
Angela	Ho fato il diploma di maturità. Poi ho lavorato per due anni come cameriera in un ristorante.
Donna	Parla inglese o un'altra lingua?
Angela	Parlo bene l'inglese e un po' di tedesco.
Donna	Benissimo. Potremmo prendere un appuntamento venerdì prossimo, alle dieci. Le va bene?
Angela	Mi va benissimo. Direttamente da Lei nel negozio?
Donna	Sì, certo.
Angela	La ringrazio e arrivederci.
Donna	Arrivederci.

4 Welcher Beruf ist das? Ergänzen Sie.

1. Lava e taglia i capelli: *parrucchiere*
2. Canta canzoni: ____________
3. Scrive lettere e e-mail, prende appuntamenti, risponde al telefono: ____________
4. Disegna e progetta case: ____________
5. Scrive sul giornale: ____________
6. Vende prodotti in un negozio: ____________
7. Cura i denti: ____________

30 Wiederholen und üben Sie

5 Im Palazzo ist ein Mord geschehen. Commissario Turbo untersucht den Fall und befragt die Bewohner. Hören Sie die Aussagen und kreuzen Sie an.

2/49

	vero	falso
1. Il signor Croce dice che lavorava nell'ufficio.	☐	☐
2. La signora Cavallini preparava la cena.	☐	☐
3. Il signor Princi ha letto un libro.	☐	☐
4. La signora Princi è uscita.	☐	☐
5. La signora Princi ha visto il signor Croce e la signora Cavallini.	☐	☐

6 Sehen Sie sich die Tabelle an und beantworten Sie die Fragen.

Temperature in Italia: 27 ottobre	Min.	Max.
Aosta	5	15
Bologna	12	16
Bolzano	10	17
Cagliari	12	24
Catania	16	25
Firenze	14	20
Genova	16	20
Messina	11	19
Milano	13	17
Napoli	16	22
Palermo	19	23
Pisa	15	21
Reggio Calabria	16	25
Venezia	12	17

1. Quale è stata la temperatura più bassa il 27 ottobre? ____________________
2. In quale città faceva più freddo il 27 ottobre? ____________________
3. Quale è stata la temperatura più alta il 27 ottobre? ____________________
4. La temperatura massima è stata più alta a Genova o a Venezia? ____________________
5. Quanti gradi di differenza ci sono stati tra la temperatura massima a Palermo e Messina? ____________________

Wiederholen und üben Sie

2/50

7 Hören Sie die buchstabierten Nachnamen und schreiben Sie sie auf.

1. ______
2. ______
3. ______
4. ______

8 Ergänzen Sie die weiblichen Berufsbezeichnungen.

1. scrittore – ______
2. cameriere – ______
3. avvocato – ______
4. cantante – ______
5. cuoco – ______

2/51

9 Beantworten Sie die Frage unter Verwendung der vorgegebenen Elemente. Hören Sie zur Kontrolle.

1. Cosa stai facendo?	*fare / colazione*
2. Cosa sta facendo Stefano?	*leggere / il giornale*
3. Cosa stanno facendo Ettore e Annarella?	*mangiare / un gelato*
4. Cosa sta facendo Livia?	*suonare / il pianoforte*
5. Cosa state facendo?	*preparare / cena*

10 Bilden Sie Adverbien aus den Adjektiven.

1. sereno ______	6. libero ______
2. gentile ______	7. comodo ______
3. chiaro ______	8. dolce ______
4. diretto ______	9. intenso ______
5. buono ______	10. sicuro ______

11 Übernehmen Sie im Dialog die Rolle von Angela und antworten Sie mithilfe der vorgegebenen Elemente.

2/52

Bettina	Ciao, Angela. Come stai?
Angela	[ciao – stare bene – grazie]
Bettina	Che cosa stai facendo?
Angela	[cercare – lavoro – aver bisogno – soldi]
Bettina	Che tipo di lavoro cerchi?
Angela	[lavoro part-time – volere continuare – studiare all'università]
Bettina	Che cosa sai fare?
Angela	[sapere usare il computer – sapere cucinare – comunicare con le persone]
Bettina	Quali lingue conosci?
Angela	[diploma di inglese – sapere bene tedesco]
Bettina	Allora potresti lavorare in una gelateria. Ho visto oggi sul giornale che una gelateria sta cercando personale. Aspetta che guardo …
Angela	[grazie – (mi) piacere – lavorare in gelateria]
Bettina	Eccolo! Guarda, la gelateria "Polo Nord" sta cercando personale.
Angela	[benissimo – telefonare – subito]

12 Ergänzen Sie.

maturità   formazione   imparare
laureato   soggiorno all'estero   lavorare

Anita ha fatto una ____________ (1.) come cuoca, e poi è andata a ____________ (2.) in Canada. Manuel si è ____________ (3.) in architettura. Dopo la ____________ (4.), Annalisa ha fatto un ____________ (5.); è andata negli Stati Uniti per ____________ (6.) meglio l'inglese.

13 Doppelkonsonanten werden im Italienischen als intensive, deutlich längere Konsonanten ausgesprochen. Hören und notieren Sie folgende Wörter.

2/53

1. ______________________
2. ______________________
3. ______________________
4. ______________________
5. ______________________
6. ______________________
7. ______________________
8. ______________________
9. ______________________
10. ______________________

14 Was steht in den drei italienischen SMS? Schreiben Sie.

1. Ciao, dv 6?
2. arr + o – fra 2h
3. xké non risp?

1. ______________________
____
____
____

2. ______________________
____
____
____

3. ______________________
____
____
____

Mir bleibt an dieser Stelle nur noch zu sagen: **Complimenti!** *Ich gratuliere!* Sie haben es geschafft, in 30 Tagen Italienisch zu lernen. **Congratulazioni!** *Herzlichen Glückwunsch!*

Abschlusstest

1 *Chi è?* Ordnen Sie die Bilder der Beschreibung zu.

a) Era il primo italiano in America.
b) Era un famoso cantante.
c) È un comodissimo mezzo di trasporto.
d) È una bellissima attrice.
e) Ha scritto il famoso libro *La Divina Commedia*.
__/6 f) Era un genio universale.

2 Welche Form ist richtig? Kreuzen Sie an.

	1. Dove abitano i tuoi	☐ genitore	☐ genitori?
	2. Tre volte alla settimana Linda va al	☐ corso	☐ corsi d'italiano.
	3. Ettore ha due	☐ fratelli	☐ fratello.
	4. A Venezia abbiamo visitato molte	☐ chiesa	☐ chiese.
__/5	5. Per la festa di Rita comprerò tre	☐ bottiglie	☐ bottiglia di vino rosso.

3 Sie haben Passanten auf der Straße nach der Uhrzeit gefragt. Hören Sie, was Ihnen geantwortet wird.

2/54

1. a) ☐ 10.30 b) ☐ 10.15 c) ☐ 11.15
2. a) ☐ 0.30 b) ☐ 12.00 c) ☐ 12.30
3. a) ☐ 16.00 b) ☐ 16.15 c) ☐ 15.50
4. a) ☐ 9.00 b) ☐ 5.00 c) ☐ 9.05

__/4

4 *Che tempo fa?* Beschreiben Sie das Wetter auf den Zeichnungen.

1. __________ 2. __________ 3. __________

__/3

5 Hören Sie die Telefonnummern und bringen Sie sie in die richtige Reihenfolge.

2/55

☐ 050 45 38 90 ☐ 0039 340 54 20 49 ☐ 0049 171 40 39 17
☐ 02 30 41 28 15 ☐ 06 30 11 39 25 ☐ 0039 347 37 21 30

__/6

6 Vervollständigen Sie den Dialog, indem Sie die richtige Antwort ankreuzen.

- Senti, hai voglia di uscire con me sabato sera?

▲ ☐ Sì, volentieri. ☐ Sì, mi piaceva.

- Potremmo andare al Borderline.

▲ ☐ Sì, c'è sole? ☐ Sì, c'è un concerto?

- Ci suonerà un gruppo jazz.

▲ ☐ Allora, andiamoci! ☐ Allora, io prendo un caffè!

__/3

7 Hören Sie den Dialog und beantworten Sie die Fragen. Kreuzen Sie an.

2/56

	vero	falso
1. Rita ordina un tè.	☐	☐
2. Francesca prende un succo di frutta.	☐	☐
3. Rita ordina un panino.	☐	☐
4. Anche Francesca ha fame.	☐	☐

__/4

Abschlusstest

8 Schauen Sie sich die Personen an und schreiben Sie, was sie gerade tun.

telefonare   camminare   mangiare   parlare   leggere   parcheggiare

1. La bambina *sta mangiando* un gelato.
2. La signora con il cappello __________ .
3. I due ragazzi __________ .
4. Il gatto __________ dietro all'uomo.
5. L'uomo in bici __________ .
6. La signora sulla poltrona __________ un libro.

__/5

9 *Il giorno più bello della vita!* Hören Sie den Dialog und kreuzen Sie die richtige Antwort an.

2/57

1. Il giorno più bello per Roberto è stato quando …
   a) si è trasferito a Pisa. b) ha trovato lavoro. c) si è laureato.
2. Che cosa ha studiato Roberto?
   a) medicina b) architettura c) ingegneria
3. Dove ha studiato Roberto?
   a) Firenze b) Pisa c) Roma
4. Come si sentiva Roberto il giorno della sua laurea?
   a) era triste b) era stanco c) era contento

__/4

10 Ein Domino-Spiel mit Verbformen: Finden Sie die richtigen Paare.

1. io	a) parlava	2. loro	b) dormirò	3. noi	c) mangiavate
4. lui	d) vivono	5. tu	e) studieremo	6. voi	f) leggeresti

1. b 2. ☐ 3. ☐ 4. ☐ 5. ☐ 6. ☐

__/5

11 Scheiben Sie eine E-Mail an die Sprachschule „Progetto Lingua".

Gentili signori,

ho visto sul vostro sito Internet che offrite dei corsi di lingua.

1. Io – chiamarsi – Anna Huber
   ____
2. volere imparare – meglio – la lingua italiana
   ____
3. essere interessato/a – a frequentare – un corso
   ____
4. volere chiedere – alcune informazioni:
   ____
5. costare – un corso?
   ____
6. iniziare – il prossimo corso?
   ____
7. salutare
   ____

__/7

Abschlusstest

12 Berufe: Hören Sie und ordnen Sie die Berufe den Dialogen zu.

2/58

- ☐ parrucchiere
- ☐ insegnante
- ☐ medico
- ☐ fornaio
- ☐ segretaria
- ☐ camionista

___/6

13 Lesen Sie den Text und kreuzen Sie die richtige Antwort an.

Linda e Martin vanno in un bel ristorante direttamente sul mare. Il cameriere gli porta il menù e consiglia un primo piatto di pesce: spaghetti con le cozze. Ma a Martin non piacciono i frutti di mare. Il cameriere gli consiglia allora un risotto ai funghi. Questa proposta piace molto a Martin. Linda invece vorrebbe mangiare dei frutti di mare. Da bere prendono un vino bianco e acqua minerale. Martin preferisce l'acqua gassata, a Linda invece piace di più l'acqua minerale naturale. Come dessert il cameriere gli porta un gelato al limone con vodka. Dopo il caffè chiedono il conto. Infine Linda e Martin escono dal ristorante e fanno una passeggiata lungo il mare.

1. Dove mangiano Linda e Martin?
   a) sul mare b) in città c) in montagna
2. Che cosa ordina Martin?
   a) un risotto ai funghi b) un risotto ai frutti di mare c) spaghetti con le cozze
3. A chi piacciono i frutti di mare?
   a) a Martin b) a Linda c) al cameriere
4. Chi preferisce l'acqua minerale naturale?
   a) Martin b) Linda c) cameriere
5. Che cosa mangiano come dessert?
   a) un gelato al limone b) un bottiglia di vodka c) un gelato al caffè
6. Cosa fanno Linda e Martin dopo aver pagato?
   a) bevono un caffè b) fanno una passeggiata c) vanno

___/6

14 Ersetzen Sie das unterstrichene Akkusativobjekt durch ein Pronomen und ergänzen Sie die richtige Partizip-Endung.

1. Ho mangiato la banana. *L'ho* mangiat*a*.
2. Ho preso l'aereo. ________ pres_ .
3. Ho bevuto una bottiglia di vodka. ________ bevut_ .
4. Ho preparato gli spaghetti. ________ preparat_ .
5. Ho visto il film "Indiana Jones". ________ vist_ .
6. Ho sentito la notizia. ________ sentit_ .
7. Ho letto i gialli di Agatha Christie. ________ lett_ .

__/6

15 Hören Sie das Interview von Radio Torre mit der Polin Danuta Iskra. Kreuzen Sie die richtige Antwort an.

2/59

1. Quando è arrivata in Italia la signora Danuta Iskra?
   a) nel 2000 b) nel 1990 c) nel 2005
2. Perché è venuta in Italia?
   a) per trovare i figli b) per un viaggio c) per lavorare
3. Che lavoro fa?
   a) operatore turistico b) collaboratrice domestica c) impiegata
4. Come è stata all'inizio la sua vita in Italia?
   a) interessante b) divertente c) difficile
5. Quanti figli ha la signora Danuta?
   a) cinque b) quattro c) tre
6. Dove abita il figlio più piccolo?
   a) in Italia b) in Polonia c) in Germania

__/6

__/76

Grammatische Fachausdrücke

Fachausdruck	Deutsche Bezeichnung	Beispiel
Adjektiv	Eigenschaftswort	una **bella** casa
Adverb	Umstandswort	Ho lavorato **bene**.
bestimmter Artikel	bestimmtes Geschlechtswort	**il** mare, **la** spiaggia
Demonstrativpronomen	hinweisendes Fürwort	**questa** casa, **quel** bar
direktes Personalpronomen	persönliches Fürwort für die Satzergänzung	**Lo** mangio.
Femininum	weibliche Form	**la** cas**a**
Futur	einfache Zukunft	Domani **andrò** al mercato.
Genus	Geschlecht	s. *Maskulinum* oder *Femininum*
Gerund	Verlaufsform	Rita **sta leggendo** un libro.
Grundzahl		**uno**, **due**, **tre** usw.
Hilfsverb		**essere**, **avere**
Imperativ	Befehlsform	**Guarda!**
Imperfekt	Vergangenheit	**Mangiavo** un gelato.
Indefinitadjektiv	unbestimmter Begleiter	**ogni**, **alcuno**
Indefinitpronomen	unbestimmtes Fürwort	**qualcuno**, **qualcosa**
Indikativ	Wirklichkeitsform	**Guardo** il mare.
indirektes Personalpronomen	persönliches Fürwort für die Satzergänzung	**Gli** porta un gelato.
Infinitiv	Grundform des Tätigkeitsworts	lavor**are**, dorm**ire**
Komparativ	Vergleichsform (1. Steigerungsstufe)	**più** bello **di**
Konditional	Bedingungsform	**Vorrei** dormire.
Konjunktion	Bindewort	**e**, **ma**, **o** usw.
Konsonant	Mitlaut	**b**, **c**, **d**, **f** usw.
Maskulinum	männliche Form	**il** marit**o**

Grammatische Fachausdrücke

Fachausdruck	Deutsche Bezeichnung	Beispiel
Ordnungszahlen		**primo**, **secondo** usw.
Partizip Perfekt	Mittelwort der Vergangenheit	parl**ato**, bev**uto**
Perfekt		**ho lavorato**, **sono andata**
Personalpronomen	persönliches Fürwort	**io**, **tu**, **noi** usw.
Plural	Mehrzahl	**i** gelat**i**, **le** cas**e**
Possessivpronomen	besitzanzeigendes Fürwort	**mio** marito
Präposition	Verhältniswort	**con** un libro, **a** Pisa
Präsens	Gegenwart	**Ho** fame.
Pronominaladverb	Fürwort	**ne** und **ci**
reflexives Verb	rückbezügliches Tätigkeitswort	**alzarsi**
Relativpronomen	bezügliches Fürwort	il gatto **che** dorme
Singular	Einzahl	**un** bambino, **la** donna
Subjekt	Satzgegenstand	**Livia** è al mare.
Substantiv	Hauptwort	la **casa**
Superlativ	Vergleichsform (2. Steigerungsstufe)	**il più** grande, **grandissimo**
Teilungsartikel		Vorrei **del** pane, **della** frutta.
unbestimmter Artikel	unbestimmtes Geschlechtswort	**un** albergo, **una** camera
unbetontes Personalpronomen	unbetontes persönliches Fürwort	**mi**, **ti** usw.
Verb	Tätigkeitswort	**mangiare**, **bere**
Vokal	Selbstlaut	**a**, **e**, **i**, **o**, **u**
Verneinung		**Non** posso venire.

Kurzgrammatik

§ 1 Der Artikel

§ 1.1 Der bestimmte Artikel → L4

Der bestimmte Artikel bildet sich anhand des grammatischen Geschlechts Maskulinum oder Femininum des folgenden Worts unter Berücksichtigung des Anlauts. Der bestimmte Artikel verweist im Allgemeinen auf etwas Bekanntes oder bereits Genanntes.

	Singular	Plural	
Maskulinum	il **vino** *der Wein*	i **vini** *die Weine*	
	l'**ospite** *der Gast*	gli **ospiti** *die Gäste*	vor Vokal
	lo **zaino** *der Rucksack*	gli **zaini** *die Rucksäcke*	vor **s** + Konsonant, vor **gn**, **ps**, **z**
Femininum	la **birra** *das Bier*	le **birre** *die Biere*	
	l'ora *die Stunde*	le **ore** *die Stunden*	vor Vokal

§ 1.2 Der unbestimmte Artikel → L4

Der unbestimmte Artikel verweist auf etwas nicht näher Bestimmtes oder noch nicht Genanntes. Er hat wie im Deutschen keine Pluralform. In bestimmten Situationen wird der Teilungsartikel (→ § 1.3) verwendet.

	Singular	
Maskulinum	**un** vino *ein Wein*	
	un ospite *ein Gast*	vor Vokal
	uno zucchero *ein Zucker*	vor **s** + Konsonant, vor **gn**, **ps**, **z**
Femininum	**una** birra *ein Bier*	
	un'ora *eine Stunde*	vor Vokal

§ 1.3 Der Teilungsartikel → L7

Der Teilungsartikel wird aus **di** + **dem bestimmten Artikel** gebildet (→ § 1.1). Er bezeichnet eine unbestimmte Menge und hat in den meisten Fällen keine deutsche Entsprechung.

+	il	l'	lo	la	i	gli	le
di	del	dell'	dello	della	dei	degli	delle

C'è del latte? *Ist (etwas) Milch da?*

Ho comprato dei pomodori. *Ich habe (etwas) Tomaten gekauft.*

§ 1.4 Der bestimmte Artikel mit Präpositionen → L18

Analog zum Teilungsartikel (→ § 1.3) verbinden sich außer **di** auch die Präposition **a**, **da**, **in** und **su** mit dem bestimmtem Artikel zu einem Wort.

+	il	lo	l'	la	i	gli	le
a	al	allo	all'	alla	ai	agli	alle
da	dal	dallo	dall'	dalla	dai	dagli	dalle
in	nel	nello	nell'	nella	nei	negli	nelle
su	sul	sullo	sull'	sulla	sui	sugli	sulle

! Das Italienische unterscheidet nicht zwischen Akkusativ (wohin) und Dativ (wo):
Rita entra nella casa. *Rita tritt ins Haus.*
Rita è nella casa. *Rita ist im Haus.*

§ 2 Das Substantiv

§ 2.1 Genus im Singular und Plural → L2

Im Italienischen gibt es nur zwei grammatische Geschlechter (Genera): Maskulinum und Femininum.

	Singular	Plural
Femininum	cas**a** *Haus*	cas**e** *Häuser*
Maskulinum	viagg**io** *Reise*	viagg**i** *Reisen*

Substantive auf **-e** können maskulin oder feminin sein und erhalten im Plural die Endung **-i**.

	Singular	Plural
Maskulinum	mar**e** *Meer*	mar**i** *Meere*
Femininum	stazion**e** *Bahnhof*	stazion**i** *Bahnhöfe*

! Es gibt wenige Ausnahmen, wie zum Beispiel: la mano *die Hand*, il poeta *der Dichter*.

§ 3 Das Adjektiv

Die italienische Sprache kennt zwei Gruppen von Adjektiven: Adjektive auf **-o** (Maskulinum) oder **-a** (Femininum) sowie Adjektive auf **-e**.

	Singular	Plural
Femininum	content**a** *zufrieden*	content**e**
Maskulinum	content**o** *zufrieden*	content**i**
auf -e	grand**e** *groß*	grand**i**

§ 3.1 Die Angleichung des Adjektivs → L18

Im Gegensatz zum Deutschen richten sich italienische Adjektive grundsätzlich in Genus und Zahl nach dem Substantiv:

i vini italiani *die italienischen Weine* le ragazze bionde *die blonden Mädchen*

Auch dann, wenn das Adjektiv hinter dem Verb steht:

Livia è simpatica. *Livia ist sympathisch.*

§ 3.2 Unveränderliche Adjektive → L20

Es gibt einige unveränderliche Adjektive. Dabei handelt es sich hauptsächlich um:

- bestimmte Farbadjektive wie **blu** *blau*, **rosa** *rosa*, **viola** *violett*.
  Livia porta pantaloni **blu**. *Livia trägt eine blaue Hose.*
- zusammengesetzte Farbbezeichnungen wie **grigio chiaro** *hellgrau,* **blu scuro** *dunkelblau*.
  Linda porta una giacca **grigio chiara**. *Linda trägt eine hellgraue Jacke.*

§ 3.3 Die Stellung des Adjektivs → L29

Adjektive können vor oder nach dem Substantiv stehen. **Häufige** (und **subjektive**) Adjektive wie **bello** *schön*, **buono** *gut*, **grande** *groß*, **piccolo** *klein*, **vecchio** *alt*, **giovane** *jung,* stehen oft **vor** dem Substantiv.

Che bella giornata! *Was für ein schöner Tag!*

Folgende Adjektive stehen immer nach dem Substantiv:

- faktische Adjektive, die die Nation, Religion, Form oder Farbe bezeichnen:
  un vino italiano *ein italienischer Wein* la casa azzurra *das himmelblaue Haus*
- mehrsilbige Adjektive: un letto aggiuntivo *ein zusätzliches Bett*
- Adjektive in Verbindung mit einem Adverb: un film molto bello *ein sehr schöner Film*

§ 3.4 Die Steigerung des Adjektivs → L20

Bei der Steigerung des Adjektivs zur Vergleichsbildung wird zwischen dem Komparativ und dem Superlativ unterschieden.

§ 3.4.1 Der Komparativ → L20

Der Komparativ wird mit **più** (mehr) oder **meno** (weniger) vor dem Adjektiv gebildet:

più comodo *bequemer* **più** tardi *später* **meno** costoso *billiger*

§ 3.4.2 Der Vergleichssatz

In einem Vergleichssatz wird *als*

- durch **di** ausgedrückt, wenn zwei Substantive oder Pronomen verglichen werden:
  Livia è **più alta di** Chiara. *Livia ist größer als Chiara.*
- durch **che** ausgedrückt, wenn zwei Adjektive, Adverbien oder Verben verglichen werden:
  In Italia fa **più caldo che** in Germania. *In Italien ist es wärmer als in Deutschland.*
  Questo vestito è **più bello che** comodo. *Dieses Kleid ist eher schön als bequem.*

§ 3.4.3 Der Superlativ → L20

Das Italienische unterscheidet zwischen dem relativen und dem absoluten Superlativ.

- Der relative Superlativ wird durch den **Komparativ + bestimmter Artikel** ausgedrückt:
  Questo è **il libro più bello**. *Dies ist das schönste Buch.*
- Der absolute Superlativ wird mit der Endung **-issimo/a** gebildet:
  Pisa è una città **bellissima**. *Pisa ist eine wunderschöne Stadt.*

§ 3.4.4 Die unregelmäßige Steigerung → L20

Einige Adjektive haben unregelmäßige Steigerungsformen:

Adjektiv		Komparativ		rel. Superlativ		abs. Superlativ	
buono	*gut*	migliore	*besser*	il migliore	*der beste*	ottimo	*sehr gut*
cattivo	*schlecht*	peggiore	*schlechter*	il peggiore	*der schlechteste*	pessimo	*sehr schlecht*

Il vino è ottimo. *Der Wein ist sehr gut.*

§ 4 Das Adverb → L25

Die italienischen Adverbien sind – wie im Deutschen – unveränderlich. Sie qualifizieren ein Verb, ein Adjektiv oder ein anderes Adverb. Das aus dem Adjektiv abgeleitete Adverb bildet sich aus der weiblichen Singularform, an die die Endung **-mente** gehängt wird.

Adjektiv		**Femininum**		**Adverb**
tranquillo	→	tranquilla	→	tranquillamente *ruhig*
felice	→	felice	→	felicemente *glücklich*

! Adjektive auf **-re** und **-le** verlieren das **-e** vor dem Suffix **-mente**:
facile → facilmente *leicht*

§ 4.1 Unregelmäßige Adverbien → L25

Einige Adjektive bilden das Adverb unregelmäßig:

Adjektiv		**Adverb**
buono	→	bene *gut*
cattivo	→	male *schlecht*

§ 4.2 Die Steigerung des Adverbs → L25

Die Adverbien werden wie die Adjektive in der Regel mit **più** gesteigert (→ § 3.4)
Ugo studia più facilmente la sera. *Ugo lernt abends leichter.*
Unregelmäßige Steigerungsformen:

Adverb		**Komparativ**		**Superlativ**	
bene	*gut*	meglio	*besser*	benissimo	*sehr gut*
male	*schlecht*	peggio	*schlechter*	malissimo	*sehr schlecht*
poco	*wenig*	meno	*weniger*	pochissimo	*sehr wenig*
molto	*viel*	più	*mehr*	moltissimo	*sehr viel*

Ho mangiato benissimo. *Ich habe sehr gut gegessen.*

§ 5 Das Pronomen

§ 5.1 Das Personalpronomen als Subjektpronomen → L2

Das Personalpronomen ersetzt ein bereits bekanntes oder vorher genanntes Subjekt.

io	*ich*
tu	*du*
lui/lei/Lei	*er/sie/Sie*
noi	*wir*
voi	*ihr*
loro	*sie*

! Im Italienischen wird das Subjektpronomen meist weggelassen:
Vado al mare. *Ich gehe ans Meer.*
Siete contenti? *Seid ihr zufrieden?*

! **Höflichkeitsform**: Die höfliche Anrede (*Sie*) einer Einzelperson (Männer + Frauen) wird im Italienischen durch die 3. Person Singular **Lei** ausgedrückt. Man schreibt es groß, um es von der 3. Person Singular weiblich **lei** *sie* zu unterscheiden. Im Plural wird meistens **Voi** verwendet.
È stanca, signora? *Sind Sie müde, Signora?*

§ 5.2 Das unbetonte direkte Personalpronomen → L13

Die unbetonten direkten Personalpronomen ersetzen ein Objekt, stehen direkt vor dem Verb und entsprechen dem deutschen Akkusativobjekt.

mi	*mich*	Mi vedi?	*Siehst du mich?*
ti	*dich*	Ora ti vedo.	*Jetzt sehe ich dich.*
lo	*ihn/es*	Lo bevo subito.	*Ich trinke ihn/es gleich.*
la	*sie/es*	Non la compro.	*Ich kaufe sie/es nicht.*
La	*Sie*	La chiamerò, signora.	*Ich werde Sie anrufen, Signora.*
ci	*uns*	Ci vedete?	*Seht ihr uns?*
vi	*euch*	Vi porterò al mare.	*Ich werde euch ans Meer fahren.*
li	*sie (m)*	I giornali? Li prende Rita.	*Die Zeitungen? Rita holt sie.*
le	*sie (f)*	Laura e Maria? Le conosco.	*Laura und Maria? Ich kenne sie.*

In den zusammengesetzten Zeiten wird die Endung im Partizip Perfekt an das direkte Personalpronomen angeglichen:
Li ho incontrati ieri. *Ich habe sie (mPl) gestern getroffen.*

Das unbetonte direkte Personalpronomen in der 3. Person wird im Singular vor Vokal und h zu **l'** bzw. **L'**:
L'ho vista ieri. *Ich habe sie gestern gesehen.*

Lo kann auch *es* bedeuten: Non **lo** so. *Ich weiß es nicht.*

§ 5.3 Das unbetonte indirekte Personalpronomen → L8

Die unbetonten indirekten Personalpronomen ersetzen ein Objekt, stehen direkt vor dem Verb und entsprechen dem deutschen Dativobjekt.

mi	*mir*	Mi fai un favore?	*Tust du mir einen Gefallen?*
ti	*dir*	Non ti credo.	*Ich glaube dir nicht.*
gli	*ihm*	Gli porto un dolce.	*Ich bringe ihm ein Dessert.*
le/Le	*ihr/Ihnen*	Le porto un dolce.	*Ich bringe ihr ein Dessert.*
ci	*uns*	Il cameriere ci porta tre caffè.	*Der Kellner bringt uns drei Kaffee.*
vi/Vi	*euch/Ihnen*	Vi compro un libro.	*Ich kaufe euch ein Buch.*
gli	*ihnen*	Il cameriere gli porta il menù.	*Er bringt ihnen die Speisekarte.*

Le und **Vi** sind die Höflichkeitsformen im Singular und Plural.
Che cosa Le porto, signora? *Was darf ich Ihnen (Sg) bringen, Signora?*
Vi porto il menù. *Ich bringe Ihnen (Pl) die Speisekarte.*

§ 5.4 Das Reflexivpronomen → L9

Das Reflexivpronomen wird wie im Deutschen bei reflexiven Verben verwendet und steht in der Regel vor dem konjugierten Verb.

mi	*mich*	Mi alzo la mattina presto.	*Ich stehe morgens früh auf.*
ti	*dich*	Ti lavi sempre?	*Wäschst du dich immer?*
si	*sich*	Si prepara.	*Er/Sie bereitet sich vor.*
ci	*uns*	Ci vediamo.	*Wir sehen uns.*
vi	*euch*	Vi rilassate.	*Ihr entspannt euch.*
si	*sich*	Si sentono stanchi.	*Sie fühlen sich müde.*
gli	*ihnen*	Il cameriere gli porta il menù.	*Er bringt ihnen die Speisekarte.*

! Bei Gebrauch mit einem Modalverb steht das Reflexivpronomen vor diesem oder wird an den Infinitiv (ohne die Endung **-e**) angehängt:
Domani **mi voglio alzare** / **voglio alzarmi** presto. *Morgen möchte ich früh aufstehen.*

§ 5.5 Die Pronominaladverbien *ci* und *ne* → L7, L29

Das Pronominaladverb **ci** ersetzt:

- einen präpositionalen Ausdruck mit **a** in der Bedeutung von *daran, darum, darauf:*
  Ci penso io. *Darum kümmere ich mich.*
  Non **ci** credo. *Daran/Das glaube ich nicht.*
- eine Ortsangabe und bedeutet *dort, dorthin*:
  ● Sei già stato a Pisa? *Bist du schon in Pisa gewesen?*
  ▲ Sì, **ci** sono stato l'anno scorso. *Ja, ich bin letztes Jahr dort gewesen.*

Das Pronominaladverb **ne** steht:

- bei Mengenangaben in der Bedeutung von *davon* (im Deutschen meist unübersetzt):
  ● Ho bisogno di latte. *Ich brauche Milch.*
  ▲ Quanto? *Wie viel?*
  ● **Ne** prendo due litri. *Ich nehme zwei Liter (davon).*
- für einen präpositionalen Ausdruck und bedeutet *dazu, damit*:
  Che **ne** dici? *Was meinst du dazu?*

! Bei den zusammengesetzten Zeiten muss das Partizip an das durch **ne** ersetzte Wort angeglichen werden:
● Quante mele hai mangiato? *Wie viele Äpfel hast du gegessen?*
▲ **Ne** ho mangiat**e** tre. *Ich habe drei (davon) gegessen.*

§ 5.6 Doppelpronomen → L16

Das unbetonte indirekte Personalpronomen, das Reflexivpronomen und das Pronominaladverb **ci** verbinden sich mit dem unbetonten direkten Personalpronomen der 3. Person und dem Pronominaladverb **ne** zu folgenden Formen:

Anhang

mi	+	lo (la, li, le, ne)	**me lo** (la, li, le, ne)
ti	+	lo (la, li, le, ne)	**te lo** (la, li, le, ne)
gli/le/Le	+	lo (la, li, le, ne)	**glielo** (gliela, glieli, gliele, gliene)
ci	+	lo (la, li, le, ne)	**ce lo** (la, li, le, ne)
vi	+	lo (la, li, le, ne)	**ve lo** (la, li, le, ne)
gli	+	lo (la, li, le, ne)	**glielo** (gliela, glieli, gliele, gliene)
si	+	lo (la, li, le, ne)	**se lo** (la, li, le, ne)
ci	+	lo (la, li, le, ne)	**ce lo** (la, li, le, ne)

! Die Doppelpronomen stehen unmittelbar vor dem Verb.
Te lo dico dopo. *Ich sage es dir nachher.*

! Das Partizip wird an das direkte Personalpronomen angeglichen:
● Hai comprato i biglietti per noi? *Hast du die Fahrkarten für uns gekauft?*
▲ Sì, **ve li** ho comprat**i**. *Ja, ich habe sie für euch gekauft.*

§ 5.7 Das Possessivpronomen → L10

Das Possessivpronomen bezeichnet ein Besitzverhältnis.

	Singular		**Plural**	
	Maskulinum	**Femininum**	**Maskulinum**	**Femininum**
mein(e)	mio	mia	miei	mie
dein(e)	tuo	tua	tuoi	tue
sein(e)/Ihr(e)	suo/Suo	sua/Sua	suoi/Suoi	sue/Sue
unser(e)	nostro	nostra	nostri	nostre
euer(e)	vostro	vostra	vostri	vostre
ihr(e)	loro	loro	loro	loro

! Die Possessivpronomen werden an das Bezugswort angeglichen (außer **loro**) und verlangen in der Regel den bestimmten Artikel:
La tua amica ha telefonato. *Deine Freundin hat angerufen.*
Mi piace **la vostra** casa. *Mir gefällt euer Haus.*

! Der Artikel entfällt nur bei Verwandtschaftsbezeichnungen im Singular und bei Anreden:
mio padre *mein Vater*
mia cara! *meine Liebe!*

§ 5.8 Das Demonstrativpronomen → L7

Das Demonstrativpronomen verweist auf Personen oder Dinge.

	Maskulinum		**Femininum**	
	Singular	**Plural**	**Singular**	**Plural**
diese(r)	questo	questi	questa	queste
jene(r)	quello	quelli	quella	quelle

Questo verweist auf Personen oder Dinge, die sich räumlich oder zeitlich nahe beim Sprechenden befinden.
Ti piace **questo** libro? *Gefällt dir dieses Buch?*
Questi sono i miei figli. *Dies sind meine Kinder.*

Quello weist auf Personen oder Dinge hin, die sich in räumlicher oder zeitlicher Distanz zu beiden Gesprächspartnern befinden. Es kann adjektivisch oder als Pronomen gebraucht werden.
Vorrei provare **quelle** scarpe. *Ich möchte die Schuhe dort anprobieren.*
Quale? **Quelle** blu? *Welche? Die blauen dort?*

§ 5.9 Das Relativpronomen → L21

Das Relativpronomen **che** *der, die, das* leitet einen Relativsatz ein, es ist unveränderlich und kann als Subjekt oder Objekt verwendet werden:
Questo è il cuoco **che** ha preparato il piatto. *Das ist der Koch, der das Gericht zubereitet hat.*
Ho già letto i giornali **che** mi ha portato Livia. *Ich habe die Zeitungen, die mir Livia gebracht hat, schon gelesen.*
Wenn der Relativsatz mit einer Präposition eingeleitet wird, verwendet man **cui** (unveränderlich) oder **il quale** (veränderlich):
Ecco il libro **di cui** / **del quale** ti ho parlato. *Hier ist das Buch, von dem ich dir erzählt habe.*
Pisa è la città **in cui** / **nella quale** ha vissuto Galileo Galilei. *Pisa ist die Stadt, in der Galileo Galilei gelebt hat.*

§ 5.10 Das Indefinitpronomen → L11

Man unterscheidet zwischen Indefinitadjektiven, die ein nachfolgendes Subjekt ergänzen, und Indefinitpronomen, die nicht näher bestimmte Personen oder Dinge ersetzen. Die wichtigsten im Überblick:

Indefinitadjektive	alcuno, -a	*irgendein*
	qualche	*irgendein, einige*
	ogni	*jeder, alle*
Indefinitpronomen	uno, -a	*ein*
	qualcuno, -a	*irgendein*
Indefinitpronomen	qualcosa	*(irgend)etwas*
	ognuno, -a	*jeder*
	niente	*nichts*
Indefinitadjektiv oder -pronomen	tutto, -a, -i, -e	*alle*
	altro, -a, -i, -e	*anderer*
	nessuno, -a, -i, -e	*niemand*
	poco, -a, -i, -e	*wenig*
	molto, -a, -i, -e	*viel*
	tanto, -a, -i, -e	*sehr viel*
	troppo, -a, -i, -e	*zu viel*

§ 6 Das Verb

§ 6.1 Die Konjugationen → L3, L8, L9

Die Verben werden gemäß ihrer Infinitivendung in drei Gruppen unterteilt: Verben auf **-are**, **-ere** und **-ire**.

-are	**-ere**	**-ire**
lavorare	prendere	dormire

! Bei einigen Verben auf **-ire** wird der Verbstamm im Singular und in der 3. Person Plural um die Silbe **-isc** erweitert:

io cap**isc**o *ich verstehe* io fin**isc**o *ich beende*

§ 6.2 Die Hilfsverben *avere* und *essere* → L2

Die Verben **essere** und **avere** werden unregelmäßig konjugiert:

	essere *sein*	**avere** *haben*
io	sono	ho
tu	sei	hai
lui/lei/Lei	è	ha
noi	siamo	abbiamo
voi	siete	avete
loro	sono	hanno

Sie dienen als Hilfsverben bei der Bildung zusammengesetzter Zeiten (→ § 6.7.1)

§ 6.3 Das Modalverb → L10

Die Modalverben drücken aus, ob eine Handlung notwendig, möglich oder gewollt ist.

	potere *können*	**volere** *wollen*	**dovere** *müssen*
io	posso	voglio	devo
tu	puoi	vuoi	devi
lui/lei/Lei	può	vuole	deve
noi	possiamo	vogliamo	dobbiamo
voi	potete	volete	dovete
loro	possono	vogliono	devono

§ 6.4 Das reflexive Verb → L9

Reflexive Verben werden mithilfe der Reflexivpronomen (→ § 5.4) gebildet. In den zusammengesetzten Zeiten muss das Hilfsverb **essere** verwendet werden.

	lavarsi *sich waschen*
io	mi lavo
tu	ti lavi
lui/lei/Lei	si lava
noi	ci laviamo
voi	vi lavate
loro	si lavano

§ 6.5 Das unpersönliche Verb → L29

Unpersönliche Verben werden in der 3. Person Singular verwendet:
bisogna *es ist nötig*, **ci vuole** *man braucht*, **mi piace** *mir gefällt*, **fa caldo** *es ist heiß*.
Das deutsche *man* wird oft in einer **si**-Konstruktion wiedergegeben:
Qui si mangia bene. *Hier isst man gut.*

§ 6.6 Das Präsens → L3, L8, L9

Das Präsens dient der Schilderung einer Handlung in der Gegenwart.

	-are **lavorare** *arbeiten*	**-ere** **prendere** *nehmen*	**-ire** **dormire** *schlafen*	**-ire** **capire** *verstehen*
io	lavor**o**	prend**o**	dorm**o**	cap**isco**
tu	lavor**i**	prend**i**	dorm**i**	cap**isci**
lui/lei/Lei	lavor**a**	prend**e**	dorm**e**	cap**isce**
noi	lavor**iamo**	prend**iamo**	dorm**iamo**	cap**iamo**
voi	lavor**ate**	prend**ete**	dorm**ite**	cap**ite**
loro	lavor**ano**	prend**ono**	dorm**ono**	cap**iscono**

§ 6.7 Die Vergangenheit

§ 6.7.1 Das Perfekt → L12

Das Perfekt wird mit dem Präsens von **essere** oder **avere** (→ § 6.2) und dem Partizip Perfekt (→ § 6.12) gebildet. Beim Perfekt mit **essere** muss an das Subjekt angeglichen werden (→ § 6.2).

	andare *gehen*	**vendere** *verkaufen*	**dormire** *schlafen*
io	sono andato,-a	ho venduto	ho dormito
tu	sei andato, -a	hai venduto	hai dormito
lui/lei/Lei	è andato, -a	ha venduto	ha dormito
noi	siamo andati, -e	abbiamo venduto	abbiamo dormito
voi	siete andati, -e	avete venduto	avete dormito
loro	sono andati, -e	hanno venduto	hanno dormito

Bei der Verwendung von **essere** wird das Partizip an das Subjekt angeglichen:
avere + Partizip Perfekt: Abbiamo lavorat**o**. *Wir haben gearbeitet.*
essere + Partizip Perfekt: Siete partit**i**? *Seid ihr weggefahren?*

Mit **essere** gebildete Verben:

- Verben der Bewegung/des Zustands:
  Rita è andata al cinema. *Rita ist ins Kino gegangen.*
  Sono a casa *Ich bin zu Hause.*
- Reflexive Verben:
  Ti sei lavato i denti? *Hast du dir die Zähne geputzt?*

Mit **avere** gebildete Verben:

- alle transitiven Verben:
  Livia ha scritto una lettera. *Livia hat einen Brief geschrieben.*
- Verben der Bewegung, die weder Ausgangspunkt noch Ziel angeben:
  viaggiare *reisen*, **passeggiare** *spazieren*, **nuotare** *schwimmen*, **sciare** *skilaufen*, **camminare** *wandern*.

Das Perfekt wird verwendet:

- bei einer abgeschlossenen Handlung:
  Rita è tornata ieri. *Rita ist gestern zurückgekommen.*
- bei einer Handlung, die einsetzt, während eine andere noch andauert:
  Mentre mangiavo, è arrivato mio padre. *Während ich aß, ist mein Vater angekommen.*

§ 6.7.2 Das Imperfekt → L24

Das Imperfekt wird gebildet, indem die Endung **-re** durch die in allen Konjugationen gleichen Imperfektendungen ersetzt wird.

	lavorare *arbeiten*	**prendere** *nehmen*	**dormire** *schlafen*
io	lavora**vo**	prende**vo**	dormi**vo**
tu	lavora**vi**	prende**vi**	dormi**vi**
lui/lei/Lei	lavora**va**	prende**va**	dormi**va**
noi	lavora**vamo**	prende**vamo**	dormi**vamo**
voi	lavora**vate**	prende**vate**	dormi**vate**
loro	lavora**vano**	prende**vano**	dormi**vano**

Das Verb **essere** *sein* wird unregelmäßig konjugiert:

	essere *sein*	
io	ero	*ich war*
tu	eri	*du warst*
lui/lei/Lei	era	*er/sie war*
noi	eravamo	*wir waren*
voi	eravate	*ihr wart*
loro	erano	*sie waren*

Das Imperfekt wird verwendet:

- bei einer nicht abgeschlossenen oder gewohnheitsmäßigen Handlung:
  Navigavo in Internet. *Ich surfte im Internet.*
- bei Beschreibungen und Zuständen:
  Aveva i capelli lunghi. *Er/Sie hatte lange Haare.*
  La casa era bella. *Das Haus war schön.*
- für zwei gleichzeitige Handlungen:
  Mentre telefonavo, mi mettevo le scarpe. *Während ich telefonierte, zog ich mir die Schuhe an.*

§ 6.8 Das Futur → L27

Das Futur verwendet man, um Handlungen in der Zukunft auszudrücken. Zur Bildung des Futurs werden an den Infinitiv ohne Endung **-e** die für alle Konjugationen gleichen Endungen angehängt. Bei den Verben auf **-are** wird das **-a-** der Infinitivendung zu **-e-** abgeschwächt.

	lavorare *arbeiten*	**prendere** *nehmen*	**dormire** *schlafen*
io	lavorer**ò**	prender**ò**	dormir**ò**
tu	lavorer**ai**	prender**ai**	dormir**ai**
lui/lei/Lei	lavorer**à**	prender**à**	dormir**à**
noi	lavorer**emo**	prender**emo**	dormir**emo**
voi	lavorer**ete**	prender**ete**	dormir**ete**
loro	lavorer**anno**	prender**anno**	dormir**anno**

Das Verb **essere** wird unregelmäßig konjugiert:

	essere *sein*
io	sarò
tu	sarai
lui/lei/Lei	sarà
noi	saremo
voi	sarete
loro	saranno

Weitere unregelmäßige Formen:

andare → andrò	avere → avrò	dovere → dovrò	potere → potrò
vedere → vedrò	sapere → saprò	dare → darò	dire → dirò
fare → farò	stare → starò	venire → verrò	volere → vorrò

! Verben auf **-ciare**/**-giare**: ohne **-i-**:
Comincerò domani. *Ich werde morgen beginnen.*
Verben auf **-care**/**-gare**: eingeschobenes **-h-**:
Cerc**h**erò il libro. *Ich werde das Buch suchen.*

Das Futur drückt eine Handlung in der Zukunft aus. Es kann aber auch zum Ausdruck einer Vermutung verwendet werden.
Saranno le dieci. *Es wird (wohl) 10 Uhr sein.*

§ 6.9 Der Konditional → L28

Der Konditional wird ähnlich wie das Futur (→ § 6.8) gebildet: Die Endungen werden an den Infinitivstamm ohne **-e** angehängt.

	lavorare *arbeiten*	**prendere** *nehmen*	**dormire** *schlafen*
io	lavorer**ei**	prender**ei**	dormir**ei**
tu	lavorer**esti**	prender**esti**	dormir**esti**
lui/lei/Lei	lavorer**ebbe**	prender**ebbe**	dormir**ebbe**
noi	lavorer**emmo**	prender**emmo**	dormir**emmo**
voi	lavorer**este**	prender**este**	dormir**este**
loro	lavorer**ebber**o	prender**ebbero**	dormir**ebber**o

Anhang

Das Verb **essere** wird unregelmäßig konjugiert:

	essere *sein*
io	sarei
tu	saresti
lui/lei/Lei	sarebbe
noi	saremmo
voi	sareste
loro	sarebbero

Weitere unregelmäßige Formen:

andare	→ andrei	avere	→ avrei	dovere	→ dovrei	potere	→ potrei
vedere	→ vedrei	sapere	→ saprei	dare	→ darei	dire	→ direi
fare	→ farei	stare	→ starei	venire	→ verrei	volere	→ vorrv

Der Konditional dient:

- zum Ausdruck eines Wunsches oder einer höflichen Bitte:
  Vorrei un cappuccino. *Ich hätte gern einen Cappuccino.*
  Potrebbe chiudere la finestra, per favore? *Könnten Sie bitte das Fenster schließen?*
- zum Ausdruck einer irrealen Handlung oder einer Hypothese:
  Verrei volentieri, ma … *Ich käme gern, aber …*
  Potresti venire a Pisa. *Du könntest nach Pisa kommen.*

§ 6.10 Der Imperativ → L16, L17, L19

§ 6.10.1 Der bejahte Imperativ

Der Imperativ (Befehlsform) entspricht in der 1. und 2. Person Plural dem Präsens des entsprechenden Verbs. Bei den Verben auf **-ere** und **-ire** entspricht außerdem auch die 2. Person Singular dem Präsens. Verben, die im Präsens unregelmäßig sind, übernehmen die unregelmäßigen Formen auch im Imperativ.

	aspettare *warten*	**prendere** *nehmen*	**sentire** *hören*	**capire** *verstehen*
tu	aspett**a**!	prend**i**!	sent**i**!	cap**isci**!
Lei	aspett**i**!	prend**a**!	sent**a**!	cap**isca**!
noi	aspett**iamo**!	prend**iamo**!	sent**iamo**!	cap**iamo**!
voi	aspett**ate**!	prend**ete**!	sent**ite**!	cap**ite**!

Unregelmäßiger Imperativ einiger Verben:

	andare *gehen*	**stare** *bleiben*	**fare** *machen*	**dire** *sagen*	**avere** *haben*	**essere** *sein*	**dare** *geben*
tu	vai/va	stai/sta	fai/fa	dì	abbi	sii	dai/dà
Lei	vada	stia	faccia	dica	abbia	sia	dia
noi	andiamo	stiamo	facciamo	diciamo	abbiamo	siamo	diamo
voi	andate	state	fate	dite	abbiate	siate	date

§ 6.10.2 Imperativ mit Personalpronomen

In der 2. Person Singular und in der 1. und 2. Person Plural werden die Personalpronomen direkt an das Verb angehängt:
Aspetta**mi**! *Warte auf mich!*
In der Höflichkeitsform **Lei** bleiben die Pronomen vor dem Verb:
Mi faccia vedere, signora! *Lassen Sie mich sehen, Signora!*

Bei den unregelmäßigen (gekürzten) Imperativformen verdoppeln sich in der 2. Person Singular die Anfangsbuchstaben der Pronomen:
(dà + mi) **Dammi** la mano! *Gib mir die Hand!*

§ 6.10.3 Der verneinte Imperativ

Bei einer Verneinung in der Befehlsform, die sich an eine Person (Du-Form) richtet, verwendet man **non** + Infinitiv:
Non guardare! *Schau nicht!*
In der Höflichkeitsform gilt dagegen:
Non appoggi il piede, signora! *Treten Sie mit dem Fuß nicht auf, Signora!*

! Bei der Verneinung mit Pronomen entfällt der letzte Buchstabe des Verbs:
Non sederti per terra! *Setz dich nicht auf den Boden!*

§ 6.11 Der Infinitiv → L23

Im Infinitiv Präsens (Grundform) lauten die regelmäßigen Verbendungen **-are**, **-ere** und **-ire**: **lavorare** *arbeiten*, **prendere** *nehmen*, **dormire** *schlafen*.
Folgende Infinitivkonstruktionen sind möglich:
ohne Präposition
- nach Modalverben (**potere**, **dovere**, **volere**) und Verben, die eine Vorliebe

ausdrücken (**desiderare**, **preferire**, **piacere**):
Rita deve andare dal dentista. *Rita muss zum Zahnarzt gehen.*
Mi piacerebbe andare in Argentina. *Ich würde gern nach Argentinien reisen.*

- nach unpersönlichen Ausdrücken:
  È possibile vedere il mare da qui? *Ist es möglich, das Meer von hier aus zu sehen?*

mit Präposition

- nach Verben und Ausdrücken, die eine Präposition verlangen:
  Ho voglia di fare una passeggiata. *Ich habe Lust, einen Spaziergang zu machen.*
  Vado a fare la spesa. *Ich gehe einkaufen.*

§ 6.12 Das Partizip Perfekt → L12

Das Partizip Perfekt leitet sich aus dem Stamm des Infinitivs ab, an den die Endungen **-ato**, **-uto**, **-ito** angehängt werden.

Verben	auf **-are**	lavorare *arbeiten*	lavor**ato**
	auf **-ere**	vendere *verkaufen*	vend**uto**
	auf **-ire**	dormire *schlafen*	dorm**ito**

Zahlreiche Verben haben ein unregelmäßiges Partizip:

fare	→	fatto	leggere	→	letto	prendere	→	preso
decidere	→	deciso	aprire	→	aperto			

! Das Hilfsverb **essere** hat dasselbe Partizip Perfekt wie stare: **stato**.
Das Hilfsverb **avere** hat ein regelmäßiges Partizip Perfekt: **avuto**.

Die wichtigste Verwendung findet das Partizip Perfekt mit den Hilfsverben in den zusammengesetzten Zeiten:
Ho mangiato un gelato. *Ich habe ein Eis gegessen.*
Sono andata al mare. *Ich bin ans Meer gefahren.*

§ 6.13 Das Gerund → L26

Das Gerund bildet man, indem die Infinitivendung durch **-ando** bzw. **-endo** ersetzt wird:

Verb auf	**-are**	→	**-ando**	lavorare *arbeiten*	→	lavor**ando**
	-ere	→	**-endo**	leggere *lesen*	→	legg**endo**
	-ire	→	**-endo**	dormire *schlafen*	→	dorm**endo**

Unregelmäßige Formen:
bere *trinken* ➔ bevendo dire *sagen* ➔ dicendo fare *machen* ➔ facendo

Das Gerund drückt eine Handlung aus, die gerade stattfindet. Sie bildet sich aus der konjugierten Form von **stare** und dem Gerund:
Sto lavorando molto. *Ich arbeite (im Moment) viel.*

§ 7 Die Präpositionen → L15

Präpositionen geben an, in welchem Verhältnis Personen, Dinge oder Vorgänge zueinander stehen. Die häufigsten Präpositionen sind:

a

- dient der Orts- und Richtungsangabe bei Städten, antwortet auf die Frage *wo?* oder *wohin?* und hat die Bedeutung *in* oder *nach*:
  Abito **a** Pisa. *Ich wohne in Pisa.*
  Vado **a** Venezia. *Ich fahre nach Venedig.*
- Bei Zeitangaben bedeutet es *bis*:
  A domani! *Bis morgen*!

di

- bezeichnet die Herkunft:
  Di dove è Martin? *Woher kommt Martin?*
  Di steht außerdem für den Genitiv:
  La casa **di** Rita è grande. *Ritas Wohnung ist groß.*

in

- dient zur Ortsangabe bei Ländern und großen Inseln, antwortet auf die Frage *wo?* oder *wohin?* und hat die Bedeutung *in* oder *nach*:
  Abito **in** Germania. *Ich wohne in Deutschland.*
  Vado **in** Sardegna. *Ich fahre nach Sardinien.*
- Bei Zeitangaben steht **in** für *in*, *innerhalb*:
  in primavera *im Frühling*
  in un mese *innerhalb eines Monats*

§ 8 Die Verneinung

§ 8.1 Die einfache Verneinung → L2

Die Verneinung wird mit **non** *nicht* ausgedrückt. **Non** steht vor dem Verb bzw. vor dem unbetonten Personalpronomen.
Rita **non** lavora. *Rita arbeitet nicht.*
Questo colore **non** mi piace. *Diese Farbe gefällt mir nicht.*
Auch das deutsche *kein* wird meist mit **non** wiedergegeben. Steht *kein* vor dem Subjekt, wird es durch ein Indefinitpronomen ersetzt.
Non ho fame. *Ich habe keinen Hunger.*
Nessun bambino mangia volentieri l'insalata. *Kein Kind isst gern Salat.*
Als negative Antwort auf eine Entscheidungsfrage steht **no** *nein*.
● Hai fame? *Hast du Hunger?*
▲ No. *Nein.*

§ 8.2 Die doppelte Verneinung → L11

Die wichtigsten doppelten Verneinungen sind:

non … mai *nie*	non … nessuno *niemand*
non … più *nicht mehr*	non … niente *nichts*
non … ancora *noch nicht*	

Bei der doppelten Verneinung steht **non** immer vor dem konjugierten Verb, das zweite Verneinungselement in der Regel danach.
Non ho **mai** bevuto il vino. *Ich habe nie Wein getrunken.*
Non è **mai** troppo tardi. *Es ist nie zu spät.*
Nessuno und **niente** stehen hinter der ganzen Verbgruppe.
Non è venuto **nessuno**. *Es ist niemand gekommen.*
Non vedo più **niente**. *Ich sehe nichts mehr.*

! Wenn **nessuno**, **niente** oder **mai** am Satzanfang stehen, wird **non** weggelassen:
Nessuno ha telefonato. *Niemand hat angerufen.*

! Wenn **mai** ohne **non** gebraucht wird, kann es auch eine positive Bedeutung haben:
Sei **mai** stato a Pisa? *Bist du jemals in Pisa gewesen?*

Verbtabellen

1. Die regelmäßigen Verben

Die Verben auf *-are*
parlare *sprechen*

	Präsens	Imperfekt	Futur	Konditional
io	parlo	parlavo	parlerò	parlerei
tu	parli	parlavi	parlerai	parleresti
lui/lei/Lei	parla	parlava	parlerà	parlerebbe
noi	parliamo	parlavamo	parleremo	parleremmo
voi	parlate	parlavate	parlerete	parlereste
loro	parlano	parlavano	parleranno	parlerebbero

Partizip Perfekt: parlato

Die Verben auf *-ere*
vendere *verkaufen*

	Präsens	Imperfekt	Futur	Konditional
io	vendo	vendevo	venderò	venderei
tu	vendi	vendevi	venderai	venderesti
lui/lei/Lei	vende	vendeva	venderà	venderebbe
noi	vendiamo	vendevamo	venderemo	venderemmo
voi	vendete	vendevate	venderete	vendereste
loro	vendono	vendevano	venderanno	venderebbero

Partizip Perfekt: venduto

Die Verben auf *-ire*
dormire *schlafen*

	Präsens	Imperfekt	Futur	Konditional
io	dormo	dormivo	dormirò	dormirei
tu	dormi	dormivi	dormirai	dormiresti
lui/lei/Lei	dorme	dormiva	dormirà	dormirebbe
noi	dormiamo	dormivamo	dormiremo	dormiremmo
voi	dormite	dormivate	dormirete	dormireste
loro	dormono	dormivano	dormiranno	dormirebbero

Partizip Perfekt: dormito

finire *beenden* (mit Stammerweiterung)

	Präsens	Imperfekt	Futur	Konditional
io	finisco	finivo	finirò	finirei
tu	finisci	finivi	finirai	finiresti
lui/lei/Lei	finisce	finiva	finirà	finirebbe
noi	finiamo	finivamo	finiremo	finiremmo
voi	finite	finivate	finirete	finireste
loro	finiscono	finivano	finiranno	finirebbero

Partizip Perfekt: finito

2. Die Verben *avere* und *essere*

avere *haben*

	Präsens	Imperfekt	Futur
io	ho	avevo	avrò
tu	hai	avevi	avrai
lui/lei/Lei	ha	aveva	avrà
noi	abbiamo	avevamo	avremo
voi	avete	avevate	avrete
loro	hanno	avevano	avranno

Partizip Perfekt: avuto

essere *sein*

	Präsens	Imperfekt	Futur
io	sono	ero	sarò
tu	sei	eri	sarai
lui/lei/Lei	è	era	sarà
noi	siamo	eravamo	saremo
voi	siete	eravate	sarete
loro	sono	erano	saranno

Partizip Perfekt: stato

3. Die unregelmäßigen Verben

Infinitiv	Präsens	Part. Perf.	Futur
andare *gehen*	vado, vai, va, andiamo, andate, vanno	andato	andrò
bere *trinken*	bevo, bevi, beve, beviamo, bevete, bevono	bevuto	berrò
chiedere *fragen*	chiedo, chiedi, chiede, chiediamo, chiedete, chiedono	chiesto	chiederò
conoscere *kennen*	conosco, conosci, conosce, cono-sciamo, conoscete, conoscono	conosciuto	conoscerò
dare *geben*	do, dai, dà, diamo, date, danno	dato	darò
dire *sagen*	dico, dici, dice, diciamo, dite, dicono	detto	dirò
dovere *müssen*	devo, devi, deve, dobbiamo, dovete,devono	dovuto	dovrò
fare *machen*	faccio, fai, fa, facciamo, fate, fanno	fatto	farò
leggere *lesen*	leggo, leggi, legge, leggiamo, leggete, leggono	letto	leggerò
potere *können*	posso, puoi, può, possiamo, potete, possono	potuto	potrò
rimanere *bleiben*	rimango, rimani, rimane, rimania-mo, rimanete, rimangono	rimasto	rimarrò
sapere *wissen*	so, sai, sa, sappiamo, sapete, sanno	saputo	saprò
stare *stehen*	sto, stai, sta, stiamo, state, stanno	stato	starò
tenere *halten*	tengo, tieni, tiene, teniamo, tene-te, tengono	tenuto	terrò
venire *kommen*	vengo, vieni, viene, veniamo, venite, vengono	venuto	verrò
volere *wollen*	voglio, vuoi, vuole, vogliamo, volete, vogliono	voluto	vorrò

Lösungen und Hörtexte

Lektion 2

Fragen zum Dialog

1. Am Flughafen von Pisa. – **2.** Es geht ihnen gut, aber sie sind etwas müde. – **3.** Es ist heiß. – **4.** Stefano ist mit Livia zu Hause und wartet auf die Gäste.

1 **1.** noi siamo – **2.** io ho – **3.** noi stiamo – **4.** voi siete – **5.** voi avete – **6.** tu sei – **7.** loro sono – **8.** tu hai – **9.** loro stanno – **10.** lui/lei/Lei è – **11.** loro hanno – **12.** tu stai

2 **Dialog 1**: Sie-Form – **Dialog 2**: Du-Form

3 **1.** falsch – **2.** richtig – **3.** richtig

Hörtext

Stefano	Ciao Linda! Che bello vederti! Stai bene?
Linda	No, non sto bene.
Stefano	Sei stanca?
Linda	Sì, sono molto stanca. Ma adesso siamo a Pisa. Uff, che caldo che fa qui!
Stafano	Eh, sì, lo so, fa caldo. Ma ora si va tutti al mare.
Linda	Che bello! Andiamo al mare, sì!

Lektion 3

Fragen zum Dialog

1. a) – **2.** b)

1 **1.** presento – **2.** chiama – **3.** abita – **4.** ventotto – **5.** lavora – **6.** è – **7.** ha – **8.** due – **9.** cinque – **10.** sette

3 **1.** b) – **2.** c)

Hörtext

Frau	Buongiorno, professore! Come sta?
Mann A	Buongiorno, signora Marini. Sto bene, grazie. Le presento un mio amico, Roberto Neri.
Frau	Molto lieta.
Mann B	Buongiorno, signora. Come va?
Frau	Bene, grazie. Scusi, com'è il suo nome?
Mann B	Mi chiamo Neri, Roberto Neri.
Frau	Ah, Roberto Neri. E che lavoro fa?
Mann B	Sono manager in una grande azienda internazionale.
Frau	Ah, interessante.

Lektion 4

Fragen zum Dialog:

1. Linda und Martin sitzen im Wohnzimmer bei Bettina, Stefano und Livia zu Hause. – **2.** Livia trinkt einen Orangensaft. – **3.** Martin kommt aus Berlin.

1 **1.** famiglia, figlia – **2.** frigorifero, caffè – **3.** macchina, cravatta – **4.** famiglie, amiche – **5.** aeroporto, estate – **6.** viaggi, salotti – **7.** lavoro, anno

2 **1.** Maria – **2.** Licondi – **3.** Napoli – **4.** Pisa – **5.** sposata – **6.** due – **7.** segretaria

3 **1.** Mi chiamo Linda. – **2.** Vengo dalla Germania. – **3.** Molto bene, grazie. – **4.** No, non sono di Amburgo, sono di Francoforte. – **5.** Sì, mi chiamo Livia. – **6.** Il gatto ha undici anni.

Lösungen und Hörtexte

Lektion 5

Fragen zum Dialog

1. c) – **2.** a)

1 [tʃ] wie **Tsch**üss: **ci**ao, **Ci**na, arrivider**ci**, **ce**ntro, aran**cia**, **ci**nema
[k] wie **k**urz: **ca**ffè, **co**me, prose**cco**, ami**che**, mac**chi**na, **Cu**ba
[dʒ] wie **J**eans: formag**gio**, buon**gio**rno, **Ge**rmania, **ge**lato, parmi**gia**no, **Gi**ro d'Italia
[g] wie **g**ut: la**go** di **Ga**rda, fun**ghi**, **gh**etto, yo**gu**rt, spa**gh**etti, Ambur**go**

Regel

Die Aussprache von **c** ist [tʃ] vor **e** oder **i**, aber [k] vor **a**, **o** oder **u** – oder eingeschobenem **h**.
Die Aussprache von **g** ist [dʒ] vor **e** oder **i**, aber [g] vor **a**, **o** oder **u** – oder eingeschobenem **h**.

2 **1.** vino – **2.** spaghetti – **3.** pizza – **4.** cravatta

Lektion 6

1 **1.** Linda e Martin arrivano all'aeroporto di Pisa. – **2.** Livia ha dieci anni. **3.** Ci sono due succhi di frutta nel frigorifero. – **4.** Gino è un gatto vecchio e timido. – **5.** Buongiorno, dottor Neri, come sta?

2 **1.** Sto molto bene, grazie. – **2.** Non sto bene, sono molto stanco.

3, 4 **Individuelle Antworten**

6 **Männlich**: il negozio, i viaggi, il lavoro, il gatto, l'aeroporto, i salotti, gli accessori
Weiblich: l'azienda, le famiglie, la casa, le amiche, la figlia, le macchine, la borsa

7 **1.** Come – **2.** Dove – **3.** Come – **4.** Quanti – **5.** Come – **6.** Da dove – **7.** Che cosa – **8.** come – **9.** Che cosa

8 **senkrecht: 1.** diciassette – **2.** otto – **3.** due – **4.** cinque – **9.** diciannove
waagerecht: 5. sette – **6.** trenta – **7.** tredici – **8.** ventitre – **10.** sei – **11.** venti

9 **1.** richtig – **2.** falsch – **3.** falsch – **4.** richtig – **5.** falsch – **6.** richtig

Hörtext

L'uomo che voglio presentarvi è il mio amico Manuel Croce, cioè si chiama Manuel di nome e Croce di cognome. È italiano, è nato in Sicilia, ma vive da venti anni a Roma. Manuel è sposato e ha due figli. Cosa fa di lavoro? È pilota, lavora per l'Alitalia e viaggia molto.

10 **1.** è – **2.** ama – **3.** ha – **4.** arrivano – **5.** sono – **6.** sta – **7.** parli – **8.** lavorano – **9.** studia

11 **1.** non è – **2.** non ama – **3.** non ha – **4.** non arrivano – **5.** Non ci sono – **6.** non sta – **7.** non parli – **8.** non lavorano – **9.** non studia

13 **1.** Scusi, Lei è Filiberto Marchi? No, io sono Manuel Croce. –**2.** Stefano è a casa con Livia. – **3.** Maria è segretaria e lavora all'aeroporto. – **4.** Il signor Marchi organizza viaggi. – **5.** Ci sono succhi di frutta? Sì, c'è un succo d'arancia. – **6.** Susanna è sposata e ha tre figli. – **7.** Sul divano c'è un gatto.

Zwischentest 1

1 **1.** b) – **2.** a) – **3.** b) – **4.** a)
→ L2

2 **1.** a), c) – **2.** a), b) – **3.** a), c) – **4.** b), c) – **5.** a), c) – **6.** b), c)
→ L4

3 **1.** b) – **2.** a) – **3.** c) – **4.** a) – **5.** a) – **6.** b)
→ L2, L3

4 12 – 0 – 13 – 2 – 7 – 19 – 17 – 29 – 14 – 24 – 8 – 15 – 4 – 10
→ L3

5 **1.** c) – **2.** a) – **3.** c) – **4.** b) – **5.** c) – **6.** a) – **7.** b) – **8.** a)
→ L4

6 **1.** b) – **2.** b) – **3.** b) – **4.** c)
→ L3, L4

7 **1.** a) – **2.** b) – **3.** b) – **4.** b) – **5.** a)
→ L2, L3, L4

Hörtext

Mann	Ciao a tutti! Qui Radio Torre, la radio di Pisa. Siamo all'aeroporto di Pisa dove arrivano i nuovi turisti. – Lei! Buongiorno. Come si chiama?
Frau	Buongiorno. Mi chiamo Daniela Buri.
Mann	Non ho capito. Com'è il suo nome?
Frau	Il mio nome è Daniela Buri.
Mann	Ah. Ora ho capito. Bene. Come sta, signora Buri?
Frau	Sono un po' stanca, ma sto abbastanza bene, grazie.
Mann	Da dove viene?
Frau	Vengo da Milano.
Mann	Lei è qui per turismo?
Frau	No, non sono turista. Io lavoro qui a Pisa.
Mann	E che lavoro fa?
Frau	Sono insegnante d'italiano.
Mann	È qui a Pisa con la famiglia?
Frau	Si, sono qui con mio marito e i figli.
Mann	Quanti figli ha, signora?
Frau	Cinque.
Mann	Cinque figli? Oh lala. Che bello, però!
Frau	Bello, sì. Ma sono stanca.
Mann	Grazie mille per questa intervista e benvenuta a Pisa!

insgesamt 51 Punkte
molto bene: 44 – 51
bene: 34 – 43
medio: fino a 33

Lektion 7

Fragen zum Dialog
1. falsch – **2.** richtig – **3.** falsch

1 **1.** facciamo – **2.** compro –**3.** pacco –**4.** andate –**5.** comprate –**6.** chilo –**7.** etti – **8.** litro – **9.** compra –**10.** costano –**11.** fanno –**12.** mangiamo

2 **1.** b) – **2.** a) – **3.** c) – **4.** d) – **5.** f) – **6.** e)

Lektion 8

Fragen zum Dialog

1. Linda ist Vegetarierin und die Lasagne enthält Fleisch. – **2.** Sie sind in einem Wirtshaus, nicht in einer Pizzeria. – **3.** Sie trinken ein stilles Mineralwasser.

2 **1.** mi – **2.** gli – **3.** ti – **4.** vi – **5.** gli

3 **1.** falsch – **2.** falsch – **3.** richtig – **4.** richtig – **5.** falsch

Hörtext

Maria e Roberto sono a pranzo in una trattoria. Il cameriere gli porta il menù e consiglia un primo piatto di pesce: spaghetti alle vongole. Ma a Roberto non piacciono i frutti di mare. Il cameriere gli consiglia un piatto di penne al pomodoro. Le penne al pomodoro piacciono molto anche a Maria. Da bere prendono un vino rosso e acqua minerale. Roberto preferisce l'acqua gassata, a Maria invece piace l'acqua minerale naturale. Come dessert il cameriere gli porta una macedonia. Dopo il caffè chiedono il conto e pagano.

Lektion 9

Fragen zum Dialog

1. b) – **2.** b) – **3.** c)

1 **1.** richtig – **2.** falsch – **3.** falsch

2 **1.** 9.05 – **2.** 12.00 – **3.** 6.50 – **4.** 3.20 – **5.** 10.55 – **6.** 10.15 – **7.** 6.30 – **8.** 7.45

3 **1.** mi alzo – **2.** faccio – **3.** mi lavo – **4.** mi vesto – **5.** vado – **6.** torno – **7.** è – **8.** vado – **9.**leggo – **10.** dormo

Lektion 10

Fragen zum Dialog

1. falsch – **2.** richtig – **3.** falsch

1 **1.** Voglio/Vorrei – **2.** possono– sanno – **3.** Puoi – **4.** Dobbiamo – **5.** deve – **6.** volete – **7.** posso – devo

2 **Livia:** mare, nuotare – **Stefano:** leggere, musei – **Annarella:** montagna, passeggiate – **Martin:** montagna, jogging, tennis – **Linda:** mare, nuotare, jogging, tennis

Hörtext

● Mi chiamo Livia. Amo il mare e mi piace molto nuotare.

▲ Mi chiamo Stefano. Non mi piace il mare e non so nuotare. Preferisco leggere un bel libro e visitare musei.

● Sono Annarella. Adoro la montagna, mi piace fare lunghe passeggiate in campagna.

▲ Sono Martin. Preferisco la montagna, e mi piace giocare a tennis e fare jogging.

● Mi chiamo Linda. Mi piace il mare e fare sport: nuotare, fare jogging e giocare a tennis.

3 **1.** b) – **2.** e) – **3.** c) – **4.** f) – **5.** d) – **6.** a)

Lektion 11

Fragen zum Dialog

1. Annarella organisiert an San Ranieri immer ein Abendessen mit ihren Freunden. Diesmal möchte sie auch Linda und Martin einladen. – **2.** Linda hat Bedenken, dass sie an diesem Abendessen unter Freunden niemanden kennen, außerdem spricht Martin nicht gut Italienisch. – **3.** Linda und Martin sollen um 20.30 Uhr zu Annarella nach Hause kommen.

1 **1.** qualche – **2.** qualcosa – **3.** niente – **4.** tutto – **5.** nessuno

2 **1.** b) – **2.** a) – **3.** b)

Hörtext

Roberto	Ciao Manuel.
Manuel	Oh, ciao, Roberto. Come va?
Robert	Bene, grazie. Senti, per stasera ho organizzato una cena con amici. Hai voglia di venire anche tu?
Manuel	Sì, certo, vengo molto volentieri. Ma dove?
Roberto	Alla pizzeria "Margherita" dove si mangia molto bene.
Manuel	Dove si trova questa pizzeria?
Roberto	La pizzeria si trova nel mio quartiere, vicino a casa mia.
Manuel	Tutto chiaro. Benissimo. E a che ora?
Roberto	Ti aspetto alle otto direttamente in pizzeria. Va bene?
Manuel	D'accordo, alle otto in pizzeria. A stasera. Ciao!

Lektion 12

Fragen zum Dialog

1. b) – **2.** a) – **3.** c)

1 (**1**) Oggi (io) **ho avuto** una giornata intensa:
(**2**) Come tutti i giorni, (io) **ho fatto** colazione alle 7.00.
(**3**) Alle 8.00 (io) **sono uscito** di casa, **ho portato** mia figlia a scuola e **sono andato** al lavoro.
(**4**) Alle 16.30 (io) **ho preso** la figlia a scuola e (noi) **siamo tornati** a casa.
(**5**) Dopo (io) **ho giocato** con mia figlia fino all'ora di cena.
(**6**) Alle 22.30 (io) **sono andato** a letto.

Lektion 13

Fragen zum Dialog

1. a) – **2.** c) – **3.** b)

1 **1.** richtig – **2.** richtig – **3.** falsch – **4.** falsch – **5.** richtig

Hörtext

Maria	Pronto, Roberto? Sono Maria.
Roberto	Oh, ciao. Come va?
Maria	Bene. Senti, hai voglia di venire con me a teatro stasera? C'è uno spettacolo di danza classica.
Roberto	Mah, non lo so. Non mi piace molto la danza classica. Ma che ne dici di andare al cinema invece?
Maria	Al cinema? Perché no! Che film c'è?
Roberto	Al cinema Odeon c'è l'ultimo James Bond e una commedia italiana. E al cinema Arno c'è il famoso film The Blues Brothers.
Maria	I Blues Brothers? Meraviglioso! Adoro questo film. Andiamo! A che ora inizia?
Roberto	Aspetta che guardo sul giornale ... il film inizia alle 19.30.

Maria Per me è troppo presto. Non c'è uno spettacolo più tardi?
Roberto Sì, c'è uno spettacolo alle 22.00.
Maria Perfetto. Ci vediamo direttamente al cinema alle 22.00?
Roberto Va benissimo. A stasera, allora. Ciao!

2 **1.** Li – **2.** vi – **3.** La – **4.** ti – **5.** vi

Lektion 14

1 **1.** cipolla – **2.** arancia – **3.** pomodoro – **4.** banana – **5.** patata – **6.** insalata – **7.** ciliegie – **8.** fungo

3 **1.** i vostri – la vostra – **2.** il loro – **3.** il suo – **4.** i nostri – **5.** la sua – **6.** il mio

4 **1.** b) – **2.** a) – **3.** c) – **4.** c) – **5.** a) – **6.** b) – **7.** c) – **8.** a)

Hörtext

1. Sono le dieci e un quarto. – **2.** Sono le sette e mezza. – **3.** È mezzogiorno e un quarto. – **4.** Ehh … è mezzogiorno meno un quarto. – **5.** Sono le quattro in punto. – **6.** Aspetti … Sono le due e venti. – **7.** Sono le nove e cinque. – **8.** Sono … le cinque.

5 **1.** sono nata – **2.** ha trovato – **3.** siamo trasferiti – **4.** ho frequentato– **5.** ho fatto – **6.** ho studiato – **7.** ho cominciato – **8.** ho sposato – **9.** sono nati – **10.** è cresciuta – **11.** abbiamo comprato – **12.** sono andata

6 **1.** richtig – **2.** falsch – **3.** richtig – **4.** falsch – **5.** falsch

Hörtext

Roberto Manuel, ciao! Che sorpresa vederti!
Manuel Oh, ciao, Roberto. Come va?
Roberto Non c'è male. Hai tempo per un caffè?
Manuel Sì, certo. C'è un bar qui vicino. Andiamo a bere qualcosa.
Barista Buongiorno. Mi dica!
Roberto Per me un caffè. Tu cosa prendi?
Manuel Io prendo un succo di frutta.
Barista Che succo desidera?
Manuel Ha un succo d'ananas?
Barista No, mi dispiace, il succo d'ananas è finito.
Manuel Allora mi dia un succo d'arancia.
Barista Va bene. Un caffè e un succo d'arancia. Subito.
Roberto Senta, che cos'ha da mangiare?
Barista Panini, tramezzini, toast …
Roberto Vorrei un panino al prosciutto.
Barista Benissimo.
Roberto Mangi qualcosa anche tu?
Manuel No, io non ho fame.
Barista Ecco a lei.

7 **1.** Si fa – **2.** Si mangia – **3.** Si va – **4.** Si dorme – **5.** Si prende

8 **1.** Vorrei prenotare due biglietti per il concerto dei Pink Floyd di giovedì sera.
2. Vorrei prenotare un tavolo per quattro persone, per mercoledì a mezzogiorno e mezza, a nome Barelli.
3. Vorrei prenotare due biglietti per il film The Rocky Horror Picture Show sabato sera alle undici.

9 **2.** Quando **hai letto** il giornale? – **3.** Quando **siamo stati** sulla Torre Pendente? – **4.** Quando **è andata** al cinema?– **5.** Quando **è nato** Stefano?

10 **piace:** leggere libri, fare passeggiate, uscire con gli amici, andare al cinema, ascoltare la musica

non piace: andare al mare, nuotare, fare sport, guardare la televisione

Hörtext

Sono Annarella. Mi piace tantissimo leggere libri, soprattutto romanzi. Ma poi mi piace anche fare lunghe passeggiate in montagna. Non mi piace andare al mare, non mi piace nuotare. In generale, non mi piace molto fare sport. Invece mi piace uscire con i miei amici, oppure andare al cinema con un'amica. Devo dire che non mi piace molto guardare la televisione, ma mi piace ascoltare la musica.

11

Infinitiv	Partizip Perfekt
1. arrivare	arrivato
2. scrivere	scritto
3. dormire	dormito
4. visitare	visitato
5. essere	stato
6. nuotare	nuotato
7. leggere	letto
8. andare	andato
9. avere	avuto

12 **1.** a) – **2.** c) – **3.** b) – **4.** a)

Hörtext

Filiberto	Pronto.
Manuel	Sono Manuel. Ciao, Filiberto.
Filiberto	Oh, ciao Manuel. Come stai?
Manuel	Bene, grazie. Senti un po'. Hai voglia di venire al cinema con me domani sera?
Filiberto	Al cinema? Sì, certo. Che cosa vuoi andare a vedere?
Manuel	Al cinema Odeon danno l'ultimo James Bond. Ti va?
Filiberto	Mah, sì, un bel film d'azione. Quando vuoi andare?
Manuel	Vorrei andare allo spettacolo delle otto e mezza. Va bene per te?
Filiberto	Sì, alle otto e mezza mi va bene. Che cinema hai detto?
Manuel	L'Odeon, vicino a casa mia.
Filiberto	Ho capito. E dove ci troviamo?
Manuel	Direi, direttamente al cinema. Okay?
Filiberto	Perfetto. A domani, allora. Ciao.
Manuel	Ciao.

Zwischentest 2

1 **1.** Linda e Martin sono saliti sulla Torre Pendente. – **2.** Livia ha fatto i compiti di matematica. – **3.** Io ho mangiato un bel risotto. – **4.** Voi siete andati a Berlino l'anno scorso. – **5.** Io e Livia abbiamo letto un libro sotto l'ombrellone.

→ L12

2 **1.** e) – **2.** b) – **3.** g) – **4.** f) – **5.** d) – **6.** h) – **7.** c) – **8.** a)
→ L9

3 **1.** chiusa – **2.** preso – **3.** stati – **4.** giocato – **5.** giocato – **6.** arrivata – **7.** lavorato
→ L12

4 € 9,50 – € 12,- – € 9,10 – € 30,- – € 57,20 – € 120,- – € 92,60 – € 150,- – € 3,80 – € 14,50
→ L7

Hörtext

nove euro e cinquanta – dodici euro – nove euro e dieci – trenta euro – cinquantasette euro e venti – centoventi euro – novantadue euro e sessanta – centocinquanta euro – tre euro e ottanta – quattordici euro e cinquanta

5 Linda: penne ai funghi, formaggi misti, patate arrosto, acqua minerale, macedonia.
Martin: spaghetti alle vongole, cotoletta, patate arrosto, vino rosso, caffè.
→ L8

Hörtext

Martin	Cameriere, possiamo ordinare?
Cameriere	Subito, eccomi. Buonasera. Vi porto il menù?
Linda	No, grazie. Che cosa ci consiglia?
Cameriere	Prendete un antipasto?
Martin	No, grazie. Cominciamo con un primo.
Cameriere	Come primi oggi abbiamo: penne ai funghi oppure al ragù, spaghetti alle vongole oppure lasagne.
Martin	Prendo gli spaghetti alle vongole.
Linda	Io invece vorrei le penne ai funghi.
Cameriere	Benissimo. E di secondo vi posso consigliare la carne alla griglia o una cotoletta, oppure una delle nostre specialità di pesce alla griglia.
Martin	Vorrei una cotoletta.
Linda	Io non mangio la carne. Posso avere un piatto di formaggi misti?
Cameriere	Certamente, signora. Quindi, una cotoletta per il signore e formaggi misti per Lei. E di contorno?
Linda	Per me patate arrosto.
Martin	Anche per me.
Cameriere	E da bere?
Martin	Prendiamo un po' di vino?
Linda	Per me solo acqua minerale, grazie.
Martin	Allora ci porti mezzo litro di vino rosso e una bottiglia di acqua minerale.
Cameriere	Gassata o naturale?
Martin	Gassata, per favore.
Linda	Che cosa avete di dolce?
Cameriere	Abbiamo la macedonia oppure un tiramisù.
Linda	Prendo la macedonia.
Cameriere	Due macedonie?
Martin	No, per me niente, grazie. Prendo un caffè e basta.

6 **1.** vero – **2.** falso – **3.** vero – **4.** vero – **5.** falso.
→ L12

7 **1.** b) – **2.** b) – **3.** c) – **4.** a)
→ L8, L10

Hörtext

Reporter: Ciao a tutti! Qui Radio Torre, la radio di Pisa. È una splendida giornata e siamo a Marina di Pisa. Buongiorno, lei, come si chiama?
Carla: Ehm … buongiorno, mi chiamo Carla Carlesi.
Reporter: Signora Carla, Le piace andare al mare?
Carla: Sì, mi piace moltissimo. Mi piace il sole, mi piace guardare il mare, mi piace vedere tutta la gente …
Reporter: Fa anche sport acquatici?
Carla: Che cosa?
Reporter: Sport acquatici … Le piace nuotare, andare in barca, fare windsurf …
Carla: Ma no! Non mi piacciono queste cose! Non mi piace l'acqua, non so nuotare, e non ho una barca!
Reporter: Ma allora, che cosa fa al mare?
Carla: Qui a Marina di Pisa incontro i miei amici, parlo con la gente, prendo il sole …
Reporter: … e legge un bel libro sotto l'ombrellone, vero?
Carla: A dire il vero, no. Non leggo mai al mare. Ma … ascolto la radio, per esempio Radio Torre.
Reporter: Questo mi fa molto piacere. Buona giornata!

insgesamt 54 Punkte
molto bene: 47 – 54
bene: 37 – 46
medio: fino a 36

Lektion 15

Fragen zum Dialog
1. vero – **2.** vero – **3.** falso – **4.** falso

1 **2.** L'abbiamo incontrato in città. – **3.** Sì, Livia l'ha fatta. – **4.** Li ho comprati al mercato. – **5.** Li abbiamo invitati ieri.

3 **1.** vero – **2.** falso – **3.** vero – **4.** falso

Hörtext

Reception: Buongiorno, desidera?
Daniela Buri: Buongiorno. Vorrei fare qualche giorno di ferie qui a Marina di Pisa. Avete una camera libera per la settimana prossima?
Reception: Una camera singola?
Daniela Buri: No, una camera matrimoniale con un letto aggiuntivo per nostro figlio.
Reception: Per quanti giorni Le serve la camera?
Daniela Buri: Per una settimana. Da sabato a sabato.
Reception: Un attimo … Ho una camera matrimoniale con letto aggiuntivo. Ma la camera è un po' rumorosa perché dà sulla strada e ha soltanto la doccia. Altrimenti le posso dare una camera tripla, con tre letti.

Daniela Buri	Preferisco una camera tranquilla. La camera tripla, com'è?
Reception	Spaziosa e con bagno grande. Ha anche la vasca.
Daniela Buri	Bene. Quanto costa la camera tripla?
Reception	Sono 135 euro al giorno.
Daniela Buri	Va bene, vorrei prenotare la camera tripla per una settimana.
Reception	A che nome, signora?
Daniela Buri	A nome Buri.
Reception	Benissimo. Grazie e arrivederci.
Daniela Buri	Arrivederci.

Lektion 16

Fragen zum Dialog

1. Stefano vuole andare a Venezia. – **2.** Vuole un biglietto di seconda classe. – **3.** Compra cinque biglietti, quattro interi e uno ridotto.

1 **1.** A Torino P. N. – **2.** 09.35 – **3.** 20 minuti – **4.** Binario 1

2 **1.** vieni – **2.** guarda – **3.** Pulisci – **4.** ordina – **5.** fai – **6.** chiudi – **7.** studia – **8.** vai

3 **Hörtext**

Impiegato	Buongiorno. Desidera?
Martin	Buongiorno. Vorrei prenotare un volo per Roma.
Impiegato	Quando vuole partire?
Martin	Martedì prossimo.
Impiegato	In quale classe? Business o Economy?
Martin	Economy, per favore.
Impiegato	Allora, martedì c'è un volo Alitalia, partenza da Pisa alle 10.25 e arrivo a Roma Fiumicino alle 11.50.
Martin	Perfetto. Quanto costa il biglietto?
Impiegato	150 euro.

Lektion 17

Fragen zum Dialog

1. b) – **2.** a) – **3.** c)

1 **4.** – **1.** – **6.** – **2.** – **5.** – **3.**

Hörtext

Manuel	Mi scusi, per la Torre Pendente?
Passante	Ehm …, deve andare a piedi perché il centro storico è chiuso al traffico.
Manuel	E dove posso parcheggiare la macchina?
Passante	Qui siamo in Via Crispi. Deve attraversare il ponte, poi gira a destra e arriva in Piazza Carrara dove c'è un parcheggio.
Manuel	E poi?
Passante	È semplice. Deve attraversare Piazza Carrara, poi gira a sinistra, e al semaforo va sempre dritto fino a Piazza dei Miracoli dove trova la Torre Pendente.
Manuel	Grazie mille.
Passante	Prego.

2 **1.** porti – **2.** Abbia – **3.** Dica – **4.** telefoni – **5.** faccia – **6.** chiuda

Lektion 18

Fragen zum Dialog

1. vero – **2.** vero – **3.** falso – **4.** falso

1 **1.** c) – **2.** b) – **3.** d) – **4.** h) – **5.** a) – **6.** e) – **7.** g) – **8.** f)

3 **1.** vero – **2.** vero – **3.** falso – **4.** falso

Hörtext

R. Neri	Buongiorno. Ho prenotato una camera a nome di Neri.
Reception	Vediamo … Sì, ecco, una camera singola con mezza pensione.
R. Neri	Esatto.
Reception	Mi dia la sua carta d'identità, per favore.
R. Neri	Eccola.
Reception	Grazie.
R. Neri	Mi scusi, c'è un collegamento Internet nella camera?
Reception	No, mi dispiace. Le camere non dispongono di collegamento Internet, ma qui nella hall ne abbiamo uno.
R. Neri	Perfetto, grazie.
Reception	Ecco le sue chiavi. La camera è la numero 14. L'ascensore si trova qui a sinistra.
R. Neri	Grazie e arrivederci.

Lektion 19

Fragen zum Dialog

1. A Linda fanno male il piede, il braccio e la testa. – **2.** Il farmacista le dà una crema. – **3.** Deve prendere due pastiglie.

1 **1.** Vada – **2.** cammini – **3.** Prenda – **4.** Legga – **5.** Stia – **6.** Applichi

2 **1.** Ohh … Mi fa male un dente. – **2.** Ho mal di pancia. – **3.** Ho la febbre.

3 **1.** a) – **2.** c) – **3.** b)

Lektion 20

Fragen zum Dialog

1. b) – **2.** c) – **3.** a)

1 **2.** I pantaloni sono più **pratici della** gonna. – **3.** Il tedesco è più **facile dell**'inglese. – **4.** Il caffè è più **buono del** tè.

3 **1.** L'uomo porta un **cappello nero**, una **camicia bianca** con una **cravatta rossa a righe e pantaloni blu.**
2. La donna porta una **gonna verde**, una **camicetta azzurra a fiori** e una **cintura nera**.

Lektion 21

Fragen zum Dialog

1. falso – **2.** vero – **3.** vero

1 **Anita:** basso, occhiali – **Tiziana:** alto, capelli corti – **Rudolfo:** occhi azzuri – **Luigi:** alto, magro, sigaretta – **Marco:** barba, grasso

Hörtext

A Allora? Come è andata la gita?

B Benissimo! Ci siamo divertiti tanto. Guarda questa foto. Qui ci siamo tutti. Questa è la mia amica Anita.

A Quella alta con i capelli lunghi?

B Ma no, quella è Tiziana. Anita è quella bassa con gli occhiali.

A Ah, ecco. E chi è quel ragazzo bello ed elegante con gli occhi azzurri?

B Quello è Rodolfo. E accanto a lui c'è mio fratello Luigi.

A È sempre stato così grasso?

B Ma che dici! Luigi è l'altro: è quello alto e magro, con la sigaretta in mano.

A Ho capito. Ma quello grasso con la barba, chi è? Mi piace.

B Quello è Marco. Sì, è molto simpatico.

2 **1.** che – **2.** cui – **3.** cui – **4.** che – **5.** che

Lektion 22

1 **1.** inverno – **2.** febbraio – **3.** novembre – **4.** estate – **5.** luglio – **6.** dicembre – **7.** aprile
Lösungswort: Vivaldi

2 **1.** b) – **2.** a) – **3.** b) – **4.** a) – **5.** c) – **6.** c) – **7.** a)

Hörtext

Linda Buongiorno, vorrei delle informazioni sulle navi per la Corsica.

Impiegato Da dove vuole partire? Da Livorno o da Civitavecchia?

Linda Da Livorno.

Impiegato E quando vuole partire?

Linda Vogliamo partire il 10 luglio.

Impiegato Quanti siete?

Linda Siamo in due. Due adulti.

Impiegato Avete qualche mezzo di trasporto? Auto, roulotte, moto?

Linda La macchina.

Impiegato Come volete viaggiare? In poltrona, in cabina …

Linda Vogliamo una cabina doppia di seconda classe.

Impiegato Va bene. Vediamo un po' la disponibilità … Allora, c'è un traghetto che parte il 10 luglio da Livorno alle 11 di sera e arriva a Bastia la mattina dopo alle 7.

Linda Quindi il viaggio dura 8 ore. Perfetto.

Impiegato Per l'imbarco dovete essere al porto almeno un'ora prima.

Linda Va bene. E quanto costa?

Impiegato Il biglietto per 2 adulti costa 42 euro, per la macchina sono 30 euro, una cabina con 2 letti costa 25 euro … il prezzo totale, cioè con le tasse, è di 127 euro.

Linda D'accordo.

Impiegato Bene, allora prenoto subito.

3 Oggi Livia ha **preparato** la pasta. Nel libro di cucina ha **trovato** una ricetta: spaghetti al sugo. L'ha **letta** e poi ha **cominciato**: prima ha **messo** sale nell'acqua, poi ha **preso** gli spaghetti e li ha **messi** nell'acqua. Dopo ha **preparato** i pomodori e la cipolla per il sugo. Alla fine ha **servito** gli spaghetti e il sugo sul piatto e li ha **mangiati**.

Lösungen und Hörtexte

5 **1.** d) – **2.** b) – **3.** a) – **4.** e) – **5.** g) – **6.** f) – **7.** c)

6 **1.** Sì, te lo compro. – **2.** Sì, ve li prendo. – **3.** Sì, me li lavo sempre. – **4.** Sì, te lo preparo. – **5.** Sì, gliele porto.

7 **1.** b) Alessia è alta e magra, ha i capelli corti. – **2.** d) Marco è basso e robusto, ha la barba. – **3.** e) Maria ha 73 anni e porta gli occhiali. – **4.** g) Antonio ha i capelli neri e fuma. – **5.** c) Tiziana ha i capelli lunghi e porta una gonna. – **6.** a) Livia è una bambina.
Nicht zur Gruppe gehört: f)

8 L'appartamento che Livia descrive è: il primo 1.

Hörtext

Livia: Io vivo a Pisa in un appartamento al terzo piano. Purtroppo non abbiamo l'ascensore. Ma la mia casa è molto bella. Ci sono cinque stanze: una cucina, un salotto, due camere da letto e un bagno. Entrando in casa c'è un lungo corridoio. La prima stanza a sinistra è la cucina. Di fronte alla cucina c'è il salotto. Dal salotto si accede a un bel balcone. Accanto alla cucina c'è il bagno. Il bagno è piccolo. In fondo al corridoio ci sono le due camere da letto.

9 Io vivo **a** Pisa in un appartamento al terz**o** piano. Purtroppo non abbiamo l'ascensore. Ma la mia casa è molto bell**a**. Ci sono cinque stanze: una cucina, un salotto, due camere da letto e un bagno. Entrando **in** casa c'è un lung**o** corridoio. La prim**a** stanza **a** sinistra è la cucina. Di fronte **alla** cucina c'è il salotto. Dal salotto si accede a un bel balcone. Accanto **alla** cucina c'è il bagno. Il bagno è piccol**o**. In fondo **al** corridoio ci sono le due camere **da** letto.

10 **1.** e) – **2.** d) – **3.** a) – **4.** b) – **5.** f) – **6.** c)

11 **Hörtext**

Commessa	Buongiorno. Posso aiutarLa?
Bettina	Buongiorno. Senta, cerco un regalo per mio marito.
Commessa	Per esempio un bel maglione?
Bettina	Sì, buona idea.
Commessa	Che taglia porta suo marito?
Bettina	Una XXL.
Commessa	Le piace questo modello?
Bettina	I colori mi sembrano un po' troppo giovanili.
Commessa	I colori vivaci vanno molto di moda quest'anno.
Bettina	Sì, ma non piacciono a mio marito.
Commessa	Allora forse un modello più classico come questo?
Bettina	Sì, questo è un bel maglione. Quanto costa?
Commessa	150 euro.
Bettina	Accidenti! Ma è carissimo!
Commessa	È un maglione della nuova collezione invernale e poi di ottima qualità.
Bettina	Va bene. … Senta, eventualmente posso cambiarlo?
Commessa	Certamente, signora. Ma soltanto con lo scontrino.

12 **1.** pratici delle – **2.** lungo dell' – **3.** caro della – **4.** alcolica del – **5.** grandi delle – **6.** freddo dell'

13 **1.** vero – **2.** falso – **3.** vero – **4.** falso – **5.** vero – **6.** falso

Hörtext

Medico	Buongiorno, signora. Come va?
Maria Licondi	Buongiorno, dottore. Ah, non mi sento per niente bene.
Medico	Mi dica, signora, cos'ha?
Licondi	Da diversi giorni ho un terribile mal di testa.
Medico	Ha anche la febbre?
Licondi	Credo di no. Ma mi fa male la gola. Sono molto malata, dottore?
Medico	Non si preoccupi, signora. Non è grave. Vada a casa e si riposi! Non guardi la televisione! Beva un bel tè!
Maria	Non mi dà nessuna medicina, dottore?
Medico	Prenda un'aspirina. Ma solo una al giorno, a stomaco pieno, mi raccomando!

Zwischentest 3

1 **2. L'ho** lett**o**. – **3. Li ho** comprat**i**. – **4. L'ho** bevut**o**. – **5. Le ho** vist**e**. – **6. L'ho** pres**o**.
→ L15

2 **1.** b) – **2.** c) – **3.** e) – **4.** a) – **5.** d)
→ L18

3 **1.** vero – **2.** falso – **3.** vero – **4.** vero – **5.** falso – **6.** falso – **7.** vero
→ L16

Hörtext

Impiegato	Buongiorno, mi dica.
Linda	Buongiorno, devo andare a Roma domani.
Impiegato	A che ora vuole partire?
Linda	Domani mattina.
Impiegato	C'è un treno diretto da Pisa alle 9.50 che arriva a Roma Termini alle 13.10.
Linda	Vorrei arrivare a Roma prima delle 13.00.
Impiegato	Allora prenda il treno delle 7.32, cambi a Firenze e prenda l'Eurostar delle 9.55. Arriva a Roma alle 12.20.
Linda	Perfetto. Quanto tempo ho per cambiare a Firenze?
Impiegato	20 minuti.
Linda	Dovrebbero bastare. Quanto costa il biglietto?
Impiegato	Di prima o di seconda classe?
Linda	Di prima classe.
Impiegato	Pisa–Roma in prima classe costa 67 euro con la prenotazione obbligatoria sull'Eurostar.
Linda	Va bene. Allora prendo due biglietti di prima classe per Roma, andata e ritorno.
Impiegato	Volentieri.

4 **1.** molti – **2.** modern**a** – tranquill**o** – **3.** piccol**a** – bell**a** – **4.** grand**i** – **5.** nuov**i** – **6.** comod**o**
→ L18

5 **1.** in – **2.** a – **3.** al – **4.** a – **5.** a – **6.** in – **7.** a – **8.** a – **9.** al
→ L15, L17

6 **1.** Martin deve andare alla Posta. **2.** Deve prendere il Borgo Stretto. **3.** Deve attraversare il Ponte di Mezzo. **4.** Deve andare lungo Via Montanelli. **5.** Deve girare a sinistra in Piazza Giusti. **6.** Si trova di fronte alla gelateria "Pinguino".
→ L17

Hörtext

Martin	Mi scusi, per andare alla Posta?
Passante	Sì, allora da qui deve prendere il Borgo Stretto, la strada che vede lì. Dopo circa 200 metri arriva all'Arno, dove deve attraversare il Ponte di Mezzo. Dopo deve andare sempre dritto lungo Via Montanelli. Quando arriva in Piazza Giusti, gira a sinistra e si trova di fronte a una gelateria. Le Poste sono lì, accanto alla gelateria "Pinguino".

7 **1.** a) – **2.** c) – **3.** a) – **4.** c) – **5.** b)
→ L19, L20

Hörtext

Reporter	Ciao a tutti! Qui Radio Torre, la radio di Pisa. È iniziata la stagione dei saldi e siamo qui al centro commerciale. Lei, come si chiama?
Frau	Ehm, Rita.
Reporter	Signora Rita, vedo che ha fatto shopping, hem? Cosa c'è in queste cinque borse?
Frau	Eh sì, ho fatto shopping. Allora, ho comprato questi pantaloni neri, una camicetta azzurra e una giacca blu.
Reporter	Grazie mille. E Lei, signore? Ha fatto shopping anche Lei?
Mann	Sì, mi serviva un nuovo vestito per il lavoro. Ho trovato questo bel vestito grigio, una camicia bianca e una cravatta a righe.
Reporter	Grazie. E Lei?
Mann 2	Non ho comprato niente. Devo uscire subito, mi sento male.
Reporter	Si sente male? Perché?
Mann 2	Qui c'è troppa gente, troppo rumore. Ho un terribile mal di testa.
Reporter	Mi dispiace. E tu, piccola? Come ti chiami?
Livia	Livia.
Reporter	E che cosa hai comprato tu?
Livia	Un gelato!

8 **1.** Carlo e Mario, **venite** subito da me! – **2.** Dottore, mi **dica** la verità! – **3.** Ho freddo, **chiudi** la finestra, per favore! – **4.** Livia, **porta** questo libro a tuo padre! – **5.** Martin, non **telefonare** in chiesa!
→ L16, L17

insgesamt 48 Punkte
molto bene: 43 – 48
bene: 34 – 42
medio: fino a 33

Lösungen und Hörtexte

Lektion 23

Fragen zum Dialog

1. falso – **2.** vero – **3.** falso

1 **2.** Linda comincia a lavorare alle 8.00. – **3.** Vorrei parlare con Linda. – **4.** Livia aiuta a preparare la cena. – **5.** Preferisco aspettare la chiamata di Stefano.

2 **1.** vero – **2.** falso – **3.** vero – **4.** falso

Hörtext

Martin	Ora chiamo Ettore e Annarella per invitarli a cena.
Voce	Informazione gratuita: attenzione, il numero selezionato è inesistente.
Martin	Ho sbagliato numero.
Bettina	Hai controllato sull'elenco telefonico?
Martin	Sì.
Bettina	Hai selezionato il prefisso?
Martin	No, l'ho dimenticato. Hai ragione. Riprovo, questa volta con il prefisso.
Voce	Risponde la segreteria telefonica del numero zero, cinquanta, cinquantasette, trentadue, ottanta. In questo momento siamo assenti. Potete lasciare un messaggio dopo il segnale acustico. Grazie.
Martin	Sono Martin. Vorrei invitarvi a cena domenica sera. Telefonatemi quando siete a casa. Grazie. Ciao.

3 **Hörtext**

Mann A	Pronto!
Stefano	Buongiorno. Sono Stefano. Vorrei parlare con Ettore.
Mann B	Mi può ripetere il suo nome, per favore?
Frau A	Mi chiamo Rabe: R come Roma, A come Ancona, B come Bologna, E come Empoli.
Frau B	Risponde la segreteria telefonica del numero 340 544 34 64. Siamo momentaneamente assenti. Lasciate un messaggio dopo il segnale acustico, grazie.
Mann A	Ciao, sono Mario. Ho la febbre e non posso venire al cinema stasera.

Lektion 24

Fragen zum Dialog

1. Linda ha fatto un viaggio in Italia quando era bambina. – **2.** Giocava con due bambini. – **3.** Le è venuta la voglia di studiare meglio l'italiano.

1 **1.** era – **2.** aveva – **3.** portava – **4.** ha – **5.** porta – **6.** era – **7.** amava – **8.** gioca – **9.** ama – **10.** abitava – **11.** vive

2 **1.** b) – **2.** a) – **3.** b) – **4.** c)

Hörtext

Stefano	Qui siamo a Porta a Lucca, così si chiama un antico quartiere di Pisa, dove abitavo da bambino.
Linda	Davvero? E dove esattamente?
Stefano	Vedi quella casa lì, accanto alla chiesa?
Linda	Sì.
Stefano	Abitavo proprio lì.

Linda	È bello qui, mi piace questo quartiere.
Stefano	Eravamo molti bambini e giocavamo sempre qui in strada.
Linda	Insomma, eravate sempre fuori. Ma le vostre mamme non avevano paura?
Stefano	Erano altri tempi. C'era molto meno traffico, non era così pericoloso giocare per strada. Verso le otto di sera, poi, le nostre mamme ci chiamavano: "Vieni, si mangia!" E allora tornavamo a casa.

3 **1.** c) – **2.** e) – **3.** a) – **4.** g) – **5.** d) – **6.** f) – **7.** b)

Lektion 25

Fragen zum Dialog

1. b) – **2.** a) – **3.** c)

2 **1.** a) urgente b) urgentemente – **2.** a) tranquillamente b) tranquilla – **3.** a) buona b) bene

3 **1.** falso – **2.** vero – **3.** vero – **4.** falso

Hörtext

Direttrice	Scuola Dante Alighieri, buongiorno.
Linda	Buongiorno. Mi chiamo Linda Schneider e ho ricevuto la sua e-mail. Vorrei prendere un appuntamento per parlare dei vostri corsi d'italiano a Firenze.
Direttrice	Volentieri. Quando desidera venire?
Linda	Pensavo di venire a Firenze giovedì o venerdì.
Direttrice	Giovedì sono assente tutto il giorno, mi dispiace. Ma possiamo incontrarci venerdì alle 11.00.
Linda	Alle 11.00 è troppo presto per me. Possiamo fare nel pomeriggio?
Direttrice	Aspetti che controllo. … Sì, va bene. Possiamo vederci alle 15.00.
Linda	Quindi, venerdì alle 15.00. Benissimo. E dove?
Direttrice	La nostra scuola si trova in Via Capponi 4.
Linda	Bene. Allora ci vediamo venerdì. Buona giornata.
Direttrice	Buona giornata anche a Lei, e a presto.

Lektion 26

Fragen zum Dialog

1. vero – **2.** falso – **3.** vero

1 **2.** (Loro) stanno giocando nel giardino. – **3.** Stefano sta cercando le chiavi. – **4.** Livia sta facendo colazione. – **5.** Dove sta andando, signora?

2

Sig. Pampalone	Ditta Pampalone, buongiorno.
Rita	Buongiorno. Mi chiamo Rita Torre. Telefono per il posto di lavoro come segretaria.
Sig. P.	Ah, sì. Bene. Ha esperienze di lavoro?
Rita	Sì, ho lavorato per tre anni come segretaria in una grande azienda.
Sig. P.	Benissimo. Ha un diploma?
Rita	Sì. Dopo la maturità ho fatto un soggiorno in Inghilterra. Più tardi ho fatto un diploma in informatica e poi ho trovato un posto nell'azienda.

Sig. P.	Va bene. Possiamo fissare un appuntamento? Le va bene mercoledì prossimo alle 10.30?
Rita	Mi va benissimo. La ringrazio e arrivederci.
Sig. P.	A mercoledì, arrivederci.

3 **1.** cantante – **2.** collaboratrice domestica– **3.** parrucchiere – **4.** dentista – **5.** camionista – **6.** cuoco

Lektion 27

Fragen zum Dialog

1. Marco De Franchi ha elaborato un protocollo per il controllo della qualità. – **2.** Lo leggerà in ufficio. – **3.** Sì, le piace molto.

1 **1.** Quando sarà vecchio, andrà a vivere all'estero. – **2.** Prima o poi Linda e Martin faranno un viaggio in America Latina. – **3.** Quando avremo un po' di soldi, compreremo una casa sul mare. – **4.** Quando avrò un po' di tempo, leggerò un bel libro.

3 **1.** Anita Rossi – **2.** a Vancouver, British Columbia, in Canada – **3.** da 8 anni – **4.** lavora come cuoca in un ristorante – **5.** tornare in Italia e aprire un ristorante

Hörtext

Mann	Senta, vorrei farLe alcune domande.
Anita	Va bene.
Mann	Come si chiama?
Anita	Mi chiamo Anita Rossi.
Mann	E Lei vive all'estero, giusto?
Anita	Sì, io vivo in Canada, a Vancouver, in British Columbia.
Mann	Da quanto tempo?
Anita	Ehm, sono otto anni ormai.
Mann	E perché si è trasferita in Canada?
Anita	Dopo la scuola ho fatto un periodo di formazione come cuoca in un albergo a Roma. Poi sono andata in Australia dove ho fatto un corso d'inglese. E tre mesi dopo ho letto sul giornale che un grande ristorante in Canada cercava un cuoco. Ho telefonato e mi sono presentata a un colloquio di lavoro. Infine ho accettato il posto di lavoro e sono partita per Vancouver.
Mann	Quali sono i Suoi progetti per il futuro? Pensa di rimanere per sempre in Canada o di tornare in Italia un giorno?
Anita	Ho un grande sogno: prima o poi voglio tornare in Italia e aprire un ristorante.
Mann	Allora non mi resta altro che augurarLe buona fortuna!
Anita	Grazie.

Lektion 28

Fragen zum Dialog

1. a) – **2.** c) – **3.** b)

1 **1.** vero – **2.** falso – **3.** falso – **4.** vero – **5.** falso

Hörtext

Rita	Pronto, sono Rita.
Francesca	Oh, Rita, ciao! Come stai? Da quanto tempo che non ci sentiamo …
Rita	Eh sì, è vero. Ti ho chiamato per darti una bella notizia.
Francesca	Dimmi!
Rita	Ho trovato un nuovo lavoro.
Francesca	Davvero? Non dirmi che andrai finalmente a Shanghai!
Rita	Macché, sarebbe troppo bello. Per Shanghai partirei anche domani, ma per adesso ho accettato un posto come ingegnere ad Amburgo.
Francesca	Sono felice per te. E quando comincerai a lavorare ad Amburgo?
Rita	Partirò la settimana prossima, prima per cercare una casa. Poi tornerò in Italia e preparerò il trasloco. Comincerò a lavorare tra un mese.

2 **1.** Gianni smetterebbe di lavorare. – **2.** Scriverei un giallo. – **3.** Martin e Linda comprerebbero una casa. – **4.** Tu faresti un lungo viaggio. – **5.** Martin e Linda andrebbero a vivere alle Hawaii.

3 **2.** Ora mangeremmo volentieri un gelato. – **3.** Luigi, potresti chiudere la porta, per favore? – **4.** Rita e Manuel lavorerebbero volentieri all'estero. – **5.** Mi potrebbe dare il suo numero di telefono? – **6.** Mi piacerebbe attraversare l'Italia in bicicletta.

Lektion 29

Fragen zum Dialog

1. vero – **2.** falso – **3.** vero – **4.** vero – **5.** falso

1 **1.** siamo stati in ferie – **2.** ci vedremo – **3.** fa – **4.** ha letto – **5.** era

2 **1.** Ci vogliono / Occorrono – **2.** Bisogna / Si deve – **3.** si deve / bisogna – **4.** occorre / ci vuole – **5.** bisogna / si deve

3 **1.** b) – **2.** a) – **3.** b) – **4.** a)

Hörtext

Buongiorno, gentili ascoltatori, e benvenuti a Meteo Italia. Le previsioni per oggi: dopo i temporali e la grandine di ieri, oggi, lunedì, 27 giugno, il tempo migliora in tutto il paese. Ci sarà ancora qualche nuvola in Lombardia, ma in Toscana le temperature saliranno notevolmente. E al sud, specialmente in Calabria e in Sicilia, oggi fa molto caldo. A partire da domani il tempo cambierà di nuovo. Ci sarà forte vento in Toscana e pioggia in Sicilia. Attenzione automobilisti: la mattina c'è nebbia sulle strade in tutto il nord Italia!

Lektion 30

2 **1.** faremo – **2.** amerai – **3.** ci sentiremo – **4.** capirai – **5.** prenderà

4 **2.** cantante – **3.** segretario/a – **4.** architetto – **5.** giornalista – **6.** commesso/a – **7.** dentista

5 **1.** vero – **2.** falso – **3.** falso – **4.** vero – **5.** vero

Hörtext

Commissario Turbo	Bene, cominciamo da Lei, signor Croce: Cosa faceva ieri sera alle 19 e 30?
Sig. Croce	Io? Ero ancora in ufficio e lavoravo.

Comm. Turbo E Lei, signora Cavallini?
Sig. Cavallini Senta, io ero in casa e guardavo la televisione.
Comm. Turbo E Lei, signor Princi?
Sig. Princi Allora, io ero in cucina e … mentre preparavo la cena, mia moglie è uscita di casa.
Comm. Turbo Signora Princi, dove è andata a quell'ora?
Sig. Princi Stavo leggendo un libro quando ho sentito un rumore – peng! – e sono uscita sulle scale e allora ho visto… due persone.
Comm. Turbo Due persone? E conosceva queste persone, signora?
Sig. Princi Sì. Erano il signor Croce e la signora Cavallini.
Comm. Turbo Aha. Interessante.

6 **1.** 5 °C – **2.** Aosta – **3.** Reggio Calabria e Catania – **4.** Genova – **5.** 4 °C

7 **1.** Rossi – **2.** Ferrari – **3.** Marchetti – **4.** Lazzarini

Hörtext

1. R come Roma, O come Otranto, S come Savona, S come Savona, I come Imola
2. F come Firenze, E come Empoli, R come Roma, R come Roma, A come Ancona, R come Roma, I come Imola
3. M come Milano, A come Ancona, R come Roma, C come Como, Acca come Hotel, E come Empoli, T come Torino, T come Torino, I come Imola.
4. L come Livorno, A come Ancona, Zeta, Zeta, A come Ancona, R come Roma, I come Imola, N come Napoli, I come Imola

8 **1.** scrittrice – **2.** cameriera – **3.** avvocatessa – **4.** cantante – **5.** cuoca

9 **1.** Sto facendo colazione. – **2.** Stefano sta leggendo il giornale. – **3.** Ettore e Annarella stanno mangiando un gelato. – **4.** Livia sta suonando il pianoforte. – **5.** Stiamo preparando la cena.

10 **1.** serenamente – **2.** gentilmente – **3.** chiaramente – **4.** direttamente – **5.** bene – **6.** liberamente – **7.** comodamente – **8.** dolcemente – **9.** intensamente – **10.** sicuramente

11 Bettina Ciao, Angela. Come stai?
Angela Ciao. Sto bene, grazie.
Bettina Che cosa stai facendo?
Angela Sto cercando lavoro perché ho bisogno di soldi.
Bettina Che tipo di lavoro cerchi?
Angela Cerco un lavoro part-time perché voglio continuare a studiare all'università.
Bettina Che cosa sai fare?
Angela So usare il computer, so cucinare, so comunicare con le persone …
Bettina Quali lingue conosci?
Angela Ho un diploma di inglese e so bene il tedesco.
Bettina Allora potresti lavorare in una gelateria. Ho visto oggi sul giornale che una gelateria sta cercando personale. Aspetta che guardo …
Angela Grazie! Mi piacerebbe lavorare in una gelateria.
Bettina Eccolo! Guarda, la gelateria "Polo Nord" sta cercando personale.
Angela Benissimo. Telefonerò subito!

12 **1.** formazione – **2.** lavorare – **3.** laureato – **4.** maturità – **5.** soggiorno – **6.** imparare

13 **1.** la doccia – **2.** il salotto – **3.** accompagnare – **4.** la spiaggia – **5.** il raffreddore – **6.** eccomi – **7.** la giacca – **8.** il prezzo – **9.** l'anno prossimo – **10.** il piatto

14 **1.** Ciao, dove sei? – **2.** Arrivo più o meno fra 2 ore. – **3.** Perché non rispondi?

Abschlusstest

1 **1.** f) – **2.** b) – **3.** c) – **4.** d) – **5.** a) – **6.** e)
→ L24, L26

2 **1.** genitori – **2.** corso – **3.** fratelli – **4.** chiese – **5.** bottiglie
→ L2

3 **1.** b) – **2.** c) – **3.** a) – **4.** c)
→ L9

Hörtext

1. Sono le dieci e un quarto.
2. Ehh ... è mezzogiorno e mezzo.
3. Sono le quattro in punto.
4. Aspetti ... Sono le nove e cinque.

4 **1.** Piove. – **2.** Fa bel tempo. / Fa bello. – **3.** C'è un temporale.
→ L29

5 **1.** 0039 340 54 20 49 – **2.** 0039 347 37 21 30 – **3.** 050 45 38 90 – **4.** 0049 171 40 39 17 – **5.** 06 30 11 39 25 – **6.** 02 30 41 28 15
→ L3, L7

Hörtext

1. Il mio numero di telefono è: prefisso internazionale per l'Italia zero zero tre nove, poi tre quattro zero, cinquantaquattro, venti, quarantanove.
2. Il mio cellulare ha il numero zero zero tre nove, tre quattro sette, trentasette, ventuno, trenta.
3. Il mio numero di casa è zero cinquanta, quarantacinque, trentotto, novanta.
4. Il mio numero di cellulare è zero zero quattro nove come prefisso internazionale della Germania, uno sette uno, poi quaranta, trentanove, diciassette.
5. Il mio numero di telefono in ufficio è zero sei, trenta, undici, trentanove, venticinque.
6. Chiamami a Milano! Numero: zero due, trenta, quarantuno, ventotto, quindici.

6

A	Senti, hai voglia di uscire con me sabato sera?
B	Sì, volentieri.
A	Potremmo andare al Borderline.
B	Sì, c'è un concerto?
A	Sì, ci suonerà un gruppo jazz.
B	Allora, andiamoci!

→ L13

7 **1.** falso – **2.** vero – **3.** vero – **4.** falso
→ L8

Hörtext

Francesca	Rita, ciao! Che sorpresa vederti!
Rita	Oh, ciao, Francesca. Come stai?

Francesca	Benissimo. Hai tempo per un caffè?
Rita	Certo! Andiamo al bar qui vicino.
Barista	Buongiorno. Che cosa vi porto?
Rita	Un cappuccino. Tu cosa prendi?
Francesca	Io prendo un succo d'arancia.
Barista	Va bene. Un cappuccino e un succo d'arancia. Subito.
Rita	Senta, che cos'ha da mangiare?
Barista	Panini, tramezzini, toast …
Rita	Vorrei un panino al prosciutto.
Barista	Va bene.
Rita	Prendi qualcosa anche tu?
Francesca	No, grazie, non ho fame.

8 **2.** sta parcheggiando – **3.** stanno parlando – **4.** sta camminando – **5.** sta telefonando – **6.** sta leggendo

→ L26

9 **1.** c) – **2.** a) – **3.** b) – **4.** c)

→ L20, L24

Hörtext

Manuel	Roberto, qual è stato il giorno più bello della tua vita?
Roberto	Il mio giorno più bello? Ehm, difficile da dire. Forse, sì, quando mi sono laureato.
Manuel	Perché?
Roberto	Ho studiato medicina a Pisa e gli anni universitari sono stati per me molto intensi perché in quel periodo ho anche lavorato.
Manuel	Accidenti! Che lavoro facevi?
Roberto	Mah, un po' di tutto. Facevo il cameriere in una pizzeria, poi lavoravo in una gelateria, poi in un albergo …
Manuel	E il giorno della laurea …?
Roberto	Il giorno che mi sono laureato mi sentivo al settimo cielo. È stato un giorno bellissimo per me!

10 **2.** d) – **3.** e) – **4.** a) – **5.** f) – **6.** c)

11 **1.** Mi chiamo Anna Huber. – **2.** Vorrei imparare meglio la lingua italiana. – **3.** Sono interessata a frequentare un corso. – **4.** Vorrei chiedere alcune informazioni: – **5.** Quanto costa un corso? – **6.** Quando inizia il prossimo corso? – **7.** Cordiali saluti

→ L24

12 **1.** segretaria – **2.** medico – **3.** camionista – **4.** insegnante – **5.** fornaio – **6.** parrucchiere.

→ L26

Hörtext

1. Sono Angela e lavoro in un ufficio. Scrivo lettere, rispondo al telefono, faccio fotocopie. – **2.** Mi chiamo Elisabetta. Ho studiato medicina e adesso curo le persone malate. – **3.** Mi chiamo Alfredo e sono sempre in viaggio. Con il mio camion attraverso tutta Italia. – **4.** Sono Ignazio e il mio luogo di lavoro è la scuola. – **5.** Mi chiamo Mario. Preparo ogni giorno il pane per la vostra colazione. – **6.** Sono Simona e ho un piccolo negozio dove lavo, taglio e asciugo i capelli.

13 **1.** a) – **2.** a) – **3.** b) – **4.** b) – **5.** a) – **6.** b)
→ L8

14 **2. L'ho** pres**o**. – **3. L'ho** bevut**a**. – **4. Li ho** preparat**i**. – **5. L'ho** vist**o**. – **6. L'ho** sentit**a**. – **7. Li ho** lett**i**.
→ L13, L15

15 **1.** a) – **2.** c) – **3.** b) – **4.** c) – **5.** a) – **6.** b)
→ L3, L4, L26

Hörtext

Reporter	Ciao a tutti! Qui Radio Torre, la radio di Pisa. L'ospite di oggi è la signora Danuta Iskra che viene dalla Polonia e ci racconta della sua vita in Italia. Buongiorno, Danuta.
Danuta	Buongiorno.
Reporter	Benvenuta nel nostro programma dedicato agli immigrati in Italia. Cominciamo dall'inizio. Quando è arrivata in Italia?
Danuta	Sono arrivata in Italia nel 2000.
Reporter	E perché?
Danuta	Ho dovuto lasciare il mio paese, la Polonia. Ero disoccupata e mio marito è malato. Ho cinque figli da mantenere, cercavo lavoro e quando mi è stato offerto un posto di lavoro in Italia, ho fatto le valigie e sono partita.
Reporter	Che lavoro fa, signora?
Danuta	Lavoro come collaboratrice domestica.
Reporter	È contenta del suo lavoro?
Danuta	Beh, un lavoro è sempre meglio di niente. Ma il mio lavoro è faticoso e malpagato.
Reporter	Come è stata all'inizio, la sua vita in Italia?
Danuta	È stata molto difficile. Non parlavo bene l'italiano e non avevo amici. Mi sentivo molto sola.
Reporter	E la sua famiglia?
Danuta	Quattro dei miei cinque figli sono grandi e dopo qualche anno sono venuti da me in Italia. Hanno trovato lavoro anche loro. Ma il mio figlio più piccolo è ancora a scuola, e vive con suo padre in Polonia.
Reporter	Quando l'ha visto l'ultima volta?
Danuta	A Natale. Per fortuna c'è il telefono, ci sentiamo tutti i giorni.
Reporter	La ringrazio molto per quest'intervista.
Danuta	Grazie a lei.

insgesamt 76 Punkte
molto bene: 58 – 76
bene: 48 – 57
medio: fino a 47

Alphabetisches Wörterverzeichnis

Anhang

Alphabetisches Wörterverzeichnis

amare [a'maːre] lieben **5**
ambiente *m* [ambi'ɛnte] Umfeld, Umwelt **26**
Amburgo [am'burgo] Hamburg **4**
America [a'mɛrika] Amerika **27**
americano, -a [ameri'kaːno] amerikanisch **4**
amico, -a [a'miːko] Freund **3**
amministrazione *f* [amministratsi'oːne] Verwaltung **4**
amore *m* [a'moːre] Liebe **8**
analcolico, -a [anal'kɔːliko] alkoholfrei **7**
anche ['aŋke] auch **3**
ancora [aŋ'koːra] noch **27**
andare [an'daːre] gehen **2**
andare a cavallo [an'daːre a ka'vallo] reiten **9**
andata *f* [an'data] Hinfahrt **16**
angelo *m* ['andʒelo] Engel **4**
anno *m* ['anno] Jahr **3**
annusare [annu'zaːre] riechen (an), beschnuppern **29**
antico, -a [an'tiːko] alt, antik **17**
antinfiammatorio, -a [antinfiamma'torio] entzündungshemmend **19**
antipasto *m* [anti'pasto] Vorspeise **7**
aperto, -a [a'pɛrto] offen, geöffnet **26**
appartamento *m* [apparta'mento] Wohnung **23**
applicare [appli'kaːre] anwenden **19**
appoggiare [appod'dʒaːre] aufstützen **19**
appuntamento *m* [appunta'mento] Termin **14**
aprile *m* [a'priːle] April **15**
aprire [a'priːre] (er)öffnen **26**
arancia *f* [a'rantʃa] Orange **5**
architetto *m* [arki'tetto] Architekt **26**
architettura *f* [arkitet'tuːra] Architektur **28**
aria *f* **condizionata** ['aːria konditsio'nata] Klimaanlage **15**
armadio *m* [ar'maːdio] Schrank **18**
arrabbiato, -a [arrab'biato] wütend **16**
arrivare [arri'vaːre] ankommen **3**
arrivederci! [arrive'dertʃi] auf Wiedersehen **5**
ascensore *m* [aʃʃen'soːre] Aufzug **18**
ascoltare [askol'taːre] (zu)hören **12**
asma *f* ['azma] Asthma **19**
aspettare [aspet'taːre] warten **2**
assaggiare [assad'dʒaːre] kosten, probieren **6**
assente [as'sɛnte] abwesend **23**
attendere [at'tɛndere] warten **23**
attesa *f* [at'teːza] Warten, Erwartung **24**
attimo *m* ['attimo] Augenblick **3**
attività *f* [attivi'ta] Tätigkeit **8**
attivo, -a [at'tiːvo] aktiv **19**

Alphabetisches Wörterverzeichnis

B

Alphabetisches Wörterverzeichnis

bordo *m* ['bordo] Bord **22**
borsa *f* ['borsa] Tasche **2**
bottiglia *f* [bot'tiːʎa] Flasche **6**
boutique *f* [bou'tik] Boutique, Shop **5**
braccio *m* ['brattʃo] Arm **19**
bravo, -a ['braːvo] brav, gut, fähig **29**
brevemente [breve'mente] kurz **27**
bruciare [bru'tʃaːre] brennen **9**
brutto, -a ['brutto] schlecht, hässlich **29**
buonasera [buona'seːra] Guten Abend **7**
buongiorno [buon'dʒorno] Guten Tag **2**
buono, -a [bu'ɔːno] gut **6**

C

cabina *f* [ka'biːna] Umkleidekabine **20**
cadere [ka'deːre] fallen **18**
caffè *m* [kaf'fɛ] Kaffee, Espresso **4**
caffè *m* **corretto** [kaf'fɛ kor'rɛtto] Kaffee mit einem Schuss Cognac **4**
caffè *m* **macchiato** [kaf'fɛmak'kiato] Kaffee mit etwas Milch **4**
caffè *m* **ristretto** [kaf'fɛ ris'tretto] besonders starker Espresso **4**
calcio *m* ['kaltʃo] Fußball **24**
caldo, -a ['kaldo] warm, heiß (Wetter) **2**
calle f ['kalle] Gasse **17**
calmare ['kalmaːre] lindern **19**
calvo, -a ['kalvo] kahl **21**
cambiare [kambi'aːre] wechseln **16**
camera *f* ['kaːmera] Zimmer **15**
camera *f* **doppia** ['kaːmera 'doppia] Zweibett-Zimmer **15**
camera *f* **matrimoniale** ['kaːmera matrimoni'aːle] Doppelzimmer, Zimmer mit Doppelbett **15**
camera *f* **singola** ['kaːmera 'singola] Einzelzimmer **15**
camera *f* **tripla** ['kaːmera 'tripla] Dreibett-Zimmer **15**
cameriere, -a *m/f* [kame'riɛre] Kellner, -in **7**
camicetta *f* [kami'tʃetta] Bluse **20**
camicia *f* [ka'miːtʃa] Hemd **20**
camionista *m/f* [kamio'nista] Lastwagenfahrer, -in **27**
camminare [kammi'naːre] gehen **19**
camper *m* ['kamper] Wohnmobil **16**
campo *m* ['kampo] Feld, Platz **17**
Canada *f* ['kaːnada] Kanada **30**
canale *m* [ka'naːle] Kanal **17**
cantante *m/f* [kan'tante] Sänger, -in **26**
cantare [kan'taːre] singen **30**
canzone *f* [kan'tsone] Lied **30**
capelli *mPl* [ka'pelli] Haar **21**
capire [ka'piːre] verstehen; begreifen **8**
Capodanno *m* [kapo'danno] Neujahr **15**

Alphabetisches Wörterverzeichnis

cappello *m* [kap'pɛllo] Hut **20**
Carabinieri *mPl* [karabi'niɛri] Gendarmerietruppe **21**
carne *f* ['karne] Fleisch **7**
caro, -a ['kaːro] teuer **2**
carta *f* **d'identità** ['karta didenti'ta] Personalausweis **18**
casa *f* ['kaːsa] Haus **2**
caso *m* ['kaːzo] Fall, Zufall **15**
cassa *f* ['kassa] Kasse **27**
cassetto *m* [kas'setto] Schublade **27**
catalogo *m* [ka'taːlogo] Katalog **27**
cattivo, -a [kat'tiːvo] schlecht **20**
cavallo *m* [ka'vallo] Pferd **9**
cellulare *m* [tʃellu'laːre] Handy **21**
cena *f* ['tʃeːna] Abendessen **6**
cenare [tʃe'naːre] zu Abend essen **8**
centesimo, -a [tʃen'tɛːzimo] hundertste(r) **17**
cento ['tʃɛnto] hundert **6**
centomila [tʃɛnto'mila] hunderttausend **6**
centralinista *m/f* [tʃentrali'nista] Telefonist, -in **24**
centro *m* ['tʃɛntro] Zentrum **5**
cercare [tʃer'kaːre] suchen **15**
certamente [tʃerta'mente] gewiss, sicher **18**
certo, -a ['tʃɛrto] gewiss, sicher **10**
che ['ke] welche(r,s); was für ein **2**
che cosa ['ke 'kɔːza] was **5**
chi [ki] wer **6**
chiamare [kia'mare] anrufen **3**
chiamarsi [kia'marsi] heißen **3**
chiamata *f* [kia'maːta] Anruf **23**
chiaro, -a [ki'aːro] hell; klar **20**
chiave *f* [ki'aːve] Schlüssel **18**
chiedere ['kiɛdere] fragen, bitten um **7**
chiesa *f* [ki'ɛːza] Kirche **17**
chilo *m* ['kiːlo] Kilo **6**
chiudere [ki'uːdere] schließen **10**
ciao ['tʃao] Hallo **2**
cielo *m* ['tʃɛːlo] Himmel **29**
ciliegia *f* [tʃili'ɛːdʒa] Kirsche **6**
cima *f* ['tʃiːma] Spitze; Gipfel **11**
Cina *f* ['tSi:na] China **5**
cinema *m* ['tʃiːnema] Kino **5**
cinghiale *m* [tʃiŋgi'aːle] Wildschwein **7**
cinquanta [tʃiŋku'anta] fünfzig **6**
cinque ['tʃiŋkue] fünf **3**
cintura *f* [tʃin'tuːra] Gürtel **5**
cioè [tʃo'ɛː] das heißt; und zwar **4**
cipolla *f* [tʃi'polla] Zwiebel **6**
circa ['tʃirka] ungefähr **6**
città *f* [tʃit'ta] Stadt **24**
classe *f* ['klasse] Klasse **16**
classico, -a ['klassiko] klassisch **3**
codice *m* **fiscale** ['kɔditʃe fis'kaːle] Steuernummer **25**
cognome *m* [ko'ɲoːme] Familienname **4**
coincidenza *f* [kointʃi'dɛntsa] Anschlusszug **16**
colazione *f* [kolatsi'oːne] Frühstück **8**

Anhang

Alphabetisches Wörterverzeichnis

Alphabetisches Wörterverzeichnis

continuare [kontinu'aːre] weitermachen **17**
conto *m* ['konto] Rechnung **7**
contorno *m* [kon'torno] Beilage **7**
contro ['kontro] gegen **19**
controllare [kontrol'laːre] prüfen, kontrollieren **23**
controllo *m* [kon'trɔllo] Kontrolle **27**
conveniente [konveni'ɛnte] (preis) günstig **6**
cordiali saluti [kor'diali sa'luti] Herzliche Grüße **24**
cordialmente [kordial'mente] Herzlich **24**
cornetto *m* [kor'netto] Hörnchen, Croissant **4**
corno *m* ['kɔrno] Horn **29**
corpo *m* ['kɔrpo] Körper **19**
corridoio *m* [korri'doːio] Korridor, Flur **18**
corrispondere [korris'pondere] entsprechen **20**
Corsica *f* ['korsika] Korsika **22**
corso *m* ['kɔrso] Kurs **8**
cortese [kor'teːze] höflich **24**
cortile *m* [kor'tiːle] Hof **18**
corto, -a ['korto] kurz **20**
così [ko'zi] so **5**
costare [kos'taːre] kosten **6**
costoso, -a [kos'toːzo] teuer, kostspielig **20**
costume *m* **da bagno** [kos'tuːme da 'baɲo] Badeanzug, Badehose **9**
cotone *m* [ko'toːne] Baumwolle **20**
cozza *f* ['kɔttsa] Miesmuschel **29**
cravatta *f* [kra'vatta] Krawatte **3**
credere ['kreːdere] glauben **7**
crema *f* ['krɛːma] Creme **9**
crema *f* **solare** ['krɛːma so'laːre] Sonnencreme **9**
crescere ['kreʃʃere] aufwachsen **4**
crudo, -a ['kruːdo] roh **6**
cucina *f* [ku'tʃiːna] Küche **22**
cucinare [kutʃi'naːre] kochen **11**
cui [k'ui] dem, dessen **21**
culturale [kultu'raːle] kulturell **5**
cuocere [ku'ɔːtʃere] kochen, backen **29**
cuoco, -a *m/f* ['kuɔko] Koch, Köchin **26**
curare [ku'raːre] behandeln **19**

D

da [da] aus, seit **4**
danza *f* ['dantsa] Tanz, Ballett **12**
dare ['daːre] geben **6**
davanti [da'vanti] vor **17**
davvero [dav'veːro] tatsächlich **5**
decidere [de'tʃiːdere] entscheiden **11**
decimo, -a ['dɛːtʃimo] zehnte(r) **17**
dente *m* ['dɛnte] Zahn **19**
dentista *m/f* [den'tista] Zahnarzt, -ärztin **27**
dentro ['dentro] in **18**
denuncia *f* [de'nuntʃa] Anzeige, Meldung **21**
deprimente [depri'mɛnte] deprimierend **20**

Alphabetisches Wörterverzeichnis

descrivere [de'skrivere] beschreiben **22**
descrizione *f* [deskritsi'o:ne] Beschreibung **21**
desiderare [deside'ra:re] wünschen **6**
dessert *m* [des'ser] Nachspeise **7**
destinazione *f* [destinatsi'o:ne] Zielort, Reiseziel **16**
destro, -a ['dɛstro] rechte, -er **17**
dettagliato, -a [dettaʎ'ʎato] ausführlich **24**
di [di] von **2**
di fronte a [di 'fronte a] gegenüber **17**
di solito [di 'sɔ:lito] gewöhnlich **8**
diavolo *m* [di'a:volo] Teufel **4**
dicembre *m* [di'tʃɛmbre] Dezember **15**
diciannove [ditʃan'nɔ:ve] neunzehn **3**
diciassette [ditʃas'sɛtte] siebzehn **3**
diciotto [di'tʃɔtto] achtzehn **3**
dieci [di'ɛ:tʃi] zehn **3**
dietro [di'ɛ:tro] hinter **10**
differenza *f* [diffe'rɛntsa] Unterschied **30**
digitare [didʒi'ta:re] eintippen, eingeben **29**
dimenticare [dimenti'ka:re] vergessen **23**
diploma *m* [di'plɔ:ma] Diplom **26**
dire ['di:re] sagen **5**
direttamente [diretta'mente] direkt; persönlich **24**
direttore, -trice *m/f* [diret'tore] Chef, Chefin **3**
direttrice *f* **del personale** [diret'tritʃe 'del perso'na:le] Personalchefin **3**
direzione *f* [diretsi'o:ne] Richtung **17**
discorso *m* [dis'korso] Gespräch, Unterhaltung **27**
disdire [diz'di:re] absagen **25**
disegnare [diseɲ'ɲare] zeichnen; entwerfen **30**
disfare [dis'fa:re] ausräumen, abdecken **29**
disinfettare [dizinfet'ta:re] desinfizieren **19**
disoccupato, -a [dizokku'pa:to] arbeitslos **26**
disordinato, -a [dizordi'na:to] unordentlich **28**
disponibile [dispo'ni:bile] verfügbar, vorrätig **20**
distare [dis'ta:re] entfernt sein **15**
Distinti saluti [dis'tinti sa'luti] Mit freundlichen Grüßen **24**
dito *m* ['dito] Finger; Zehe **29**
ditta *f* ['ditta] Firma **5**
divano *m* [di'va:no] Sofa **3**
diverso, -a [di'vɛrso] verschieden **8**
divertente [diver'tɛnte] amüsant, vergnüglich **9**
divertirsi [diver'tirsi] sich amüsieren **11**
dizionario *m* [ditsio'na:rio] Wörterbuch **9**

Alphabetisches Wörterverzeichnis

doccia *f* ['dottʃa] Dusche **15**
documento *m* [doku'mento] Dokument, Ausweis **17**
dodici ['doditʃi] zwölf **3**
dolce ['doltʃe] Nachspeise **4**
dolore *m* [do'loːre] Schmerz **19**
domani [do'maːni] morgen **2**
domenica *f* [do'meːnika] Sonntag **8**
donna *f* ['dɔnna] Frau **21**
dopo ['doːpo] nach, danach **10**
dopodomani [dopodo'maːni] übermorgen **25**
dormire [dor'miːre] schlafen **8**
dottore *m* [dot'toːre] Doktor; Arzt **2**
dove ['doːve] wo **2**
dovere [do'veːre] müssen **9**
Dresda ['drezda] Dresden **4**
dritto ['dritto] geradeaus **17**
due [duːe] zwei **3**
duecento [due'tʃɛnto] zweihundert **6**
duemila [due'mila] zweitausend **6**
dunque ['dunkue] nun, also **27**
duomo *m* [du'ɔːmo] Dom **24**
durante [du'rante] während **24**
durare [du'rare] dauern **23**

E

e, ed [e] und **2**
ebraico, -a [e'braːiko] jüdisch **17**
ecco ['ɛkko] da (ist) **2**
economia *f* [ekono'miːa] Wirtschaft **14**
economia *f* **aziendale** [ekono'miːa adzien'daːle] Betriebswirtschaft **26**
egregio, -a [e'grɛdʒo] sehr geehrter **25**
elaborare [elabo'raːre] ausarbeiten **27**
elegante [ele'gante] elegant **20**
elenco *m* **telefonico** [e'lɛnko tele'fɔːniko] Telefonbuch **23**
elettronico, -a [elet'trɔːniko] elektronisch **27**
e-mail *f* [i'meil] E-Mail **18**
emergenza *f* [emer'dʒɛntsa] Notfall **21**
entrare [en'traːre] eintreten **3**
Epifania *f* [epifa'niːa] Dreikönigstag **15**
esattamente [ezatta'mente] genau **17**
esatto, -a [e'zatto] genau, exakt **17**
esperienza *f* [espe'riɛntsa] Erfahrung **26**
espresso *m* [e'sprɛsso] Espresso **4**
esserci ['ɛssertʃi] vorliegen **21**
essere ['ɛssere] sein **2**
est *m* [ɛst] Osten **17**
estate *f* [es'taːte] Sommer **2**
estero *m* ['ɛstero] Ausland **26**
etto *m* ['ɛtto] hundert Gramm **6**
euro *m* ['ɛːuro] Euro **6**
eventualmente [eventual'mente] eventuell **22**

F

facile [ˈfaːtʃile] leicht **10**
facilmente [fatʃilˈmente] leicht **25**
falso, -a [ˈfalso] falsch **15**
fame *f* [ˈfaːme] Hunger **7**
famiglia *f* [faˈmiːʎa] Familie **3**
famoso, -a [faˈmoːzo] berühmt **12**
fare [ˈfaːre] machen **2**
fare attenzione [ˈfaːre attentsiˈoːne] aufpassen **30**
fare la spesa [ˈfaːre la ˈspeːsa] einkaufen **6**
farmacia *f* [farmaˈtʃiːa] Apotheke **19**
farmacista *m/f* [farmaˈtʃista] Apotheker, -in **19**
farsi male [ˈfarsi ˈmale] (sich) weh tun **19**
fatica *f* [faˈtiːka] Mühe, Mühsal **11**
faticoso, -a [fatiˈkoːzo] mühsam, anstrengend **24**
febbraio *m* [febˈbraːio] Februar **15**
febbre *f* [ˈfɛbbre] Fieber **19**
femminile [femmiˈniːle] weiblich **9**
ferie *fPl* [ˈfɛːrie] Ferien, Urlaub **15**
ferita *f* [feˈriːta] Wunde **19**
fermata *f* [ferˈmaːta] Haltestelle **17**
Ferragosto *m* [ferraˈgosto] Mariä Himmelfahrt **9**
ferro *m* [ˈfɛrro] Eisen **29**
ferrovia *f* [ferroˈvia] Eisenbahn **16**
festa *f* [ˈfɛsta] Fest **10**
figlia *f* [ˈfiːʎa] Tochter **3**
figlio *m* [ˈfiːʎo] Kind, Sohn **3**
fine *f* [ˈfiːne] Ende **22**
finestra *f* [fiˈnɛstra] Fenster **18**
finire [fiˈniːre] beenden, abschließen **8**
Firenze *f* [fiˈrɛntse] Florenz **4**
firma *f* [ˈfirma] Unterschrift **5**
forma *f* [ˈforma] Form **19**
formaggio *m* [forˈmaddʒo] Käse **5**
formazione *f* [formattsiˈoːne] Ausbildung **12**
fornaio *m* [forˈnaːio] Bäcker **26**
forno *m* [ˈforno] Ofen **26**
forse [ˈforse] vielleicht **18**
forte [ˈfɔrte] stark **29**
foto *f* [ˈfɔːto] Foto **29**
fotocopia *f* [fotoˈkɔpia] Fotokopie **17**
fra [fra] zwischen **18**
fragola *f* [ˈfraːgola] Erdbeere **6**
francese [franˈtʃeːze] französisch, Franzose **5**
Francoforte [frankoˈfɔrte] Frankfurt **3**
fratello *m* [fraˈtɛllo] Bruder **10**
freddo, -a [ˈfreddo] kalt **22**
frenetico, -a [freˈnɛtiko] hektisch **26**
frequentare [frekuenˈtaːre] besuchen **14**
fresco, -a [ˈfresko] frisch **29**
frigorifero *m* [frigoˈriːfero] Kühlschrank **4**
frutta *f* [ˈfrutta] Obst **4**
fruttivendolo *m* [fruttiˈvendolo] Obsthändler **6**
fungo *m* [ˈfuŋgo] Pilz **5**

Alphabetisches Wörterverzeichnis

funzionare [funtsio'nare] funktionieren **22**
fuori [fu'ɔːri] draußen **2**
furto *m* ['furto] Diebstahl **21**
futuro *m* [fu'tuːro] Zukunft **27**

G

gamba *f* ['gamba] Bein **19**
garage *m* [ga'raːʒ] Garage **22**
gassato, -a [gas'saːto] mit Kohlensäure **7**
gatto *m* ['gatto] Kater, Katze **3**
gel *m* ['dʒɛl] Gel **19**
gelataio *m* [dʒela'taio] Eisverkäufer **26**
gelateria *f* [dʒelate'riːa] Eisdiele **30**
gelato *m* [dʒe'laːto] Eis **5**
genitori *mPl* [dʒeni'toːri] Eltern **24**
gennaio *m* [dʒen'naːio] Januar **15**
Genova ['dʒɛːnova] Genua **23**
gente *fSg* ['dʒɛnte] Leute **8**
gentile [dʒen'tile] sehr geehrte **24**
Germania *f* [dʒer'maːnia] Deutschland **4**
ghetto *m* ['getto] Ghetto **5**
già [dʒa] schon; bereits **25**
giacca *f* ['dʒakka] Jacke **19**
giallo *m* ['dʒallo] Krimi **9**
giallo, -a ['dʒallo] gelb
giardino *m* [dʒar'diːno] Garten **26**
ginocchio *m* [dʒi'nɔkkio] Knie **19**
giocare [dʒo'kaːre] spielen **9**
giornale *m* [dʒor'naːle] Zeitung **8**
giornalista *m/f* [dʒorna'lista] Journalist, -in **26**
giornata *f* [dʒor'naːta] Tag **9**
giorno *m* ['dʒorno] Tag **8**
giovane *m/f* ['dʒoːvane] junger Mann, junge Frau **21**
giovanile [dʒova'nile] jugendlich **22**
giovedì *m* [dʒove'di] Donnerstag **8**
girare [dʒi'raːre] wenden, abbiegen **17**
giro *m* ['dʒiro] Rundfahrt **5**
gita *f* ['dʒiːta] Ausflug **9**
giugno *m* ['dʒuːɲo] Juni **15**
giusto, -a ['dʒusto] richtig **4**
gnocchi *mPl* ['ɲɔkki] Klößchen **12**
godere [go'deːre] genießen **11**
gola *f* ['goːla] Hals **19**
gonfio, -a ['goŋfio] geschwollen **19**
gonna *f* ['gonna] Rock **20**
grado *m* ['graːdo] Grad **29**
grande ['grande] groß **3**
grandinare [grandi'naːre] hageln **29**
grandine *f* ['grandine] Hagel **29**
grasso, -a ['grasso] dick, fett **21**
grazie ['graːtsie] danke **2**
grigio, -a ['griːdʒo] grau **20**
gruppo *m* ['gruppo] Gruppe, Band **8**
guanto *m* ['guanto] Handschuh **20**
guardare [guar'daːre] schauen **4**
Guardia *f* **di Finanza** ['guardia di fi'nantsa] Finanzwache **21**
gusto *m* ['gusto] Geschmack **9**

Anhang

Alphabetisches Wörterverzeichnis

I

Alphabetisches Wörterverzeichnis

Anhang

Alphabetisches Wörterverzeichnis

Alphabetisches Wörterverzeichnis

mezz'ora *f* [med'dzora] eine halbe Stunde **21**
mezzanotte *f* [meddza'nɔtte] Mitternacht **8**
mezzo, -a ['mɛddzo] halb **6**
mezzogiorno *m* [meddzo'dʒorno] Mittag **8**
mi dispiace [mi dis'piatʃe] es tut mir leid **7**
migliore [mi'ʎoːre] besser **20**
Milano [mi'laːno] Mailand **4**
milione *m* [mili'oːne] Million **6**
mille ['mille] tausend **4**
minuto *m* [mi'nuto] Minute **15**
mio, -a [m'iːo] mein, meine **3**
moda *f* ['mɔːda] Mode **5**
modello *m* [mo'dɛllo] Modell **20**
modulo *m* ['mɔːdulo] Formular **21**
moglie *f* ['moːʎe] (Ehe)frau **26**
molto ['molto] viel, sehr **2**
momentaneamente [momentanea'mente] in diesem Moment, momentan **23**
Monaco (di Baviera) ['mɔːnako] München **4**
montagna *f* [mon'taːɲa] Gebirge, Berg **9**
mostra *f* **d'arte** ['mostra d'arte] Kunstausstellung **18**
moto *f* ['mɔːto] Motorrad **16**
motorino *m* [moto'riːno] Moped **16**
mozzarella *f* [mottsa'rɛlla] Mozzarella **14**
multinazionale *f* [multinatsio'naːle] multinationales Unternehmen **26**
museo *m* [mu'zɛːo] Museum **9**
musica *f* ['muːzika] Musik **8**

N

napoletano, -a [napole'taːno] neapolitanisch, Neapolitaner **5**
Napoli ['naːpoli] Neapel **4**
nascere ['naʃʃere] geboren werden **4**
naso *m* ['naːzo] Nase **19**
Natale *m* [na'taːle] Weihnachten **15**
nave *f* ['naːve] Schiff **16**
navigare (su Internet) [navi'gare su in'ternet] (im Internet) surfen **24**
ne [ne] davon **6**
nebbia *f* ['nebbia] Nebel **29**
nebbioso, -a [nebbi'oːzo] neblig **29**
negozio *m* [ne'gɔːtsio] Geschäft **3**
negozio *m* **di alimentari** [ne'gɔːtsio di alimen'taːri] Lebensmittelgeschäft **6**
nel frattempo [nel frat'tɛmpo] inzwischen **29**
nero, -a ['neːro] schwarz **4**
nessuno [nes'suno] niemand **10**
neve *f* ['neːve] Schnee **29**
nevicare [nevi'kaːre] schneien **29**
niente [ni'ɛnte] nichts **10**
no [nɔ] nein **2**
noi ['noːi] wir **2**

Alphabetisches Wörterverzeichnis

nome *m* ['no:me] Name **3**
non [non] nicht **2**
nono, -a ['nono] neute(r) **17**
nord *m* [nɔrd] Norden **17**
nostalgia *f* [nostal'dʒi:a] Heimweh, Nostalgie **29**
nostro, -a ['nɔstro] unser, unsere **3**
notte *f* ['nɔtte] Nacht **18**
novanta [no'vanta] neunzig **6**
nove ['nɔ:ve] neun **3**
novembre *m* [no'vɛmbre] November **15**
nulla ['nulla] nichts **17**
numero *m* ['nu:mero] Nummer **17**
nuotare [nuo'ta:re] schwimmen **8**
nuovo, -a [nu'ɔ:vo] neu **14**
nuvola *f* ['nu:vola] Wolke **29**
nuvoloso, -a [nuvo'lo:zo] wolkig **29**

O

obbligatorio, -a [obbliga'tɔrio] obligatorisch **16**
occasione *f* [okkazi'o:ne] Gelegenheit **20**
occhiali *mPl* [okki'a:li] Brille **21**
occhio *m* ['ɔkkio] Auge **19**
occorre [ok'korre] man braucht **30**
occupato, -a [okku'pa:to] besetzt **23**
oddio! [od'dio] mein Gott! **18**
offerta *f* [of'fɛrta] Sonderangebot **14**
offrire [of'frire] anbieten **4**
oggetto *m* [od'dʒɛtto] Objekt, Betreff **21**
oggi ['ɔddʒi] heute **7**
ogni ['o:ɲi] jede, jeder **8**
Ognissanti [oɲis'santi] Allerheiligen **15**
ognuno [o'ɲu:no] jede, jeder **10**
olio *m* ['ɔ:lio] Öl **29**
ombrellone *m* [ombrel'lo:ne] Sonnenschirm **9**
onere *m* **fiscale** ['ɔnere fi'skale] Steuerbelastung **24**
operatore *m* **turistico** [opera'to:re tu'ristiko] Reiseveranstalter **5**
oppure [op'pu:re] oder **7**
ora *f* ['o:ra] Stunde **4**
orario *m* **di apertura** [o'rario di aper'tura] Öffnungszeiten **6**
ordinare [ordi'na:re] bestellen **7**
ordinato, -a [ordi'na:to] ordentlich **28**
orecchio *m* [o'rekkio] Ohr **19**
organizzare [organid'dza:re] organisieren **5**
organizzatore *m* [organiddza'tore] Organisator, Veranstalter **12**
ospedale *m* [ospe'da:le] Krankenhaus **19**
osteria *f* [oste'ri:a] Wirtshaus **7**
ottanta [ot'tanta] achtzig **6**
ottavo, -a [ot'ta:vo] achte(r) **17**
ottimo ['ɔttimo] hervorragend **6**
otto ['ɔtto] acht **3**
ottobre *m* [ot'to:bre] Oktober **15**
ovest *m* ['ɔ:vest] Westen **17**

Alphabetisches Wörterverzeichnis

P

pacco *m* ['pakko] Paket **6**
Padova ['padova] Padua **24**
padre *m* ['paːdre] Vater **14**
paese *m* [pa'eːze] Land **11**
pagare [pa'gaːre] zahlen **7**
pancia *f* ['pantʃa] Bauch **19**
pane *m* ['paːne] Brot **6**
panetteria *f* [panette'riːa] Bäckerei **6**
panino *m* [pa'niːno] Sandwich **7**
paninoteca *f* [panino'tɛka] Snackbar **7**
panorama *m* [pano'raːma] Aussicht **11**
pantaloni *mPl* [panta'loːni] Hose **20**
parcheggiare [parked'dʒaːre] parken **10**
parcheggio *m* [par'keddʒo] Parkplatz **2**
parlare [par'laːre] sprechen **5**
parmigiano *m* [parmi'dʒaːno] Parmesankäse **5**
parola *f* [pa'rO:la] Wort **5**
parrucchiere, -a *m/f* [parrukki'ɛːre] Frisör, -in **26**
partenza *f* [par'tɛntsa] Abfahrt, Abflug **16**
partire [par'tiːre] abfahren, abreisen **10**
Pasqua *f* ['paskua] Ostern **15**
Pasquetta *f* [pas'kuetta] Ostermontag **15**
passare [pas'saːre] verbringen **11**
passeggiata *f* [passed'dʒaːta] Spaziergang **9**
passo *m* ['passo] Schritt **17**
pasta *f* ['pasta] Nudeln **6**
pastiglia *f* [pas'tiːʎa] Tablette, Pastille **19**
patata *f* [pa'taːta] Kartoffel **6**
patente *f* [pa'tɛnte] Führerschein **18**
paura *f* [pa'uːra] Angst **25**
pazienza *f* [pa'tsiɛntsa] Geduld **5**
pecorino *m* [peko'riːno] Schafskäse **6**
peggio ['pɛddʒo] schlechter **25**
pelle *f* ['pɛlle] Leder **20**
pelletteria *f* [pellette'riːa] Lederwarengeschäft **20**
pendolare *m/f* [pendo'lare] Pendler, -in **16**
pensare [pen'saːre] denken **21**
pensionato, -a [pensio'nato] Rentner **18**
pensione *f* [pensi'oːne] Ruhestand, Rente **14**
pentola *f* ['pɛntola] Topf **29**
per ['per] für **2**
per esempio [per e'zempio] zum Beispiel **5**
per favore [per fa'voːre] bitte **5**
per fortuna [per for'tuːna] zum Glück **2**
perché [per'ke] weil **9**
perdere ['pɛrdere] verlieren **21**
perfetto, -a [per'fɛtto] perfekt **9**

Alphabetisches Wörterverzeichnis

pericoloso, -a [periko'lo:zo] gefährlich **24**
periodo *m* [pe'ri:odo] Zeit(raum) **26**
permesso? [per'messo] Gestatten Sie?, Darf ich? **3**
persona *f* [per'so:na] Person **12**
pesce *m* ['peʃʃe] Fisch **7**
pessimo ['pɛssimo] sehr schlecht **20**
pezzo *m* ['pɛttso] Stück **6**
piacere [pia'tʃere] Vergnügen, Gefallen **3**
piano *m* [pi'a:no] Stockwerk **18**
pianoforte *m* [piano'fɔrte] Klavier **30**
piatto *m* [pi'atto] Gang **7**
piazza *f* [pi'attsa] Platz **10**
piazzale *m* [piat'tsale] großer Platz **17**
piazzetta *f* [piat'tsetta] kleiner Platz **17**
piccolo, -a ['pikkolo] klein **7**
piede *m* [pi'ɛ:de] Fuß **15**
Piemonte *m* [pie'monte] Piemont **17**
pieno, -a [pi'ɛ:no] voll **19**
pilota *m* [pi'lɔ:ta] Pilot **5**
pioggia *f* [pi'ɔddʒa] Regen **29**
piovere [pi'ɔ:vere] regnen **29**
pisano, -a *m/f* [pi'zano] pisanisch; Pisaner, -in **4**
più ['piu] mehr **5**
piuttosto [piut'tɔsto] eher **21**
pizza *f* ['pittsa] Pizza **5**
pizzeria *f* [pittse'ri:a] Pizzeria **7**
poco ['pɔ:ko] wenig **17**
poi ['pɔ:i] dann **6**
polizia *f* [poli'tsi:a] Polizei **21**
poltrona *f* [pol'tro:na] Sessel **22**
pomeriggio *m* [pome'riddʒo] Nachmittag **8**
pomodoro *m* [pomo'dɔ:ro] Tomate **6**
ponte *m* ['ponte] Brücke **17**
porcile *m* [por'tʃile] Schweinestall **16**
porgere ['pɔrdʒere] geben, reichen **24**
portafoglio *m* [porta'fɔʎʎo] Brieftasche **20**
portafortuna *m* [portafor'tu:na] Glücksbringer, Talisman **29**
portare [por'ta:re] bringen **7**
portatile *m* [por'ta:tile] Laptop **18**
possibile [pos'si:bile] möglich **25**
posta *f* ['pɔsta] Post **17**
posto *m* ['posto] (Sitz)platz **9**
potere [po'te:re] können **4**
pranzo *m* ['prandzo] Mittagessen **7**
pratico, -a ['pra:tiko] praktisch **20**
precauzioni *fPl* [prekau'tsioni] Vorsichtsmaßregeln **19**
precisamente [pretʃiza'mente] genau **17**
preferire [prefe'ri:re] vorziehen **6**
preferito, -a [prefe'ri:to] bevorzugt **9**
pregare [pre'ga:re] bitten **3**
prendere ['prɛndere] nehmen **4**

Alphabetisches Wörterverzeichnis

prenotare [preno'ta:re] reservieren; buchen **12**
prenotazione *f* [prenotatsi'o:ne] Platzreservierung **16**
preoccuparsi [preokku'pa:re] sich Sorgen machen **10**
preparare [prepa'ra:re] vorbereiten **8**
presa *f* ['pre:za] Steckdose **18**
presentare [prezen'ta:re] vorstellen **3**
presto ['prɛsto] früh **5**
previsione *f* [previzi'o:ne] Vorhersage **29**
prezzo *m* ['prɛttso] Preis **6**
prima ['prima] früher, vorher **8**
primavera *f* [prima'vɛ:ra] Frühling **15**
primo, -a ['pri:mo] erste(r) **7**
principio *m* [prin'tʃi:pio] Prinzip **19**
problema *m* [pro'blɛ:ma] Problem **10**
prodotto *m* [pro'dotto] Produkt **27**
professione *f* [profes'sione] Beruf **27**
profumo *m* [pro'fu:mo] Geruch, Parfüm **29**
progettare [prodʒet'tare] planen; entwerfen **30**
progetto *m* [pro'dʒetto] Projekt **27**
promozione *f* [promotsi'o:ne] Beförderung; Promotion **18**
pronto soccorso *m* ['pronto sok'korso] Notaufnahme **19**
pronto, -a ['pronto] fertig, bereit **9**
proporre [pro'porre] vorschlagen **30**
proprio ['prɔ:prio] wirklich **10**
prosciutto *m* [proʃ'ʃutto] Schinken **6**
prosecco *m* [pro'sekko] italienischer Schaumwein **5**
prossimo, -a ['prɔssimo] nächster, nächste **11**
protocollo *m* [proto'kɔllo] Protokoll **27**
provare [pro'va:re] (an)probieren **20**
psicologia *f* [psikolo'dʒi:a] Psychologie **26**
pubblico, -a ['pubbliko] öffentlich **17**
pulire [pu'li:re] sauber machen **16**
puro, -a ['pu:ro] rein; pur **4**
purtroppo [pur'trɔppo] leider **3**

Q

quadro *m* [ku'a:dro] Bild, Gemälde **23**
qualche [ku'alke] einige **10**
qualcosa [kual'kɔ:za] etwas **4**
qualcuno [kual'kuno] jemand **10**
quale [ku'a:le] welcher, welches **6**
qualità *f* [kuali'ta] Qualität **23**
quando [ku'ando] wann **7**
quanto ['kuanto] wie viel **3**
quaranta [kua'ranta] vierzig **5**

Alphabetisches Wörterverzeichnis

romanzo *m* [ro'mandzo] Roman **9**
rosa ['rɔːza] rosa **20**
rosso, -a ['rosso] rot **6**
rotto, -a ['rotto] kaputt **5**
roulotte *f* [ru'lɔt] Wohnwagen **16**
rubare [ru'baːre] stehlen, klauen **21**
rumoroso, -a [rumo'roːzo] laut **15**

S

sabato *m* ['saːbato] Samstag **8**
sabbia *f* ['sabbia] Sand **9**
saldo *m* ['saldo] Restposten, Schlussverkauf **20**
sale *m* ['saːle] Salz **19**
saletta *f* [sa'letta] kleiner Saal **18**
salire [sa'liːre] (hinauf)steigen **8**
Salisburgo [saliz'burgo] Salzburg **4**
salotto *m* [sa'lɔtto] Wohnzimmer **3**
salutare [salu'taːre] grüßen, begrüßen **3**
saluto *m* [sa'luːto] Gruß **29**
salve ['salve] Grüß Gott! Guten Tag! **2**
sandalo *m* ['sandalo] Sandale **20**
sanguinare [saɲgui'naːre] bluten **19**
sanità *f* **pubblica** [sani'ta 'pubblika] öffentliches Gesundheitswesen **19**
santo, -a *m/f* ['santo] Heilige(r) **15**
sapere [sa'peːre] wissen, können **9**
sbagliare [zba'ʎaːre] verwechseln, einen Fehler machen **23**
scala *f* ['skaːla] Treppe **18**
scaldare [skal'daːre] erwärmen **29**
scalzo, -a ['skaltso] barfuß **17**
scarpa *f* ['skarpa] Schuh **20**
scegliere ['ʃɛːʎere] (aus)wählen **20**
scendere ['ʃendere] aussteigen **17**
schiena *f* [ski'ɛːna] Rücken **19**
sciare [ʃi'aːre] Ski fahren **9**
sciopero *m* ['ʃɔːpero] Streik **16**
scontento, -a [skon'tɛnto] unzufrieden **28**
scontrino *m* [skon'triːno] Kassenzettel, Quittung **20**
scooter *m* ['skuːter] Motorroller **16**
scoprire [sko'priːre] entdecken **24**
scorso, -a ['skorso] vergangen; vorig **14**
scrittore, -trice *m/f* [skrit'toːre] Schriftsteller, -in **30**
scrivania *f* [skriva'niːa] Schreibtisch **27**
scrivere ['skriːvere] schreiben **14**
scuola *f* [sku'ɔːla] Schule **8**
scuro, -a ['skuːro] dunkel **20**
scusa *f* ['skuːza] Entschuldigung **3**
sdraiarsi [zdra'jarsi] sich hinlegen **9**
se ['se] sich **8**
secondo, -a [se'kondo] zweite(r) **7**
sedersi [se'dersi] sich setzen **4**
sedia *f* ['sɛːdia] Stuhl **18**
sedici ['seːditʃi] sechzehn **3**
segnale *m* **acustico** [se'ɲaːle a'kustiko] Signalton **24**
segretario, -a *m/f* [segre'taːrio] Sekretär, -in **4**
segreteria *f* [segrete'riːa] Sekretariat **23**

Alphabetisches Wörterverzeichnis

seguire [se'guire] folgen **2**
sei ['sɛi] sechs **3**
semaforo *m* [se'maːforo] Ampel **17**
sembrare [sem'braːre] scheinen **6**
semplice ['semplitʃe] einfach **17**
sempre ['sɛmpre] immer **8**
sentire [sen'tiːre] riechen, fühlen **10**
senza ['sɛntsa] ohne **7**
sera *f* ['seːra] Abend **8**
sereno, -a [se'reːno] heiter **29**
servire [ser'viːre] dienen, brauchen **15**
servizio *m* [ser'viːtsio] Dienstleistung, Service **15**
sessanta [ses'santa] sechzig **6**
sesto, -a ['sɛsto] sechste(r) **17**
seta *f* ['seːta] Seide **20**
sete *f* ['seːte] Durst **7**
settanta [set'tanta] siebzig **6**
sette ['sɛtte] sieben **3**
settembre *m* [set'tɛmbre] September **15**
settentrione *m* [settentri'oːne] Nord(en) **17**
settimana *f* [setti'maːna] Woche **8**
settimo, -a ['sɛttimo] siebte(r) **17**
sfortunatamente [sfortunata'mente] leider, unglücklicherweise **25**
sfortunato, -a [sfortu'naːto] unglücklich **26**
sì ['si] ja **2**
sicuro, -a [si'kuːro] sicher **21**
sigaretta *f* [siga'retta] Zigarette **21**
significare [siɲifi'kare] bedeuten **5**
signor(e) *m* [si'ɲore] Herr **5**
signora *f* [si'ɲoːra] Dame; Frau **2**
simpatico, -a [sim'paːtiko] sympathisch **10**
sinistro, -a [si'nistro] linke(r) **17**
sito *m* **web** ['siːto 'wɛb] Webseite **15**
smarrimento *m* [zmarri'mento] Verlust **21**
smettere ['zmettere] aufhören **28**
soffrire [sof'frire] leiden an **29**
soggiorno *m* [sod'dʒorno] Aufenthalt **26**
sognare [so'ɲaːre] träumen **29**
soldi *mPl* ['sɔldo] Geld **27**
sole *m* ['soːle] Sonne **9**
solo, -a ['soːlo] nur **5**
soltanto [sol'tanto] nur, allein **15**
sopra ['soːpra] auf, über **18**
soprattutto [soprat'tutto] vor allem **5**
sorella *f* [so'rɛlla] Schwester **20**
sotto ['sotto] unter **9**
spaghetti *mPl* [spa'getti] Spaghetti **5**
spazioso, -a [spatsi'oːzo] geräumig **15**
spedire [spe'diːre] Untersuchung **27**
sperare [spe'raːre] hoffen **18**
spesso ['spesso] oft **12**
spettacolo *m* [spet'taːkolo] Veranstaltung **12**
spiaggia *f* [spi'addʒa] Strand **9**

Alphabetisches Wörterverzeichnis

T

Alphabetisches Wörterverzeichnis

telefonata *f* [telefo'naːta] Telefongespräch **21**
telefono *m* [te'lɛːfono] Telefon **15**
televisione *f* [televizi'oːne] Fernsehen **14**
televisore *m* [televi'zoːre] Fernseher **18**
telo *m* ['teːlo] (Bade-)Tuch **9**
temperatura *f* [tempera'tuːra] Temperatur **32**
tempo *m* ['tɛmpo] Zeit, Wetter **11**
temporale *f* [tempo'raːle] Gewitter **29**
terra *f* ['tɛrra] Erde; Boden **18**
terribile [ter'riːbile] schrecklich **29**
terribilmente [terribil'mente] schrecklich **19**
terzo, -a ['tɛrtso] dritte(r) **17**
testa *f* ['tɛsta] Kopf **19**
ticinese [titʃi'neze] tessinerisch; Tessiner, -in **4**
Ticino *m* [ti'tʃino] Tessin **4**
timido, -a ['tiːmido] schüchtern **3**
tipicamente [tipika'mente] typisch **29**
tipico, -a ['tiːpiko] typisch **29**
tipo *m* ['tiːpo] Art, Typ **12**
togliersi ['tɔʎʎersi] ausziehen, sich wegnehmen **19**
Torino [to'riːno] Turin **16**
tornare [tor'naːre] zurückkehren **8**
Torre *f* **Pendente** ['torre pen'dɛnte] der schiefe Turm **9**
torta *f* ['torta] Torte **10**
Toscana *f* [tos'kaːna] Toskana **4**
toscano, -a [tos'kaːno] toskanisch; Toskaner, -in **4**
tosse *f* ['tosse] Husten **19**
tra [tra] zwischen **18**
tradizione *f* [traditsi'oːne] Tradition **12**
traffico *m* ['traffiko] Verkehr **10**
traghetto *m* [tra'getto] Fähre **16**
tranquillamente [traŋkwil'lamente] ruhig **26**
tranquillo, -a [traŋku'illo] ruhig **15**
trasferire [trasfe'riːre] umziehen **14**
trasloco *m* [trazlɔːko] Umzug **28**
trasporto *m* **pubblico** [tras'pɔrto 'pubbliko] öffentlicher Verkehr **16**
trattoria *f* [tratto'riːa] Gaststätte **7**
tre [tre] drei **3**
tredici ['treːditʃi] dreizehn **3**
treno *m* ['trɛːno] Zug **15**
treno *m* **diretto** [treno di'rɛtto] Schnellzug **16**
trenta ['trenta] dreißig **3**
triste ['triste] traurig **24**
troppo, -a ['trɔppo] allzu **9**
trovare [tro'vaːre] finden **14**
tu ['tu] du **2**
tubino *m* [tu'bino] das kleine Schwarze **20**
tuffo *m* ['tuffo] Sprung **9**
tuo, -a ['tuːo] dein **9**
turistico, -a [tu'ristiko] touristisch, Touristen- **5**
tutto, -a ['tutto] alle(s), ganz **2**
tv *f* **satellitare** [ti'vu satelli'tare] Satellitenfernsehen **15**

Alphabetisches Wörterverzeichnis

U

ufficio *m* [uf'fitʃo] Büro **21**
ufficio *m* **oggetti smarriti** [uf'fitʃo od'dʒɛtti zmar'riti] Fundbüro **21**
ultimo, -a ['ultimo] letzte(r) **12**
umano, -a [u'ma:no] menschlich **19**
undicesimo, -a [undi'tʃɛzimo] elfte(r) **17**
undici ['unditʃi] elf **3**
uno ['u:no] ein **3**
uomo *m* [u'ɔ:mo] Mann **21**
urgente [ur'dʒɛnte] dringend **25**
urgentemente [urdʒente'mente] dringend **25**
usare [u'za:re] (ge)brauchen **5**
uscire [uʃ'ʃi:re] ausgehen **8**
uva *f* ['u:va] Traube **6**

V

vacanza *f* [va'kantsa] Urlaub **9**
valigia *f* [va'li:dʒa] Koffer **2**
vaporetto *m* [vapo'retto] kleines Motorschiff **17**
vasca *f* **da bagno** ['vaska da 'baɲo] Badewanne **15**
vecchio, -a ['vɛkkio] alt **3**
vedere [ve'de:re] sehen **2**
vegetariano, -a *m/f* [vedʒetari'a:no] Vegetarier, -in **7**
vendere ['vendere] verkaufen **5**
venditore *m* **ambulante** [vendi'tore ambu'lante] fliegender Händler **11**
venerdì *m* [vener'di] Freitag **8**
Veneto *f* ['vɛ:neto] Venetien **17**
Venezia [ve'nɛttsia] Venedig **15**
venire [ve'ni:re] kommen **2**
venire al punto [ve'nire al 'punto] zur Sache kommen **27**
venti ['venti] zwanzig **3**
vento *m* ['vɛnto] Wind **29**
ventoso, -a [ven'to:zo] windig **29**
verde ['verde] grün **20**
verdura *f* [ver'du:ra] Gemüse **6**
verità *f* [veri'ta] Wahrheit **17**
vero, -a ['ve:ro] richtig **4**
verso ['vɛrso] in Richtung, gegen **8**
vestirsi [ve'stirsi] sich anziehen **8**
vestito *m* [ve'stito] Kleid, Anzug, Kleidung **20**
vetrina *f* [ve'tri:na] Schaufenster **20**
viaggiare [viad'dʒa:re] reisen **5**
viaggio *m* [vi'addʒo] Reise **2**
vicino a [vi'tʃi:no] in der Nähe von; neben **7**
Vienna ['viɛnna] Wien **4**
vigili *mPl* **del fuoco** ['vidʒili del fu'ɔ:ko] Feuerwehr **21**
vino *m* ['vi:no] Wein **5**
viola [vi'ɔ:la] violett **20**
visibile [vi'zi:bile] sichtbar **28**
visita *f* **specialistica** ['vizita spetʃa'listika] fachärztliche Untersuchung **19**
visitare [vizi'ta:re] besuchen **11**
vista *f* ['vista] Aussicht **8**
vita *f* ['vi:ta] Leben **11**
vivace [vi'vatʃe] lebhaft **23**
vivere ['vi:vere] leben **4**
vivo, -a ['vi:vo] lebhaft, lebendig **4**
voce *f* ['votʃe] Stimme **23**